本书受　国家社会科学基金项目（12BJY053）
　　　　河北省社会科学基金项目（HB19YJ052）　　出版资助
　　　　2018年河北大学一流大学建设应用经济学项目

Research on the Influence and Effect of Real Estate Regulation Policy

房地产调控政策的影响
及其效应研究

张玉梅　王子柱　著

人民出版社

目　　录

绪　　论

第一节　研究背景和意义

一、研究背景

1998 年 7 月,发布了《国务院关于进一步深化城镇住房制度改革加快住房建设的通知》(国发〔1998〕23 号),提出停止住房实物分配,逐步实行住房分配货币化,构建以经济适用房为主的住房体系等新举措。2003 年 8 月,发布了《国务院关于促进房地产市场持续健康发展的通知》(国发〔2003〕18 号),明确将房地产业作为国民经济的支柱产业,强调要坚持住房市场化的基本方向,不断完善房地产市场体系,更大程度地发挥市场在资源配置中的基础性作用。

自国发〔2003〕18 号开始,我国房地产投资大幅增长。1998 年,我国房地产住宅投资仅为 2081.56 亿元。2000 年,提高到 3311.98 亿元。2016 年,房地产住宅投资高达 68704 亿元! 1998 年至 2016 年,房地产住宅投资增长 33 倍! 在房地产住宅投资不断增加的同时,房价也不断攀升,2003—2007 年和 2009 年全国楼市普涨,2013 年一线城市的楼市快速上涨,2015 年至 2016 年年初一线和部分二线城市房价飙升,2016 年 3 月至 2017 年新一轮更大范围、更猛烈的房价上涨再次上演。

面对房价的过快上涨,国家不断出台紧缩调控政策以平抑房价。2003 年至 2008 年上半年,中央政府先后出台"2005 年新国八条""2005 年旧国八条""2006 年国六条""2007 年 929 新政",同时在此期间不断提高存款准备金率和利率。2010 年至 2013 年,中央政府先后出台了"2010

年国十条""2011 年国十一条""2013 年国五条",动用货币、信贷、财政税收、土地、行政等手段全方位地调控房地产。

1998 年至 2013 年,尽管房价大趋势是上涨的且涨幅巨大,但受持续紧缩调控政策和全球金融危机等诸多因素影响,其间也曾经出现过房地产成交低迷和房价下跌的情况,典型阶段有 2008 年下半年至 2009 年年初、2014 年至 2015 年年初。为此,国家在 2008 年 9 月至 12 月出台了系列楼市救市政策,同时配合以宽松的货币政策。2014 年 9 月底至 2016 年2 月,中央政府开始采取各种手段大力消化楼市高库存,先后出台"2014年 930 新政""2015 年 330 新政""2015 年 930 新政""2016 年 2 月新政"等多轮宽松房地产刺激政策。

自 2016 年 3 月开始,各城市的楼市调控政策明显分化,分类调控、因城施策得到明显体现。2016 年 3 月,针对部分城市房价过热现象,相关地方政府的楼市调控政策从宽松向紧缩转向。2016 年 9 月底 10 月初,紧缩调控进一步扩大到更多城市,且紧缩力度不断加大。2017 年 3 月 17日至 2018 年春,北京出台并实施了极为严厉的系列调控政策。但对于许多三四线城市而言,楼市库存高企,对这些地区的楼市仍然采取宽松调控政策。

二、研究意义

理论创新——更宽广和动态视角下研究房地产调控政策效应。1998年至 2018 年春,房地产调控政策贯穿了整个房地产市场。在 20 年的调控中,货币政策、信贷政策、税收政策、土地政策都会对房地产市场造成影响,因此需要对各类政策影响房地产市场的机理进行分析:既要分析单一政策效应,还要分析政策组合效应;既要分析调控政策对房屋需求者的影响,还要分析对房屋供给者的影响;既要分析促进房价上涨的效应,还要分析抑制房价上涨的效应。本书尝试在更宽广和动态视角下研究房地产调控政策的效应,力求在理论上有所创新。

实践意义 1——促进房地产业持续平稳健康发展。房地产属于资金密集型行业,房地产开发贷款余额和购房贷款余额不断增大,各类影子银行为房地产业提供的资金数量巨大且隐藏性强,房屋通常是各类借款合同的通用抵押物,如果商品房价格出现大幅下跌,银行将会出现大量呆账坏账,各类借款人的违约率将迅速上升。鉴于房地产业对中国经济的重大影响,中国政府必须根据宏观经济运行情况,及时监测并干预房地产市场运行情况,促进房地产业与国民经济协调发展,防止房价的大起大落,防范金融风险。本书提出了房地产预警的相关建议,有助于促进中国房地产市场持续、健康、稳定发展,避免房地产市场大起大落给中国经济造成的伤害。

实践意义2——构建房地产调控长效机制。1978年12月至2018年春,尽管房地产投资和房价均实现了快速增长,但却经历了初步探索中国住房制度改革(1978年12月—1998年6月)、经济适用住房为主的住房供应体系阶段(1998年7月—2003年7月)、在坚持住房市场化中抑制房地产过热阶段(2003年8月—2008年8月)、宽松政策刺激房地产复苏并走向过热阶段(2008年9月—2009年12月)、紧缩政策层层加码抑制房地产投机投资性需求阶段(2010年1月—2014年9月)、宽松政策去楼市库存阶段(2014年10月—2016年9月)、抑制楼市泡沫和因城施策阶段(2016年10月至今)等多轮房地产调控。那么,如何评价整体房地产调控政策? 如何评价每轮房地产调控政策? 如何理清货币政策、信贷政策、税收政策、土地政策等不同政策的效应及影响? 同一政策对不同区域楼市的影响有何差异? 为何房价越调越高? 对上述问题的回答,有助于科学评价各种房地产调控政策的利弊得失。在此基础上,及时总结房地产发展中的经验和教训,提出完善我国房地产调控的政策建议。本书中的政策建议全面、系统和操作性强,可供政府在制定房地产调控长效机制时参考。

第二节　相关概念界定

一、房地产调控

房地产调控有狭义和广义之分,狭义的房地产调控是指中央政府和各级地方政府综合运用经济、行政和法律等多种手段,通过影响房地产市场上各微观主体的预期和行为,以促进房地产市场供求的总量平衡和结构优化,并实现房地产业与国民经济协调发展的管理活动。可见,狭义房地产调控的发起者是中央政府和各级地方政府。狭义房地产调控能否起到作用,取决于微观主体对未来房地产市场的预期和行为。

广义的房地产调控是指在狭义房地产调控基础上,加上房地产监管。房地产调控政策的顺利执行需要房地产监管的积极配合。房地产监管的目标是为了规范和纠正房地产市场参与主体的不当行为,防范可能引发的市场风险。房地产监管的主要手段有规范开发商拿地和销售等行为,规范房地产中介行为,禁止首付贷和设立资金池等场外配资金融业务。由于我国政府发布的主要房地产调控文件中,如"2005年国八条""2006年国六条""2010年国十条"以及"北京2017年317系列新政",既包含了狭义房地产调控的内容,还包括了对开发商和房产中介等市场参与主体的行为规范,因此本书中的房地产调控特指广义的房地产调控。

二、房地产调控政策

房地产调控政策是指政府综合运用法律、经济、行政等手段,对房地产市场各参与主体的行为产生影响,进而促进房地产市场平稳健康发展的一系列政策组合拳。法律手段是指专门规范房地产关系的各种法律、法规、政策和法律解释,我国现有房地产法律主要有《物权法》(2007年3月16日通过)、《城市房地产管理法》(2007年8月30日第一次修订,2009年8月27日第二次修订)、《城乡规划法》(2007年10月28日通过)。房地产的行政法规主要有《不动产登记暂行条例》(2014年11月24日发布)、《国有土地上房屋征收与补偿条例》(2011年1月21日发布)、《住房公积金管理条例》(2002年3月24日修订)、《城市房屋拆迁管理条例》(2001年6月13日发布)、《国有土地管理法实施条例》(1999年1月1日修订,2014年7月29日第二次修订)、《城市房地产开发经营管理条例》(1998年7月20日发布)。

经济手段主要有货币政策、信贷政策、税收政策、土地政策等等。货币政策主要通过调整存款准备金率、再贴现率、存贷款基准利率和公开市场操作,以及各种新型货币政策工具如常备借贷便利(SLF)、中期借贷便利(MLF)、抵押补充贷款(PSL)等达到调整货币供应量和市场利率的作用,进而影响市场主体的行为,以实现储蓄和投资、供给和需求均衡,进而实现经济增长、充分就业、物价稳定和国际收支平衡的目标。货币政策是全局性政策,并不直接针对房地产市场。信贷政策主要通过改变个人购房贷款的首付比例和利率,改变房地产开发贷款的条件等实现对房地产市场的调节。虽然财政支出并不针对房地产,但是财政政策中的税收政策在房地产调控中发挥着重要作用。国家通过调整房地产业的各种税收,如交易环节的营业税(2016 年 5 月 1 日起改为增值税)和个人所得税、开发环节的土地增值税、持有环节的房产税等影响微观主体的预期和行为,从而实现对房地产市场的调节。土地是房屋赖以建设的基础,土地调控政策涉及土地取得方式、土地价格决定等。

行政手段主要指限价、限购、限贷、限售等政策,通过行政强制性命令人为地改变商品房供求,以达到抑制投资投机性需求,平抑房价,促进房地产市场平稳健康发展的目的。

在上述调控政策中,房地产信贷政策、税收政策和行政政策是同向的,即同紧或同松。在大多数时间里,货币政策和房地产信贷政策同向,但因城施策使各地房地产调控政策松紧不一,因此全局性货币政策可能和地区房地产调控政策不完全一致。货币政策、信贷政策、税收政策既调节房地产供给,又调节房地产需求。行政手段中的限价调节新房供给,限售调节二手房供给,限购和限贷则调节房地产需求。土地政策直接影响房地产供给。

三、房地产调控政策的分类

需求类房地产调控政策和供给类房地产调控政策。需求类房地产调控政策是指影响房地产需求的各类调控政策,如个人购房贷款政策、限购、限贷等。供给类房地产调控政策是指影响房地产供给的各类政策,如房地产开发贷款政策、土地调控政策等等。

市场型房地产调控政策和非市场型房地产调控政策。市场型房地产调控政策就是利用货币、信贷、税收等市场手段引导微观主体的行为，从而实现房地产市场平稳发展的目标。而非市场型房地产调控政策主要是指利用法律和行政手段，限制某些微观主体的行为，或者对微观主体的违法违规行为给予惩戒。市场型房地产调控政策和非市场型房地产调控政策是相辅相成、互相促进的。市场型房地产调控政策是在尊重房地产市场运行规律的基础上，对房地产市场失灵的预防和纠偏。当市场型房地产调控政策效果不佳时，就需要配合行政等非市场化手段。例如，北京作为国家首都，对京津冀、北方乃至全国和世界的人们都有着很强吸引力，因此要保持北京房价平稳，必须配合限购、限贷等行政手段。

宽松房地产调控政策和紧缩房地产调控政策。宽松和紧缩是针对房地产调控政策的方向而言的。在宽松房地产调控政策阶段，宽松货币政策、宽松信贷政策、宽松税收政策等经常同时出现，各种宽松政策相互叠加共同刺激购房需求，促使房地产投资和成交量上升。但有时货币政策和房地产信贷政策会出现相背离走势，例如 2013 年下半年至 2014 年 9 月，中央银行通过新型货币政策工具向市场释放了大量流动性货币，货币政策是偏宽松的，但个人购房贷款依然是紧缩的，因此我们认为该阶段属于紧缩房地产调控阶段。在紧缩房地产调控政策阶段，紧缩货币政策、紧缩信贷政策、紧缩税收政策、严格的土地政策经常是同时出现的。

统一调控政策和因城施策。2010 年之前，全国房地产调控政策基本上是全国一盘棋，即全国实施统一的调控政策。例如，在 2005 年 3 月至 2008 年 9 月上旬，全国都实施了紧缩的房地产调控政策，而在 2008 年 9 月中旬至 2009 年，全国都实施了宽松的房地产调控政策。因城施策最早起源于"2010 年国十条"和"2011 年国八条"提出的限购政策，2011 年年底全国共有 46 座城市实施了限购政策。2016 年 9 月底以来，一线、多数二线和少数三四线城市纷纷根据自身特点制定不同的限购、限贷和限售政策组合，而其他多数三四线城市的楼市政策继续保持宽松格局，每个城市在因城施策上更具自主性和灵活性。

四、房地产调控政策的影响

房地产调控政策的影响指单一政策或政策组合对参与主体和房地产市场的影响。例如,宽松货币政策和信贷政策对居民购房需求的影响、对开发商房屋供给的影响,税收政策对投机性购房者的影响,土地政策对房地产开发商拿地的影响、对房价的影响等等。影响是看得见摸得着的,例如对需求的影响表现在定金预付款、个人按揭贷款的变化,对房价的影响表现在房价上升、不变和下降等等。因此,房地产调控政策的"影响"相当于房地产调控政策效果。

五、房地产调控政策的效应

"效应"用于政策评价中,主要指被处理组与未来组的差异。例如,政府为失业者提供培训项目,是否能使失业者重新就业并获得高工资?与未服用过某一药物的患者相比,服用过该药物的患者是否康复得更快?由于本书研究房地产调控政策的影响及其效应,这里的"影响"指调控政策实施后的结果,而"效应"则是这种结果为何会发生的传导机制,例如我们观察到宽松信贷政策导致房价上涨,并使用计量模型验证了房地产贷款对房价有显著正向影响,但为何房地产贷款会对房价产生影响呢?这就涉及"效应"问题,即宽松信贷政策通过哪些传导机制影响房价?因此,可将"效应"理解为房地产调控政策对房屋供求双方的传导机制。

根据传导机制是局限于房地产内部还是外部,可对房地产调控政策效应有两种不同的理解。第一种对效应的理解是房地产政策通过各种效应作用于各参与主体,各参与主体的预期和行为共同对房地产市场产生影响。例如,利率通过成本效应、价格预期效应、资产负债表效应、资产组合效应、贷款增加效应、存款派生效应、逆向选择效应等影响房屋购买者和开发商的行为,二者的行为共同影响房地产供求,进而影响房价。

第二种对效应的理解是跳出房地产市场,探究房地产调控对房地产市场以外的冲击。例如宽松房地产调控政策促进了房价上涨,房价上涨会引发财富效应、消费效应、投资效应、经济增长效应、资产配置效应、金融稳定效应等多种效应。尽管第二种效应不针对房地产市场,但该种效应之所以发挥作用,是因为房地产调控政策影响各主体预期和行为,进而改变房地产市场的运行态势,而房地产市场的变化引发了第二种效应。由于第一种效应限定为房地产市场内部,而第二种效应则跳出房地产市场之外,因此本书所指效应指第一种效应,对于第二种效应只在第三章进行了介绍。

按政策来划分,效应可分为货币政策效应、信贷政策效应、税收政策效应、土地政策效应、行政政策效应。按效应的方向来划分,可分为促进效应和抑制效应,例如房价上涨后分别出现促进房价继续上涨效应和抑制房价上涨效应。按效应作用对象来划分,可分为购房者效应和房屋供给者效应。按效应力度来划分,可分为大效应和小效应。按各效应之间的关系来划分,可分为协同效应和牵制效应。

第三节　文献综述

一、影响房价的因素

学者们从基本面角度解释房价的影响因素:迪帕斯奎尔和惠顿(Dipasquale 和 Wheaton,1996)将房屋租赁市场、买卖市场、房地产开发建设市场等统一到四象限模型中,认为物业存量、物业租金、房价、新房开工量、物业存量调整存在环环相扣的关系,房价等于未来租金的现值之和。沈悦、刘洪玉(2004)通过最小二乘法、固定效应面板模型和时间虚拟变量等方法构建了对数模型和线性模型,实证结果表明城镇居民人均可支配收入、人口数、失业率和空置率等基本面信息能部分解释房价水平及其变化率。陈斌开、张川川(2016)深入研究了人力资本对房价的影响,从高人力资本人口扩张及其空间集聚的视角解释中国 1998—2002 年楼市的平稳和 2003 年之后不同城市楼市的分化,认为人力资本主要通过直接效应、外溢效应和预期效应等影响城市化和住房价格。

除了基本面因素外,前期房价和对房价的预期也是决定本期房价的重要因素。奎格利(Quigley,2012)使用居民家庭数量、总人口、就业率、新建房屋许可数、房屋空置率作为自变量,房价作为因变量,发现所有自变量只能解释房价的29%。但如果在自变量中加入滞后2期的房价,则可决系数将大大提高。表明房价除了受基本面因素影响之外,更多地受前期价格的影响。郭娜、李政(2013)研究结果表明,我国房地产价格的持续上涨主要源于其自身惯性的推动。汉森和希顿(Hansen 和 Heaton,1995)探讨了人们如何从各种信息中对房屋进行估值并作出买卖决定:买家在收到无数房屋报价后,判断这些卖价是否合理,是否值得在当前价位买入。合理的预期范围内创造了一系列可能的均衡价格,至少局外人是不知道买家的心理变化过程的。梁云芳、高铁梅(2007)研究表明,未来房价预期对我国东部地区短期房价波动有较大影响。

此外,政策因素也对房价有重要影响。周京奎(2005)发现房价与投资额、销售额和滞后一期房价存在协整关系,由于投资额与销售额中的大部分来自银行贷款,表明房价上涨与宽松货币政策密切相关。陆铭、张航、梁文泉(2015)构建空间均衡模型,实证研究得出以下结论:2003年后中央政府供地政策向中西部倾斜,使劳动力净流入的东部地区土地供给不足,推升了东部地区的房价。斯蒂格和舒拉里克(Steger 和 Schularick,2015)研究了1870—2012年全球发达国家142年的住宅价格指数,发现从20世纪60年代开始各国房价进入快速上涨期,地价上涨是推动房价上涨的重要原因。李迅雷(2015)认为宽松政策、供给减少、需求增加、融资手段增加、融资成本下降、股市进入后半场后的退出意愿和财富效应等多重因素决定未来房价会上涨。

房价变动是由供求及其弹性决定的。古德曼和锡伯杜(Goodman 和 Thibodeau,2008)通过理论模型证明了当住房需求增长时,由于不同地区的住房供给弹性不同,住房价格变化完全迥异。通过计算美国133个城市的住房供给弹性,指出美国东海岸加利福尼亚地区房价上涨,主要是由于当地住房供给缺乏弹性所致。

一些学者从多角度对房地产泡沫的成因进行了研究,认为中介的误导、购房者乐观预期、宽松信贷环境等是造成房地产泡沫的主要原因。格莱泽(Glaeser,2013)指出,数百年以来美国人热衷于在房地产上投机,类似1996—2010年的房地产泡沫在历史上多次出现,每次都是房价上涨伴随着对房价的乐观预期,且宽松信贷环境对于推动房价上涨至关重要。当乐观预期不能实现,房地产泡沫就破灭了。格莱泽(Glaeser,2006)强调开发商和各类房地产中介对购房者的误导作用,他们通过房地产历史上各种土地炒作的例子来说服买家,让买家相信未来房价将经历令人眼花缭乱的增长。凯斯和席勒(Case和Shiller,2012)在经济繁荣时期对购房者进行了调研,发现购房者对房价的预期明显不一致。例如,2004年,波士顿购房人相信在未来十年内,房价每年将上涨10.6%,而2005年的房价却只上涨7.6%。这些信念来自许多貌似真实的理由。一些人可能会从最近的房价趋势外推,其他人可能从他们最大的资产增值中进行推演。

二、是否应该对房地产进行调控

是否应该使用货币政策对房地产进行调控。由于传统的货币政策目标是经济增长、物价稳定、充分就业和国际收支平衡,因此货币政策是否应对房价作出反应存在一定的分歧。伯南克和格特勒(Bernanke和Gertler,1999)认为资产价格会通过财富效应、资金成本效应和金融加速器效应等影响总需求,因而货币政策只需对通货膨胀作出反应即可,而不必对包括房价在内的资产价格作出反应。王擎、韩鑫韬(2009)基于BEEK模型和GARCH均值模型研究货币供应量、房价和经济增长的动态关系,表明货币供应量增长率与房价增长率的联动变化非常剧烈,而且房价增长率与经济增长率的联动对经济增长波动率的影响不显著,说明央行货币政策没有必要也没有可能盯住房地产价格。

有些学者则认为货币政策应该对房价作出及时反应。凯里(Carey,1990)通过实证研究得出房价受收入水平、投资者数量、供给数量和金融政策等因素影响,认为政府应积极运用货币政策和财政政策调控房地产市场。冯科(2011)认为应当将房地产价格作为经济运行的信息指标纳入货币政策指标体系,以帮助制定更为合理的货币政策。陈继勇(2013)认为货币政策在必要时就干预资产价格,在条件完备时甚至可以盯住房地产价格。在使用货币政策调控房地产时要注意数量工具和价格工具的协调与侧重。马亚明、刘翠(2014a)通过构建 IS-Philips 模型,认为在货币政策目标选择过程中,房地产价格波动对宏观经济的影响不可忽视,应将金融稳定作为货币政策的第五个目标。徐淑一、殷明明、陈平(2015)研究发现,房价能够显著地预测产出和通胀,短期利率影响未来房价,央行三大货币政策工具对长短期市场利率均有影响。因此认为货币政策能够直接形成对房地产价格的调控,并通过房价间接影响产出和通胀,所以房价可以作为货币政策的中间目标。马亚明、刘翠(2014b)构建了含有九种不同货币政策工具规则的动态随机一般均衡模型(DSGE),重点研究了关注房地产价格波动下我国货币政策工具的选择,结果表明,在稳定物价、产出以及房价方面,混合规则发挥的作用更大。比较不同的货币政策工具规则反应类型可以发现,无论是利率规则、货币供应量规则,还是混合规则,前瞻型的货币政策工具规则都比当期型和后顾型的货币政策工具规则更适合我国的具体情况。冯涛、杨达、张蕾(2014)利用动态随机一般均衡模型,剖析了货币政策与房地产价格之间的作用机制。结果表明,中国央行在 2003—2012 年的实践中已将房地产价格纳入货币政策调控的反应规则中。

是否应该使用税收政策对房地产进行调控。汪昊(2009)认为房地产税收调控的理论依据有三个:一是弥补由于信息不对称性、外部效应、房地产投机、贫富差距拉大而造成的房地产市场失灵;二是税收非中性使调控成为可能。税收中性是相对的,税收非中性是绝对的,正是由于税收的非中性,使其具有收入和替代效应,产生抑制与激励作用,从而能够起到调控的作用;三是税收调控的不可替代性。与政府的货币、土地等调控政策相比,税收调控政策具有直接和强制的特点,集经济、法律和行政手段于一身,在不同国家的不同历史时期都发挥着不同的调控作用,与市场经济相伴,不可或缺。

三、房地产调控政策效应

货币政策的房地产调控效应。米什金(Mishkin,2007)阐述了货币政策对房地产市场的效应,包括直接效应和间接效应:直接效应方面,通过利率渠道影响房地产使用成本、价格预期和房地产供应等因素;间接效应方面,通过信贷渠道和资产负债表渠道来影响房地产需求和房地产消费,同时也包括房价的财富效应和信心效应。路扬(2009)从货币途径、信贷途径、资产组合途径探讨了货币政策影响房地产价格的传导机制。龙海明、陶冶(2014)从现金流贴现模型、资本资产定价模型和供求模型探讨了利率对房价的影响。现金流贴现模型认为利率与房价存在反向密切关系。资本资产定价模型认为,房地产价格只取决于房地产市场中的系统风险,而利率风险是系统性风险之一,即房地产价格和利率存在密切关系。供求模型认为,当房地产市场达到均衡状态时,房地产价格与利率的关系取决于房地产购买者与房地产开发商对利率敏感性的大小。

税收政策的房地产调控效应。周睿洋(2015)认为,房地产保有税直接作用于需求方,更易抑制房价;房地产流转税则通过税收转嫁作用于供求双方,更易推动房价。对需求方而言,房地产税对房价的正效应主要通过地方公共支出资本化效应来实现;房地产税对房价的负效应主要通过增加成本和税收直接资本化的负效应来实现。对供给方而言,其面对的主要是流转环节税收,开发商利用优势地位转嫁给买方。

房地产调控政策的效应还包括房地产市场对投资、消费、财富、物价、通胀、产出等的传导效应,但学者们并没有能够达成共识。马西莫(Massimo,2005)用向量自回归模型(VAR)研究了欧盟国家房地产市场,指出利率通过房地产价格对消费支出产生明显影响。丁晨和屠梅增(2007)实证研究表明,房价对消费和产出的影响不显著,但对投资的影响却很大。李树丞等(2008)发现房地产的财富效应较弱,但投资效应较强。戴国强和张建华(2009)利用结构向量自回归模型(SVAR)分析得出,房价对货币政策的作用比较顺畅,但房价的投资效应和财富效应均不明显。张红、李洋(2013)认为房价通过信心效应、财富效应和资产负债表效应影响居民消费,房地产投资具有拉动经济总产出的效应,但对私人投资却产生挤出效应。沈悦、周奎省和李善燊(2011)发现房价对消费的影响要强于对投资的影响,房价总体上体现出挤出效应而不是财富效应。

其中利率——房价——消费——经济增长这一传导机制较为通畅。冯科（2011）认为从货币政策到房地产市场的传导过程十分有效，但是房地产市场的波动也只能影响到物价的变动，传导到投资和消费的能力极为有限。吴超（2012）基于四元向量自回归—广义自回归条件异方差—贝克模型（VAR-GARCH-BEKK），发现房地产价格能够对通货膨胀产生显著的均值溢出和波动溢出效应，对实际产出存在显著的波动溢出效应，这表明房地产价格能够显著影响经济运行。徐淑一、殷明明、陈平（2015）运用 VAR 模型和脉冲响应模型，表明房地产价格对通胀和产出具有显著的预测效果，而且房地产价格的冲击会影响未来的产出和通胀，影响时间可持续半年到一年。

房地产调控政策的效应还包括房地产市场对财政收入、税收、金融服务和土地城镇化等方面的传导效应。张智威、曾立（2016）认为房地产热对经济的积极影响，主要体现在增加财政收入和带动房地产金融服务两方面，但并不能有效带动房地产投资增长。由于房地产对经济增长的贡献主要源于房地产投资，而非房地产销售。因此房地产热对经济增长贡献相对有限，土地和房地产市场的繁荣更多只是价格现象。黄少安、陈斌开、刘姿彤（2012）认为尽管片面发展房地产能带来财政收入的短期增长，但由于"租税等价"效应的存在，长期财政收入却没有增加。政府来自房地产业的土地出让金和相关税收越高，则来自其他行业的税收收入就越低。因此，地方政府不要幻想依靠地价、房价上涨，来增加财政收入和促进经济增长。李永乐、舒帮荣、吴群（2013）发现，无论是全国还是东中西部地区，房价均对土地城镇化起到正向推动作用，且从推动力度来看，西部大于中部，中部大于东部。从不同类型房价对土地城镇化的推动力度来看，住宅价格推动作用最大，商业用房价格推动作用较小，而其他用房价格则无推动作用。

四、货币政策对房地产市场的影响

货币供应量对房地产市场的影响。多数学者认为货币供应量对房价存在正向影响。路扬（2009）运用单位根检验、协整检验、误差修正模型、格兰杰因果关系检验、方差分解和脉冲响应模型等对货币政策的房地产价格传导进行了实证分析,结果表明无论从短期还是长期来看,货币供应量均与房价正相关。杨群(2011)认为,从短期来看,货币供应量对房地产市场的影响是有限的。但脉冲响应模型分析表明,货币供应量对房地产价格指数有较为长期的正向影响。王来福、郭峰(2007)研究表明,货币供应量对房价有长期正向影响。高波和王先柱(2009)实证研究得出货币供应量的增加会导致房价上涨。上述几项研究均基于时间序列的VAR方法。黄飞雪和王云(2010)利用结构向量自回归模型(SVAR模型)发现货币供应量的增加和本币升值都带来房价大幅上涨。黄瑜(2010)基于状态空间模型,就货币供应量对房地产市场供求的影响进行了动态测度,短期来看货币供应量对房地产供求均有正向影响,但长期而言货币供应量对房地产供求没有影响,相比房地产供给而言房地产需求受货币政策的影响更大。郭娜、李政(2013)采用有向无环图(DAG)技术和基于DAG的SVAR模型及预测方差分解方法探讨了我国货币政策工具对房地产市场调控的有效性问题,得出货币供应量和金融信贷对房地产市场的调控效果比较明显的结论。李智、李伟军、高波(2013)基于符号约束VAR模型,通过对变量施加更加有效的约束,提升了货币政策的识别效果。实证结果表明,M_2表示的数量型工具的作用对房价有正向作用,但滞后时间为较长的5个月。但也有少数学者认为货币供应量对房价的影响为负。冯科(2011)利用VAR模型实证得出,广义货币供应量和实际法定存款准备金率对房价的影响为负,而广义货币供应量对国房景气指数的影响也为负。

利率对房地产的影响。在利率对房地产市场的影响上,学者们存在一定的分歧,主要存在以下几种观点:一是利率对房价的影响能力不强。黄飞雪和王云(2010)发现,利率提高所带来的房价下降幅度却很小。郭娜、李政(2013)认为,实际利率对房地产价格的影响十分有限。王先柱、赵奉军(2014)认为,利率对房地产价格的解释力度不强。梁云芳、高铁梅(2007)发现,利率对东、中、西部地区房价的影响均较小。李智、李伟军、高波(2013)指出,以Shibor为代表的价格型工具的效果相对较小。

二是利率对房地产市场的影响不一致。李树丞等(2008)发现,房价和利率起初呈正向关系,长期呈微弱的负向关系。冯科(2011)指出,实际一年贷款利率对房价的影响为负,但实际一年贷款利率对国房景气指数的影响却为正数。路扬(2009)发现,短期来看利率与房地产价格正相关,但长期来看利率与房地产价格负相关。黄瑜(2010)认为,利率对房地产供求均产生负向影响,但长期而言利率对房地产供求没有影响。三是利率与房价正相关。丁晨和屠梅增(2007)实证得出利率提高会使房价短期内产生正向变动。高波和王先柱(2009)通过对五组 VAR 模型的分析,发现提高利率对抑制商业银行在房地产市场上的贷款供给效果不明显,提高利率反而会造成房价上涨。陈鹄飞、陈鸿飞、郑琦(2010)利用泰勒规则(Taylor Rule)的利率缺口,在剔除市场预期之后测度了中国市场的货币政策冲击,并基于房地产投资回报的时序数据波动聚集性和时变性特征构建广义自回归条件异方差均值模型(GARCH-M 模型),以此度量我国房地产市场投资收益的波动演变路径,解释了央行实施加息的货币政策后当期房价反而上涨的投资现象。四是利率与房价负相关。沈悦和周奎省(2011)运用增广因子向量自回归模型(FAVAR 模型),利用152个时间序列数据,针对利率影响房价的有效性进行了研究。发现普通商品住宅对利率的敏感性要高于经济适用房和高档住宅。

货币政策在不同区制下的非对称影响。可以根据不同标准对区制进行划分,常见的划分标准是房地产周期、经济景气周期和利率高低。(1)按房地产周期划分区制方面:周祥、孔刘柳(2013)研究发现,在房地产市场处于低迷期时,货币供应量的变动并不会立即影响房地产价格,存在一定的时滞。而在房地产市场扩张期,货币供应量的变动会迅速影响到房价;张莹(2015)利用马尔柯夫-向量自回归模型(MS-VAR)的研究结果表明,在房价增速低位运行时,利率负向调节机制更优,调节效果更显温和。在房价增速高位运行时,货币供给正向调节机制效果更明显,但影响强度较大;陈日清(2014)基于国房景气指数及马尔科夫区制转移模型,发现中国货币政策对房地产市场影响存在非对称效应,即货币政策仅在房地产市场处于"上行期"和"下行期"时作用明显。(2)按景气周期划分区制方面:马亚明、刘翠(2015)基于成分广义自回归条件异方差模型(CARCH 模型),考察货币政策对房地产市场的非对称影响。实证结果表明,货币政策对房地产市场存在非对称效应,即存在关于经济周期、传导渠道、政策取向三个方面的非对称形式。具体而言,处于景气周期时的货币政策对房地产市场的影响程度大于处于不景气周期时的影响程度,信贷渠道工具对房地产市场产生的影响要大于货币渠道对房地产市场产生的影响,紧缩型货币政策对房地产市场的影响程度远不及扩张型货币政策对房地产市场所产生的影响程度大。(3)按利率高低划分区制方面:肖强、司颖华(2014)构建了平滑转换向量自回归模型(LSTVAR 模型),运用广义脉冲响应函数研究了货币供应量与利率变化对中国房地产价格动态影响的非对称性。结果发现,在高利率状态下,货币供应量对房价具有正效应但随时间逐渐减弱;而在低利率状态下,货币供应量对房价同样具有正效应但随时间逐渐加强。在高利率状态下,利率对房价具有负效应但随时间逐渐减弱;而在低利率状态下,利率虽然对房地产价格具有短暂的负效应但随时间推移逐渐转为正效应,且具有长期性。

货币政策对不同地区房地产市场影响的区域差异性。(1)一些学者认为存在区域差异性:弗拉坦托尼和斯普雷彻(Fratantoni 和 Sprecher, 2003)选取了美国 1986—1996 年的房地产数据,运用异质代理人向量自回归模型(Heterogeneous-Agent VAR, HAVAR)研究了同一货币政策对不同区域房地产的影响。结果表明同样货币政策对不同地区房地产的传导速度不同,货币政策效果依赖于地区经济,沿海地区的楼市繁荣可能影响货币政策的效果;常飞、李秀婷、郭琨、董纪昌(2013)发现货币政策对房价的影响期限长,对住宅销售面积的影响期限短,且对房价的影响各个城市的差异性较大。(2)一些学者认为我国房地产调控政策在东部最有效:张红、李洋(2013)构建全局向量自回归模型(GVAR),分析了货币政策与区域经济和房地产市场的动态关系。实证结果表明,货币供应量的增长会推动房地产投资增长但长期会抑制房价,中部地区受货币供应量影响程度最低。提高利率对东部地区房价有较大负向影响,但对中部和西部则影响较小;王先柱、毛中根、刘洪玉(2011)分别从房地产供求两个层面考察货币政策在房地产市场的传导机制及其区域差异,结果表明利率必须达到一定基点后才能有效抑制房地产需求并且东部地区较中西部地区效果更好,全国层面和东部地区当期利率的提高能够在一定程度上抑制土地购置面积。王先柱(2011)发现提高利率和缩减信贷规模,对东部地区房地产市场的抑制效应要显著高于对中、西部地区的。(3)一些学者认为房地产调控政策对西部最有效:韩国高(2015)利用动态面板数据考察了货币政策的区域效应,选取利率和信贷作为货币政策工具,结果表明货币政策对东部房地产需求和供给的作用不显著,但对西部房地产需求和供给的作用显著,货币政策对中部的效果介于东部和西部之间。(4)一些学者发现不同货币政策工具对不同区域的效果不尽相同:魏玮和王洪卫(2010)建立面板向量自回归模型(PVAR),发现数量型货币政策工具和利率分别对西部地区和东部地区的房价累积效应最为显著,流通中现金 M_0 对东部和中部的房地产市场影响最大,信贷工具对西部房地产市场影响最大。

货币政策在不同阶段的效果差异。贾祖国(2013)将货币政策对房价的影响分为三个阶段:减息房地产业复苏阶段、经济繁荣加息但房价加速上涨阶段、利率从高点回落同时实际房价不断下降阶段,并对1997年第一季度—2012年第一季度期间货币政策对房价的影响进行了阶段划分,指出货币政策对房地产影响的三个阶段越来越短,房地产价格对货币政策越来越敏感。张小宇、刘金全(2015)运用平滑转换向量自回归模型(STVAR),发现国房景气指数、产出增速与货币供应增速之间的作用机制与传导机制存在显著的非线性关系。在经济新常态和旧常态时期,货币政策与产出冲击均对房地产市场具有显著影响,但旧常态时期影响强度更强。

货币政策对房地产公司现金持有和融资的影响。在货币政策对房企现金持有的影响方面,学者们存在分歧。张文君(2013)利用面板向量自回归模型(PVAR)和蒙特卡罗模拟冲击等计量方法研究发现,货币供给增加会导致房地产公司现金持有水平的增加,不仅存在显著的正向冲击,而且持续时间较长。王先柱、刘洪玉(2011)发现房地产企业的现金持有水平随着货币政策紧缩程度的变化而变化,当货币政策趋于从紧时外部融资约束增强,企业会提高现金持有水平。但国有企业和低成长性房地产企业受货币政策影响程度较小。因此得出紧缩货币政策对房地产公司有效的结论。学者们普遍认为,紧缩调控政策限制了房企获得银行贷款的规模:王先柱、金叶龙(2013)研究发现,货币政策能够有效影响房地产企业的融资行为,但财务柔性水平较高的房地产企业在面对货币政策冲击时具有较强的适应性;陈欢、马永强(2013)考察了贷款利率和存款准备金率的变动对房地产企业融资决策的影响,短期借款与贷款基准利率呈显著负相关,新增贷款额度与存款准备金率呈显著负相关,增发股票融资额与贷款基准利率呈正相关。

货币政策对房地产公司投资的影响。宽松货币政策会促进房企投资,紧缩货币政策则会抑制房企投资。黄海晶(2014)研究发现,货币政策对我国房地产企业的投资水平具有显著影响,货币政策越宽松,投资水平越高。货币政策通过影响企业的融资约束程度进而影响其投资水平,宽松的货币政策会降低企业投资—现金流敏感性,缓解融资约束程度,紧缩的货币政策作用反之。林朝颖、余向群、杨广青(2015)借鉴理查森(Richardson)的过度投资模型,实证检验显示中国房地产上市公司存在过度投资行为。紧缩的货币政策能抑制其过度投资,而宽松的货币政策会助长其过度投资。在经济繁荣期,房地产企业的过度投资对其风险承担的影响不显著;在经济衰退期,过度投资会使其风险承担水平显著提升,此时推出宽松的货币政策会使房地产企业的风险承担水平进一步提升。此外,货币政策还对房企投资效率产生影响:谢琳(2015)运用数据包络分析(DEA)、自回归移动平均过程(ARIMA)、动态面板等实证研究表明:预期与不可预期货币政策对房地产公司投资效率均会产生影响,货币供应量增长率、金融机构各项贷款和7天全国银行间同业拆借利率与房地产公司投资效率均存在显著相关性。于博、吴娜(2014)以融资约束的"异质性"为视角,借助系统广义矩估计(GMM 模型)考察了货币政策影响投资效率的"异质效应"。实证表明:宽松货币政策在行业平稳期(2002—2006 年)降低了投资效率,而在行业调整期(2007—2011 年)则提高了投资效率,且融资约束程度越低的企业,提升效率越显著。

外部货币政策冲击对我国房价的影响。刘伟江、丁一、隋建利(2015)通过构建结构向量自回归模型(SVAR)对美国货币政策外溢性如何影响我国房地产价格进行实证分析,结果表明联邦基金利率冲击对我国房价的影响始终为正,美国货币供给量冲击经过 10 个月左右的时滞后才逐渐显现出来。

五、信贷政策对房地产市场的影响

房地产信贷对房地产价格的影响。学者们普遍认为房地产价格与房地产信贷正相关。格拉克和彭(Gerlach 和 Peng,2005)通过对中国香港房地产市场的研究发现,房地产价格对房地产贷款具有长期和短期效应,但是反之不然。武康平等(2004)在研究中国房地产市场和金融市场的共生性时发现,房地产价格与房地产信贷存在正面的反馈机制,银行信贷的增加能够促进房价的上升。庄岩(2011)证明了银行贷款、房价与房地产之间存在着协整关系。除了房地产贷款的数量外,房地产贷款的具体条款和政策对购房需求有明显影响。张涛等(2006)通过建立两资产和单一资产按揭贷款模型,分析认为消费者的贷款成本与住房按揭贷款利率成正比,上调住房按揭贷款利率可以降低住房需求。

住房公积金对房地产价格的影响。2002 年修订的《住房公积金管理条例》指出,住房公积金是一种用于职工建造、购买、修理住房用的长期住房专项储蓄资金。郭松海(2005)认为住房公积金制度是一项住房保障制度,住房公积金是用于解决中低收入职工住房问题的一种保障性资金。陶学国(2010)认为住房公积金是大部分城镇居民购房首选的贷款方式,是国家政策性住房金融的重要体现。梁云芳和高铁梅(2006)认为我国住房制度改革促进了住房需求的增加。徐峰、胡昊和丛诚(2007)构建了住房公积金住房消费贡献度测算模型,通过对 2006 年典型城市测算发现,住房公积金最高贷款额度越高,贷款贡献度、还款贡献度和利息节省率越高。况伟大(2010)发现随着我国住房公积金制度的不断完善,贷款规模的不断扩大,其对我国住房市场的影响也越来越大。周京奎

（2010）通过实证分析发现公积金缴存额对各收入等级家庭的住房支付能力都具有正向影响，其中公积金缴存额对高收入家庭的影响弹性最高，对低收入家庭的影响弹性最低。杨黎明和余劲（2013）选取2002—2011年全国七个主要二线城市的面板数据，采用状态空间模型和长期回归模型，验证了住房公积金贷款对不同城市房价的短期动态影响，结果表明对于房价较高的城市，公积金贷款对房价的助推作用较大，而对于房价相对较低的城市，公积金对房价的影响较小。贾琼（2014）对住房公积金贷款利率对我国房价和房租的影响进行实证分析。证实了住房公积金政策对我国房价和房租的影响主要侧重于中长期效应，短期效应并不明显。

六、财政税收政策对房地产市场的影响

公共服务和公共支出对房价的影响。学者们普遍认为，公共服务水平提升、公共支出增加都会对房价产生正向影响。海曼（Hyman，1973）运用横截面数据对美国北卡罗来纳州的106个城镇的地方公共支出、房产税与房价之间的关系进行研究，实证结果表明房产税并没有资本化到当地的私人房屋价格中去，地方公共支出对当地私人房屋价格的中位数有正向影响但并不显著。李祥、高波、李勇刚（2012）发现公共支出强度、公共服务水平与房价显著正相关，并且公共服务正向资本化效果大于房地产税负的负向资本化效果。高波（2012）运用面板模型对财政支出政策的房价效应进行了实证分析，发现无论是随机效应、固定效应还是混合效应，财政支出对房价有显著正向影响。朱迎春（2013）运用 Engle-Granger两步法实证得出我国房地产税收和房价之间存在协整关系，但各个房地产税种对房价的影响均不显著。周睿洋（2015）发现房地产税收不是房价的主要构成要素，地方公共服务支出能有效资本化为住房价值。

部分学者认为房地产税收对房价的影响为正。弗朗索瓦（Francois，2006）通过对房地产市场生命周期模型的研究发现，房地产税收对房价有正向影响作用，且房价对房地产税收调整的反应较快；霍伊特等（Hoyt等，2011）利用面板数据，将人口增长率、居民平均收入、税收等因素作为解释变量构建房价影响模型，通过实证研究发现，房地产税与房价存在显

著正向相关关系。杨绍媛、徐晓波(2007)从住房成本和资产收益的角度分析,认为由于购房者需求弹性小,因此,不论从资产收益的角度还是从住房成本的角度看,税收的提高在短期内都会使房价提高。杜雪君等(2008)对1988—2006年房地产税收与房价的时间序列数据进行分析,发现我国房地产税收对房价有促进作用。在不考虑地方公共支出对房价影响的前提下,随着时间推移,房地产税收对房价的正向影响越来越大。汪昊(2009)实证研究发现,由于我国住房需求价格弹性为正和供给价格弹性均为负,当房价上升时对住房销售者征收流转环节的税收,将全部转嫁到买房者身上并导致房价上涨。杨建中、汪树强、刘杰(2012)指出,现有房地产税收调控政策存在投资成本较低和抑制消费需求等缺陷,会通过增加交易成本倒逼房价上涨。李友忠(2013)认为,由于我国居民收入水平与住房刚性需求的上升,房产税与房产转让个人所得税并不能改变房产价格的上升趋势。

部分学者认为不同税种对房价的影响各异,且在不同地区也有所差异。方燕、李冉(2013)实证检验发现,在全国范围内房价与房地产税收存在正相关关系,但分地区来看仅西部地区有正相关关系,中部和东部地区则是负相关关系。周建军、刘颜、鞠方(2014)的实证研究表明,总房地产税收对东中西部房价的影响均为正,对中部地区的直接影响最为显著。在各具体税种中,契税对各地区及全国房地产价格的影响均为负。在中部地区,保有环节房地产税对住宅价格的负影响显著。周睿洋(2015)发现,从全国范围来看房地产税对房价的整体影响效应为正,但各地区房地产税效应差异较明显。房地产税收不是房价的主要构成要素,地方公共服务支出能有效资本化为住房价值。从税收环节来看,保有环节房地产税对房价的影响效应大于流转环节税收;从税种来看,房地产税对房价的影响效应最大,城镇土地使用税次之,流转环节的3个税种对房价无显著影响。袁奥博、李俊成(2014)通过建立面板模型,研究了不同地区的房地产税收对房价的影响。研究表明,房地产税收对房价有影响,但不同税种在不同地区的影响效果和贡献度不同。

部分学者认为房地产税收与房价负相关。李永友(2013)研究发现,若在现有税制基础上增开资本利得税或房地产税,尽管可以促使房价下降,但却会恶化福利分配结果。李祥、高波、李勇刚(2012)的实证研究结果表明:在整体层面,房地产持有税、交易税与房价显著负相关。

差别化房地产税收的影响。崔光灿、谌汉初、吕雪(2011)发现,差别化交易税将能从总体上减少购房消费并增加租赁消费,在购房消费结构中将会增加新建住房购房比例,减少存量住房购房比例,但交易税并不能起到降低住房价格的作用。而差别化的房地产税等保有税的开征,在减少购房消费和增加租赁消费的同时,还可起到降低住房价格的作用。崔光灿、谌汉初(2011)认为差别化税收将会减少住房的投资投机需求,同时会增加办公和商业等非居住房屋的投资需求。差别化税收对大户型住房价格的抑制作用明显,而对小户型住房价格抑制作用略弱。

具体税种的影响分析。房产税(物业税)受到了学者的广泛关注。有些学者认为开征房产税有利于降低房价:陈多长(2004)认为在长期房产税将降低住宅的均衡价格;况伟大(2009)通过构建消费者—开发商和投资者—开发商的局部均衡模型,从理论上证明开征物业税有利于降低房价。但实证结果表明,该抑制房价的作用仅限于全国和东部地区,对中西部地区的效果不明显。龚刚敏(2005)利用李嘉图等价定理,证明了开征房产税对房地产价值和租赁价格没有实质性的影响。此外,"2013年国五条"中20%个税政策也受到学者关注,臧荣和(2014)基于国外资本利得税的两种经典理论——税收资本化和锁定效应,分析了"2013年国五条"中20%个税在正式实施前、正式实施后短期和长期三个阶段的政策效果,认为20%个税会在实施前和实施后短期推高房价,而在长期对房价影响具有不确定性。邓菊秋、赵婷(2014)对中国香港的房地产进行了研究,发现物业税对房价影响不明显,而利得税和印花税对房价有正向影响作用。

国外房地产税收情况。程瑶(2012)指出,房地产税收是市场经济国家特别是带有分权特点的国家通行的地方税主体税种,无论是OECD国家,还是拉美国家,都把房地产税收作为较低层级地方政府的主要税收收入。因此,应借鉴国外的经验,把房地产税作为中国县(市)级政府的主要自主性财源。游春、胡才龙(2011)对新加坡、中国香港、韩国的房地产税收情况分别进行了介绍:新加坡对不同收入人群实行差别化的税率,并对困难户和特困户给予补贴;中国香港的房地产税种相对简单即按照市价作为税基;韩国为抑制投机曾征收过高额的资本收益税。姚斌(2014)认为,英国的"融资换贷款计划"和"帮助购买计划",有力地促进了英国房地产市场的复苏。邓菊秋、赵婷(2014)对中国香港的房地产税收的实证分析结果表明,保有税对私人住宅价格影响有限,交易税则促进了私人住宅价格的上涨。

七、土地政策对房地产市场的影响

土地供给及其价格对房价的影响。已有研究均表明,土地供给越少,土地价格越高,房价就会越高。普拉考斯和瓦克泰(Pollakowski 和 Wachter,1990)、彭和惠顿(Peng 和 Wheaton,1994)分别对美国华盛顿地区的蒙哥马利郡、中国香港等地区的土地供应和房价进行研究,实证结果均表明:政府对土地利用限制越严格,导致土地供给越不足,进而引发住房价格上涨速度越快。斯蒂格等(Steger 等,2017)对 14 个发达经济体1870—2012 年之间的房价进行了研究,发现 1950 年之前房价比较平稳,1950 年之后房价出现快速上涨。地价上涨可解释 1950 年至 2012 年房价上涨的 84%,实际建筑成本上升则解释了其余的 16%。梁云芳、高铁梅(2006)发现,土地价格的变动是房价变动的主要原因,且二者变动方向相同。施建刚、谢波(2013)利用上海 2003 年 1 月至 2011 年 12 月的月度数据,运用协整和广义最小二乘法等方法,研究了地价对房价的影响。结果表明土地出让面积对房价的影响是负向的,而土地出让金额对房价的影响却是正向的。黄瑜(2010)利用状态空间模型,研究地价和居民收入对房价的影响,实证结果表明,2004 年 831 大限[①]后地价对房价的正向影响逐渐增强,并在 2007 年年初房价对地价的弹性达到最大值 0.63,

---

① 2004 年 831 大限:2004 年 8 月 31 日以后,由于不能再以协议出让经营性土地,地价对房价的正向影响逐渐增强。

2007—2009 年该弹性系数稳定地保持在 0.4 左右。

　　土地财政对房价的影响。已有研究普遍支持土地财政助推房价上涨的观点。刘民权、孙波(2009)通过构建博弈模型,研究土地协议出让和土地招拍挂下的房地产价格形成机制,认为土地批租制度和土地出让招拍挂机制共同促进了房价上涨。王学龙、杨文(2012)发现土地财政是造成房价脱离真实供求因素的重要原因。土地财政使地方政府有强烈意愿推高房价,从而降低房地产投机风险,在投机需求的拉动下房价不断走高。与不依赖土地财政的经济发达国家相比,我国房地产投机需求明显偏高。周彬、杜两省(2010)发现房价越高地方政府效用越高。实证研究结果显示,在连续 5 个季度内地价都是房价的格兰杰原因,房地产供求及其均衡的联立方程显示地价上升会导致商品房供应量上升,表明土地财政助推房地产业的畸形发展。吕炜、刘晨晖(2012)利用系统广义矩估计模型(GMM)研究了财政支出、政府投资、土地财政等对房地产泡沫的影响,表明土地财政是造成我国房地产泡沫不断累积的重要原因,而财政总支出主要是提升了房屋价值而不是促进了房地产泡沫。

　　土地供给模式比较及其对房地产市场的影响。张娟锋、虞晓芬(2011)对土地储备制度实施前后的土地供给模式进行了比较,指出土地储备制度实施后,增强了地方政府对土地的垄断和管制能力,加大了地方财政对房地产业的依赖程度,迅速抬高了土地和房地产价格。并从土地供给规模、价格、结构与政策偏好等宏观层面和土地区位、时机、方式与出让约束条款等微观层面分析了土地供给模式影响房地产市场的路径。陆铭、张航、梁文泉(2015)指出,自 2003 年以来偏向中西部的土地供给,导致东部地区房价快速上升。

八、各类房地产调控政策的综合影响

　　梁云芳、高铁梅(2006)从供给、需求和资本三方面研究住宅价格变动的原因,分别得出土地价格波动、上期房价、利率变动是导致房价波动的最重要因素。王琪(2014)研究了房地产调控政策对成都市二手房交易市场的影响,表明货币政策的短期效果明显,但长期交易却不显著。此外,土地供给政策对二手房市场的价格和成交量也有显著影响。李祥飞、张再生、黄超(2014)运用希尔伯特-黄(Hilbert-Huang)变换将地产价格指数分解成几个本征模函数的叠加,最终形成地产指数的三个基本分量,在此基础上研究房地产调控政策的整体作用力及其对地产指数价格分量的影响,并找到影响市场价格波动和影响重大事件价格的政策。实证结果表明,市场对货币政策的反应非常灵敏,而对某些商品房市场政策和土地政策的反应则有一定滞后性。政策初始作用力大小与持续时间无关。

九、调控政策效果不佳的原因

许多研究从地方政府和央地关系等层面探讨了调控效果不佳的原因。曹军新、胡峰松(2012)探讨了"2010年国十条"提出的地方负总责制效果不佳的原因,认为制度设计存在缺陷和相关配套制度缺位,导致该制度运行效率低下。朱亚鹏(2012)认为,中央政府房地产调控政策目标游离不定、地方政府对土地财政的过度依赖、外部问责机制缺失等是造成问责困境的重要原因。周梦娇(2014)认为,房地产调控困局的核心在于"央地关系",中央和地方政府缺乏协作理念,双方利益缺乏制度化的表达及沟通渠道,对调控措施的设定和实施缺乏有效的反馈及评估机制。上述因素不仅削弱了房地产调控政策的效果,而且也影响了各级政府的公信力。由于政府房地产调控政策的多次摇摆导致购房者的恐慌入市,并助推房价不断上涨。苏英、赵晓冬、周高仪(2013)指出,房地产调控对地方经济造成的损失、对地方税收贡献率下降、房地产调控执行成本较高、对房地产行业超额利润惩戒力度较小等因素是导致房地产调控政策执行效率低下的主要原因。金亮(2013)剖析了中央房地产调控政策在地方执行中受到阻滞的原因,主要有些地方政府对中央政府的认知存在缺陷、执行主体之间的沟通协调不畅、中央与地方政府的利益博弈拉锯等。杨恒(2014)探讨了造成调控有效性偏低的原因,涉及中央与地方目标不一致、保障房供给不足、政策缺乏持续性、地方债规模不断增大、投资渠道过于狭窄、土地价格持续上涨等等。

一些研究从噪声交易者、商业信用再分配和综合视角剖析了调控政策效果不理想的原因。贾生华、李航(2013)以噪声交易模型为理论基础,使用35个大中城市的实际数据验证房地产调控政策是否对噪声预期和房价具有调节作用。结果表明,由于噪声交易者预期,导致房地产调控政策对不同城市的影响出现显著差异。仅在上海和杭州两个城市,房地产调控政策对房价预期主效应的调节作用是显著的。丁杰、李仲飞、郑军(2015)从商业信用再分配理论的视角分析了房地产市场调控效果不理想的原因。实证结果表明,尽管紧缩房地产调控政策能够减少对房地产企业的信贷供给,但在紧缩货币政策期间,房地产企业却通过增加对商业信用的利用来弥补银行信贷的不足。连续性的紧缩调控政策将显著降低商业信用对银行信贷的替代作用。吴晓灵(2008)对1998—2008年的房地产调控政策进行了深入思考,认为2001年地方政府对高消费性的别墅等全部减免了营业税和契税、忽视廉租房和经济适用房的建设、没有严格控制廉租房和经济适用房购买人的条件等是造成房价非理性上涨的重要原因。

张沁悦(2014)构建了在货币流动条件下的实体和虚拟两部门循环交互作用机理的数理模型,认为虚拟资本自膨胀性导致了房地产价格在调控中不断攀升。若单纯改变货币在两部门的分割比例不会降低虚拟资本的相对规模,只有降低剩余价值在虚拟部门的分割比例才能缩小虚拟资本的相对规模。

十、完善房地产调控政策建议

完善房地产税收政策的建议。程瑶(2012)建议通过个人所得税税目税率调整、改革对土地增值收益的调节方式、扩大房地产税征收范围并调整税率、从根本上变革契税的税制设计和征管办法等举措进一步加强房地产税收调控。李心怡(2014)在借鉴国外房地产税收发展经验的基础上,建议以稳定可持续的房地产税收代替土地出让金收益。袁奥博、李俊成(2014)认为差别化房地产税收制度结构是当前房地产市场调控的关键。程大涛(2009)建议开征物业税,以削弱房地产交易中的投资属性,抑制对土地资产的投资性需求,从而实现抑制高房价的最终目标。

完善土地财政和土地政策的建议。王学龙、杨文(2012)认为只有从根本上解决土地财政问题,才能从根本上解决我国房地产市场的投机盛行问题,进而解决高房价问题。苏英、赵晓冬、周高仪(2013)认为应该深化我国基本财政制度改革,进一步将财权与责任下放给地方政府,使地方政府与地方经济发展休戚与共,才能从根本上解决地方政府对房地产调控政策执行不利的局面。常青、程安(2013)指出,要通过改变土地垄断格局、加快土地供给的多元化、出台切实可行的土地价格调控措施等对土地供给进行调控。罗昌财(2014)提出要简化税制,避免土地增值税制度的频繁变动,降低土地增值税的征税成本,并可适当时候取消土地增值税。

综合建议。除了税收政策和土地政策外,还涉及稳定房价预期、打击投机性需求、梳理中央和地方的财权与事权关系、加快保障房建设、加快房地产调控长效机制建设等等。吴晓灵(2008)指出,要从完善土地供应制度和国家住房制度、调整中央政府和地方政府事权和财权的划分、降低交易环节税费、加大廉租房投入、提高公职人员住房补贴标准、实行利息抵扣制度和利息补贴制度、适度运用信贷政策等方面入手,完善房地产宏观调控政策。赵晓(2013)认为,我国房地产调控需要尽快建立长效的制度性框架:梳理中央地方的财权和事权关系、加强对地方财政的民主监督、建立完善的房地产税收差别化征收体系、构建多层次的住房保障体系、重构土地制度。陈龙(2013)建议,提高政策的明确性和稳定性以促使公众形成稳定的房价预期,在保持房地产调控主基调不变的前提下增加调控的差异性和灵活性、疏堵结合共同挤出房地产泡沫、保障轨和市场轨并重、开征房产税、构建公平透明的利益博弈机制。杨恒(2014)提出,要建立健全房地产调控的长效机制,促进产业结构升级,以综合指标评价地方工作、加快保障房和经济适用房建设、提出小产权房解决方案、保持房地产调控的连续性和稳定性、完善土地制度、建立不动产登记制度、推进收入分配改革。华伟、贺小林(2013)认为,要从房地产供应体系结构的平衡和房地产调控的区域性调整两方面共同推进,以实现房地产调控的均衡。刘杰(2012)指出,未来房地产调控应通过改变价格预期和增加投资成本来降低利润预期,以达到有效识别和打击投资性需求的目标。曹军新、胡峰松(2012)提出,要建立政府组织责任和领导者个人责任的双重追究机制,加强央行和银监会等垂直管理部门的合作机制,加快金融、财税和土地制度的改革。

十一、文献述评

通过回顾和梳理国内外相关文献,学者们在房价的影响因素、是否应对房地产进行调控、各类调控政策的效应和影响、调控政策效果不佳的原因、完善房地产调控政策的建议等诸多方面做了深入研究,非常值得学习和借鉴。但上述研究也有一些值得商榷的地方,主要表现在以下几个方面:(1)计量实证模型中,直接研究调控政策对房地产市场的影响,忽略了中间的传导机制。(2)以单独分析某一政策对房地产市场的影响居多,未能将多种政策有机地结合起来。(3)多以静态研究为主,动态研究较少。(4)侧重运用计量模型研究房地产调控政策的影响,而对真实房地产市场中存在的问题关注较少。(5)政策建议缺乏系统性。在现有文献研究的基础上,本书针对以上不足在以下三个方面作出了拓展。

一是房地产调控效应的拓展。详细分析了各类调控政策对房地产供求双方的效应及其动态影响。首先分析单个调控政策的各种效应,再对所有调控政策的效应进行叠加,通过供给弹性和需求弹性判断叠加效应对房价的影响。在此基础上,进一步分析促进和抑制房价的各种效应。

二是实地调研方面的拓展。对多个城市的新房和二手房市场进行了实地调研,走访了开发商销售人员、房产中介、各类购房者、普通百姓等,深入了解各种规避房地产调控和监管的各种手段,探究这些手段对调控效果的影响。通过实地调研,弥补了因遗漏变量和有些因素无法量化等原因造成的计量结果偏颇,例如无预售许可证房屋的交易和转让、通过阴阳合同偷逃税款等等。通过实地调研发现微观主体的各种道德风险,有助于理解房地产调控效果未达预期的原因。

三是政策建议方面的拓展。本书构建了货币政策、信贷政策、税收政策、行政政策、保障房政策、租赁政策、其他政策等系统的房地产调控政策体系。在政策建议中,特别对建立租购并举的住房制度、以超过行政边界的城市群战略替代中小城市战略等做了重点阐述。不仅提出了具有操作性的政策建议,还强调各种政策组合的效果。

第四节　研究内容、研究方法和主要创新点

一、研究内容

本书按照房地产调控政策回顾、效应、影响、问题和建议的顺序展开。

绪论。介绍了本书的研究背景和意义,相关概念界定,文献综述,研究内容、研究方法和主要创新点。

第一章:房地产调控政策回顾。首先回顾七轮房地产调控政策,具体可分为初步探索中国住房制度改革阶段(1978 年 12 月—1998 年 6 月)、多措并举构建以经济适用房为主的住房供应体系阶段(1998 年 7 月—2003 年 7 月)、在坚持住房市场化中抑制房地产过热阶段(2003 年 8 月—2008 年 8 月)、宽松政策刺激房地产复苏并走向过热阶段(2008 年 9 月—2009 年 12 月)、紧缩政策层层加码抑制房地产投机投资性需求阶段(2010 年 1 月—2014 年 9 月)、宽松政策助推楼市去库存阶段(2014 年 10 月—2016 年 9 月)、抑制楼市泡沫和因城施策阶段(2016 年 10 月至今)等七个阶段。然后再分别对货币政策、信贷政策、税收政策、土地政策等经济手段和行政手段等具体调控政策进行梳理总结,最后以北京为例介绍区域房地产调控政策。

第二章:房地产调控政策的各种效应。首先探讨宽松货币政策和宽松信贷政策对房屋供求者的各种效应。以对房屋需求者的效应为例,涉及利率渠道的成本效应、预期效应、实际利率效应和资产组合效应;信贷渠道的门槛效应、可贷资金效应和存款派生效应;其他资产价格渠道的财富效应。其次分析税收政策、土地政策和行政手段对购房人和开发商的各种效应,主要有成本效应、转嫁效应、替代效应、结构效应、节奏效应、门槛效应、流动性效应、预期效应、套利效应、供给和需求回落效应等等。再

次是房价上涨后的促进效应和抑制效应,促进效应主要包括资产负债表效应、抵押资产价格效应、逆向选择效应、投机效应、羊群效应、溢出效应、影子银行效应、捂盘涨价效应等等。抑制效应涉及门槛效应、流动性效应、成本效应、租金效应、供给增加效应和弹性效应等等。最后分别从居民、企业、金融和宏观经济角度分析了房价上涨后的外部效应。

第三章:房地产调控政策效应的实证检验。本章分析了房地产调控政策的各种效应,通过定性研究得出宽松货币政策不仅导致房屋需求增加,也会导致房屋供给增加的结论。此外,宽松的税收政策、土地政策和行政手段也会导致房屋需求和供给同时增加。本章将进一步验证上述理论效应在现实中的存在性。具体思路如下:第一,说明研究方法,主要运用时间序列,对不平稳变量间的协整关系进行分析,对平稳变量进行 VAR 分析;第二,详细说明如何选取各类调控政策变量、房屋需求变量和房屋供给变量;第三,在此基础上,运用协整或 VAR 分析各类调控政策对房地产需求的影响;第四,进一步分析各类调控政策对房地产供给的影响;第五,比较分析结果,对本章提出的各种理论效应是否成立给出明确回答。

第四章:房地产调控政策对区域和全国房价的影响。选取北京、广州、武汉、上海、杭州等 10 个大中城市作为研究对象。以商品房平均销售价格作为被解释变量,以公积金提取金额、公积金贷款发放金额,房地产开发企业资金来源中的国内贷款、房地产开发企业资金来源中的其他资金作为解释变量,运用面板模型进行实证分析。此外,还研究了公积金贷款增长率、国内贷款和其他资金增长率对房价的影响。此外,本章还研究了税收政策对房价的影响,选取以房地产为直接征税对象的房产税、耕地占用税、城镇土地使用税、土地增值税和契税等五种税收作为解释变量,被解释变量为各省商品住宅平均销售价格数据,运用面板模型进行实证分析。在全国层面分析的基础上,分别对东部、中部和西部地区进行分析。

第五章:从中国房地产市场看调控政策的影响。按照宏观环境、市场主体及其行为、新房市场表现、市场拓展的思路进行研究,具体的研究对象涉及宏观环境、各市场主体的杠杆率、新房市场的价格和库存、二手房市场等等。通过对历史和现状的解读,探讨整体和各轮房地产调控是否达到了预期效果。

第六章:房地产调控中存在的问题。从土地政策、金融政策、税收政策、政策执行、保障房供给、政府监管、政策协调等诸多方面指出存在的问题。本章的一个特色是在对房地产市场及其主体进行广泛调研的基础上,对房地产调控中存在的问题进行总结,例如无预售证就公开售房并允许转手、虚假设立新公司以满足商住房购买资格、通过签订阴阳合同和假离婚协议等偷逃税款、长期持有房屋者的税收反而高于频繁交易者等。

第七章:完善我国房地产调控政策的建议。房地产调控要坚持充分发挥住房的使用价值、信贷资源要向真正居住者倾斜、以系统和协调思想完善调控等原则。从土地、金融、税收等方面提出了详细的建议,特别强调房地产交易所得税应不低于工资、薪金所得税、对房价过高地区开征空置税和短期交易税,以抑制投机需求和平抑房价,但在执行中要注意因城施策。此外,还提出大力发展住房租赁市场和共有产权住房、做好基础性工作为房地产调控提供保障等建议。

二、研究方法

本书的研究方法主要有以下6种:

(一)规范研究与实证研究方法相结合

在分析各种调控政策的效应和影响时,运用计量模型进行实证研究。在完善房地产宏观调控的政策建议中,采用规范性研究方法。

(二)供求研究方法

从需求和供给角度进行研究,通过分析房地产调控政策对房屋按揭人的需求和对开发商房屋供给的影响,探讨房地产调控对房地产市场的影响。

(三)访谈研究方法

通过与房地产中介公司员工、一手房楼盘销售人员、购房者进行交谈,试图获得房地产市场的第一手资料,总结房地产交易过程中的各种漏洞。

(四)比较研究方法

本书对国发 1998〔23〕号文件和国发 2003〔18〕号文件的异同进行了比较,对同样的调控政策在一二三线城市的影响差异进行了比较。

(五)动态研究方法

在研究房地产调控政策效应时,先分析各类调控政策对房地产市场的单独和综合影响,再探讨房价上升后的促进效应和抑制效应,再从房地产内部效应拓展到外部效应。

(六)计量经济学分析方法

本书既从总量上建立了时间序列模型,利用单位根检验、协整检验和误差修正模型,分析调控政策对房地产供求双方的影响。本书还利用了面板模型,实证研究信贷政策和税收政策对房价的影响。

三、主要创新点

本书所做的贡献主要体现在以下几个方面:

(一)将各类房地产调控政策效应完整化、系统化、动态化

首先,完整地归纳了货币政策、信贷政策、税收政策、土地政策和行政政策对房屋供求双方的效应,例如提出了货币政策和信贷政策对购房人的成本效应、预期效用、实际利率效应、资产组合效应、可贷资金效应、存款派生效应、门槛效应、财富效应等等。其次,系统研究各类调控政策的综合效应对房价的影响。综合效应不只是单个效应的叠加,还可能包括各个效应之间的协同和抵减。最后,对效应进行动态研究,不仅研究各类调控政策的效应,还研究调控政策导致房价变化后的各种促进和抑制效应。

(二)关注个人和开发商的理性经济人行为对房地产调控效果的抵减作用

笔者实地调研走访了很多购房者、开发商和新旧楼盘,归纳总结了若干逃避调控和监管的手段。而这些手段难以通过统计数据反映出来,但这些手段却像一个个蚁穴,实实在在地削弱了紧缩房地产政策的调控效

果,同时放大了宽松房地产调控政策的效果。

(三)政策建议系统全面

按照土地、货币信贷、税收、基础性工作、其他等提出政策建议。每个方面都非常具体,例如土地政策涉及人地挂钩、盘活农村宅基地、农村集体经营性建设用地入市、扩大地票制度试点、集约利用工业用地、确保各类型土地比例合理、土地出让价格合理、改革土地二级市场、增加热点城市土地供给、破解土地财政等诸多建议。在每一大类政策中有很多子建议,各地政府可以根据实际情况,因地制宜地从政策菜单中选取合适的调控政策。

(四)提出了一些独到的观点

一是按照税负公平原则设计房地产交易环节的个人所得税税率,即将房地产买卖中获得的资本利得除以持有月数,得到每月收益,参照工资薪金个人所得税税率标准征收。二是建议不要在同一个时点全面开征房产税,以尽量减缓对房地产市场的冲击。三是对住房租赁市场提出了许多新见解。

第一章　房地产调控政策回顾
（1978—2018 年）

　　我国政府对房地产市场进行了多轮调控。对房地产市场进行调控十分必要,原因有以下几点:

　　一是房地产在国民经济中处于举足轻重的地位。自 2003 年国务院〔18〕号文件将房地产业作为国民经济的支柱产业以来,房地产一直是中国经济增长的重要引擎。房地产不仅自身体量大,还直接带动建筑、银行、保险等行业发展,并对其上游的钢铁、建材、供气供热和下游的家居用品、家用电器、汽车等行业有巨大的辐射作用。

　　二是弥补市场失灵。所谓市场失灵是指单纯依靠市场机制进行资源配置,不能实现帕累托最优。房地产市场失灵主要由信息不对称、垄断、负外部效应、房地产投机等因素造成的:(1)信息不对称方面:开发商可能故意囤积土地和采取各种措施延缓开发进程,降低商品房供给,人为造成房源紧张局面。购房者对开发商和开发项目的信息了解不充分,不能准确判断商品房质量、价格和配套设施等方面的好坏,购房者在信息上处于劣势。二手房售房者比房屋中介和购房者更了解所售房屋信息,房屋中介对法规和服务流程的了解程度要高于购房者。因此,无论在二手房还是一手房交易中,购房者均处于信息劣势,售房者和房屋中介的道德风险可能给购房者带来损失。(2)垄断方面:由于土地的不可再生性和有限性,使得在特定时限内某一地区的土地供给数量有限,在该区域具有拿地优势的少数开发商形成寡头垄断,通过控制预售速度并提高价格等措施攫取最大利润。(3)负外部效应方面:过度的房地产开发会消耗大量资源和污染环境,导致绿地减少、交通拥堵和居住环境恶化;疯狂的房地产炒作会导致房价虚高、投机盛行、创新能力不足,中低收入居民的幸福感降低,既不利于社会和谐稳定也不利于国民经济的可持续发展。(4)房地产投机方面:在刚性需求旺盛和房屋供不应求的背景下,投机需求的加入会导致房屋更加供不应求,造成房价脱离基本面持续上涨,引发地产泡沫。若房地产泡沫与房屋抵押贷款等金融工具结合,则泡沫会成倍膨胀,一旦泡沫破灭则将使经济遭受重创。

三是保障中低收入居民的住房权。1966年,联合国颁布的《经济、社会及文化权利国际公约》第十一条明确规定,"本公约缔约各国承认人人有权为他自己和家庭获得相当的生活水准,包括足够的食物、衣着和住房,并能不断改进生活条件。各缔约国将采取适当的步骤保证实现这一权利,并承认为此而实行基于自愿同意的国际合作的重要性"。1991年,联合国进一步从房屋的法律保障、服务和基础设施的可得性、房屋价格与居民可支付能力、适宜居住性、区位和文化适应性等方面对住房权的内涵做了阐述。2001年2月第九届全国人民代表大会常务委员会批准正式加入《经济、社会及文化权利国际公约》。尽管保障居民住房权已经成为国家的一项基本职能,但房地产市场化并不能自发实现每个公民的住房权,部分中低收入居民没有能力在商品房市场中购房,所以需要市场以外的力量帮助他们实现住房梦想,而市场之外的力量主要来自政府和社会团体,政府则占据主导地位。

政府通过为中低收入群体提供适当的住房,让中低收入群体过上更有尊严和更加幸福的生活,既是政府的基本职责,又是房地产宏观调控的重要组成部分。政府通过各种手段对房地产市场进行调控,以减少信息不对称、垄断、外部性和投机等造成的市场失灵。适度合理的房地产调控不仅有助于促进房地产业平稳发展,还能协调房地产业与国民经济其他部门的关系,为供给侧结构性改革创造良好的外部环境,促进国民经济向更高质量、更高效率、更可持续的方向发展。

第一节 七轮房地产调控政策回顾(1978—2018年)

1978—2018年,我国房地产调控从无到有,从不成熟到逐渐成熟,具体可分为初步探索中国住房制度改革阶段(1978年12月—1998年6

月）、多措并举构建以经济适用房为主的住房供应体系阶段（1998 年 7 月—2003 年 7 月）、在坚持住房市场化中抑制房地产过热阶段（2003 年 8 月—2008 年 8 月）、宽松政策刺激房地产复苏并走向过热阶段（2008 年 9 月—2009 年 12 月）、紧缩政策层层加码抑制房地产投机投资性需求阶段（2010 年 1 月—2014 年 9 月）、宽松政策助推楼市去库存阶段（2014 年 10 月—2016 年 9 月）、抑制楼市泡沫和因城施策阶段（2016 年 10 月至今）等七个阶段。在这七轮调控中，综合运用了货币、信贷、税收、土地、行政等多种手段，对房地产市场进行调控。

一、第一轮：初步探索中国住房制度改革（1978 年 12 月—1998 年 6 月）

1978 年 12 月至 1998 年 6 月是中国住房制度改革的初步探索阶段。以 1988 年修改《宪法》为分界点，可将这一阶段细分为两个子阶段，前期是小规模试验性质的改革，后期则分期分批地推行改革。这一阶段明确了住房制度改革方向，初步建立了土地管理、房地产金融和税收等各项具体制度，启动了安居工程，并两次整顿房地产秩序，为日后的房地产宏观调控提供了经验借鉴。

（一）明确住房制度改革，初步建立房地产各项制度

1978 年之前中国实行计划经济，城市房屋只是计划经济下分配的产物。1978 年理论界开始探讨住房商品化和土地产权等问题，1980 年邓小平同志指出住房分配制度应考虑调整，之后进行了一系列重大房地产制度建设：1986 年 6 月全国人大通过了《土地管理法》并于 1988 年年底进行了第一次修正；1988 年修正后的《宪法》明确全国城镇分期分批推行住房制度改革；1990 年 4 月 1 日，《中华人民共和国城市规划法》正式施行；1991 年 10 月 17 日，国务院发布《关于全面推进城镇住房制度改革的意见》，标志着房改进入全面推进和实施阶段；1994 年 7 月，《国务院关于深化城镇住房制度改革的决定》发布实施；1995 年 1 月 1 日，《中华人民共和国城市房地产管理法》正式施行。

在确立住房制度改革大方向的同时，各项房地产具体制度也逐步建

立,并在房地产改革实践方面进行了初步探索。第一,土地管理制度萌芽。1988 年修正后的《宪法》允许土地批租。1990 年,《中华人民共和国城镇国有土地使用权出让和转让暂行条例》和《中华人民共和国土地管理法实施条例》相继发布,为土地使用权有偿出让提供了具体依据,为建立可流转的房地产市场奠定了基础。第二,房地产金融制度雏形显现。1990 年,上海市房改方案出台,开始建立住房公积金制度。1994 年,《国务院关于深化城镇住房制度改革的决定》发布实施后,在房改中就加入了住房公积金制度。1996 年,国务院住房改革领导小组决定全面建立住房公积金制度,同年开始建立政策性贷款制度。1997 年 4 月,中国人民银行颁布了《个人住宅担保贷款管理试行办法》。第三,房地产税收制度初步形成。1993 年 6 月,提出要调节房地产经营收益。同年 12 月,颁布了《中华人民共和国增值税暂行条例》,房地产税收才真正进入有法可依的时代。第四,保障房制度拉开帷幕。1994 年,《国务院关于深化城镇住房制度改革的决定》发布实施,此后房改中加入了开展国家"安居工程"等内容。1995 年,开始实施安居工程。

(二)整顿房地产秩序

1992 年,在邓小平南方谈话带动下,我国对外开放及市场化步伐加快,政府取消对房地产的各种审批,房地产价格全面放开。银行成立房地产信贷部,开展个人住房信贷业务,房地产进入快速发展时期。但由于同期房地产的各项制度并没有十分完善,导致投机盛行,海南等部分地区房地产泡沫严重。为了防范金融风险,1993 年 6 月 23 日,国务院宣布终止房地产公司上市,控制银行资金进入房地产。同年 6 月 24 日,中共中央、国务院下发《关于当前经济情况和加强宏观调控的意见》,提出了以整顿金融秩序,加强宏观调控为重点的 16 条政策措施。随后发布了《关于加强房地产市场宏观管理促进房地产业健康持续发展的意见》和《关于房地产开发经营机构全面检查中有关问题处理意见的通知》。上述一系列政策措施的实施,标志着国家对房地产业的大规模清理和整顿的开始。1994 年,国务院颁布《关于继续加强固定资产投资宏观调控的通知》,要求整顿金融秩序,开展对房地产开发经营机构的全面检查。1995 年,继续整顿金融秩序。之后两年的调控重点,主要是深化住房制度改革和规范房地产市场管理。

二、第二轮:多措并举构建以经济适用房为主的住房供应体系(1998 年 7 月—2003 年 7 月)

(一)国发〔1998〕23 号文件:建立以经济适用房为主的住房供应体系

受亚洲金融危机的影响,出口拉动经济增长的模式受到挑战,我国迫切需要寻找新的经济增长点。而与此同时,传统福利分房制度难以满足人们日益增长的住房需求,前期一系列住房制度改革探索取得了一定经验。为此,1998 年 7 月 3 日,《国务院关于进一步深化城镇住房制度改革加快住房建设的通知》(国发〔1998〕23 号)正式颁布实施。国发〔1998〕23 号文件有两个主要亮点:提出停止住房实物分配,逐步实行住房分配货币化;建立和完善以经济适用住房为主的多层次城镇住房供应体系;发展住房金融,培育和规范住房交易市场等城镇住房改革目标。

国发〔1998〕23 号文件强调建立和完善以经济适用住房为主的住房供应体系,对不同收入家庭实行不同的住房供应政策:最低收入家庭由政府或单位提供廉租住房;中低收入家庭购买经济适用住房;其他高收入家庭购买、租赁市场价商品住房。国发〔1998〕23 号文件中多处提到要控制经济适用房成本,如"经济适用住房建设用地应在建设用地年度计划中统筹安排,并采取行政划拨方式供应""大力降低征地拆迁费用,理顺城市建设配套资金来源,控制开发建设利润""停止征收商业网点建设费""要严格限制工程环节的不合理转包,加强对开发建设企业的成本管理和监控""利润率控制在 3% 以下"等等。在市场准入对象上,购买经济适用住房和承租廉租住房实行申请、审批制度,有效防止一些人利用权力和寻租等手段侵占宝贵的经济适用房资源。

(二)金融、财政政策携手扩大房地产供求

政府同时动用金融、财政税收等手段,增强购房人的支付能力。个人住房金融信贷政策方面:国发〔1998〕23 号文件进行了专门阐述:扩大个

人住房贷款的发放范围;完善住房产权抵押登记制度,发展住房贷款保险,保证贷款安全;调整住房公积金贷款方向,主要用于职工个人购买、建造、大修理自住住房贷款;发展住房公积金贷款与商业银行贷款相结合的组合住房贷款业务;简化贷款手续,提高服务效率。之后央行陆续出台政策鼓励购房和银行放贷的政策,延长贷款期限,降低首付,降低公积金贷款利率等等。2002 年,国务院修订了《住房公积金管理条例》。开放金融方面:国发〔1998〕23 号文件要求对经济适用住房开发建设贷款,实行指导性计划管理;2000 年,房企在资本市场上市的禁令到期,封闭了长达 7 年之久的资本市场大门重新对房企开启。财政税收方面:1999 年,国家实行积极的财政政策,启动住房消费,深化落实住房分配货币化改革。个人换购住房免征个人所得税,免征房地产交易中的营业税,房地产契税减半征收。2000 年启动住房消费,对住房公积金贷款的个人和银行都免税。降低房屋租赁权人的税收收入。2001 年,继续加大对住房消费的扶持力度,消化积压商品房。对 1998 年 6 月 30 日以前的商业用房、写字楼和住宅,免征营业税、契税和行政事业性收费。

三、在坚持住房市场化中抑制房地产过热(2003 年 8 月—2008 年 8 月)

(一)国发〔2003〕18 号文件:强调坚持住房市场化的基本方向

2003 年 8 月 12 日,发布了《国务院关于促进房地产市场持续健康发展的通知》(国发〔2003〕18 号)。国发〔2003〕18 号文件明确将房地产业作为国民经济的支柱产业。"国发〔2003〕18 号文件"指出,实现房地产市场持续健康发展,对于全面建设小康社会,加快推进社会主义现代化具有十分重要的意义。在指导思想上,"国发〔2003〕18 号文件"强调要坚持住房市场化的基本方向,不断完善房地产市场体系,更大程度地发挥市场在资源配置中的基础性作用。在住房供应上,"国发〔2003〕18 号文件"提出完善住房供应政策,调整住房供应结构,逐步实现多数家庭购买或承租普通商品住房。可见,国发〔2003〕18 号文件与国发〔1998〕23 号文件的政策含义有较大差异,二者比较参见表1-1。

表1-1　国发〔1998〕23号文件与国发〔2003〕18号文件的比较

	国发〔1998〕23号	国发〔2003〕18号
颁布时间	1998年7月3日	2003年8月12日
经济背景	(1)对房地产的大规模清理、整顿已经完全见到成效;(2)尽管海南等地房地产泡沫破灭,但却带来了全国房地产的健康平衡发展;(3)亚洲金融危机爆发,中国经济需要寻找新的经济增长点	(1)中国经济已经彻底走出亚洲金融危机的阴影;(2)经济快速增长,居民收入稳步增加;(3)积压商品房已经基本消化完毕
指导思想	稳步推进住房商品化、社会化,逐步建立适应社会主义市场经济体制和我国国情的城镇住房新制度	要坚持住房市场化的基本方向,不断完善房地产市场体系,更大程度地发挥市场在资源配置中的基础性作用
房地产定位	促使住宅业成为新的经济增长点	明确将房地产作为国民经济的支柱产业
房地产供应体系	建立和完善以经济适用住房为主的住房供应体系	逐步实现多数家庭购买或承租普通商品住房,即明确了商品房在住房供应体系中的主导地位
经济适用房的地位	调整住房投资结构,重点发展经济适用住房(安居工程)	只提到加强经济适用住房的建设和管理,经济适用房的重要地位已经被商品房所取代

资料来源:笔者整理。

(二)控制房地产开发规模(2003年6月—2005年2月)

从2003年开始,中国经济已经彻底走出亚洲金融危机的阴影,出口大幅增加,经济增速加快,2003年全国范围开始出现房地产过热现象。为此,中国人民银行于2003年6月发布了《中国人民银行关于进一步加强房地产信贷业务管理的通知》(银发〔2003〕121号),要求房地产开发贷款的自有资金比例必须在30%以上,这是继国发〔2003〕18号文件以来,首次明确提出抑制房地产投资过热的政府性文件①。除银发〔2003〕

---

① 银发〔2003〕121号文件属于部委文件,其级别和效力均低于国务院文件。而国发〔2003〕18号文件则明确将房地产业作为国民经济的支柱产业,因此第三轮调控从2003年8月作为起点。但由于政策变化不是突然的,两轮政策之间会有缓冲带,因此在第三轮调控中提到银发〔2003〕121号文件。

121 号文件外,该期间主要的调控政策有 2003 年 11 月国务院下发的《关于加大工作力度进一步治理整顿土地市场秩序的紧急通知》(国发明电〔2003〕7 号),要求地方政府自查自纠,2004 年 3 月国土资源部和监察部联合印发的《关于继续开展经营性土地使用权招标拍卖挂牌出让情况执法监察工作的通知》(国土资发〔2004〕71 号),要求全面推行经营性土地使用权"招拍挂"出让制度,2004 年 8 月 31 日后,不得再以历史遗留问题为由采用协议方式出让。

从 2003 年 6 月至 2005 年 2 月,这一阶段的调控目标主要是控制房地产开发规模,调控手段为收缩地根和银根。具体包括提高房地产项目自有资本金要求,从而提高房地产开发贷款的准入标准,提高行业进入门槛;完善规划管理,加大土地市场供应调控,严格控制土地供给总量;严禁擅自占用基本农田进行房地产建设,严格建设用地审批;加大对市场监管力度,整顿市场秩序。

(三)引导居民合理预期 稳定房地产价格(2005 年 3 月—2006 年 4 月)

面对不断上涨的房价,2005 年 3 月至 2006 年 4 月开启了一轮紧缩房地产调控,其主要目标是严格控制被动性住房需求、正确引导居民合理消费预期和稳定房价。2005 年 3 月 26 日,国务院办公厅发布了《关于切实稳定住房价格的通知》(国办发明电〔2005〕8 号,简称"2005 年旧国八条"),要求各地方政府切实负担起稳定住房价格的责任,高度重视稳定住房价格工作。采取调整和改善住房供应结构、严格控制被动性住房需求、正确引导居民住房等措施来促进供求平衡。此外,还通过全面监测房地产市场运行、积极贯彻各项调控政策、认真组织督促检查来保障政策实施效果。2005 年 4 月 27 日,时任国务院总理温家宝主持召开国务院常务会议,提出了八项引导和调控房地产的措施,被业界称为"2005 年新国八条"。新旧国八条都强调通过调控土地供应结构和住房结构来稳定房价,都强调地方政府的责任,目标都是稳定房价。但"2015 年新国八条"的措施更具体、更有操作性:强调规划调控,通过规划改变商品房结构;严格土地管理,依法禁止土地炒买炒卖行为;通过完善城镇廉租住房制度等手段,保障最低收入家庭的住房需求;加大对房地产交易过程中的税收调节,完善税收对房地产市场的调控作用;各商业银行要加强对房地产开发贷款和个人购房贷款的风险管理。可见,"2015年新国八条"除继续强化土地政策外,首次提出通过税收政策调节房地产交易环节,并继银发〔2003〕121号文件后再次强调加强房地产金融风险管理。

(四)抑制部分城市房价的过快上涨(2006年5月—2008年8月)

以2006年5月的"国六条"作为开端,房地产调控的主要目标是抑制房地产投资规模过大和部分城市房价过快上涨,促进房地产市场健康发展。2006年5月17日,国务院常务会议提出了促进房地产健康发展的六项举措(简称"2006年国六条"):(1)切实调控住房供应结构;(2)进一步发挥税收、信贷、土地等政策的调节作用;(3)合理控制城市拆迁规模,减缓被动性住房需求增长;(4)加强房地产开发全过程监管,进一步整顿房地产市场秩序;(5)加快廉租房和经济适用房建设,解决低收入家庭的住房困难;(6)增强房地产市场透明度,完善房地产统计和信息披露制度。

2006年5月24日,国务院办公厅转发建设部等九部委《关于调整住房供应结构稳定住房价格的意见》(国办发〔2006〕37号,简称"2006年9部委15条"),"2006年9部委15条"对"2006年国六条"进一步细化,而且在套型面积、小户型首付比例、新房首付比例和税收等方面作出量化规定。"2006年9部委15条"有很多亮点:(1)细化土地政策,明确规定中低价位和中小套型普通商品住房(包含经济适用房)和廉租住房的年度土地供应量不得低于居住用地供应总量的70%;(2)对虽按照合同约定日期动工建设,但开发建设面积不足1/3或已投资额不足1/4的要按闲置土地处置;(3)个人转让普通住房,营业税免征年限从2年延长至5年;(4)个人住房按揭贷款首付款比例提高至30%,但对于90平方米以下的自住房仍然实行20%的首付;(5)套型面积90平方米以下住房占商品住房开发建设总面积的70%以上;(6)加强保障体系建设,力推廉租住房。

除了对国内居民和企业实施紧缩房地产调控政策外,针对2005年7

月 21 日人民币汇率改革后大量外资流入推升境内房价的情况,2006 年 7 月 11 日建设部、商务部和外管局等六部委联合发布《关于规范房地产市场外资准入和管理的意见》(建住房〔2006〕171 号),限制境外个人和机构在境内购房,只有在境内学习工作超过一年以上的个人和已经批准设立分支或代表机构的境外机构,才能购买一定面积的自住、自用商品房。

2007 年除了落实"2005 年旧国八条""2005 年新国八条""2006 年国六条"和"2006 年 9 部委 15 条"等调控政策外,更加注重保障房制度建设,更加强化通过抑制投机行为来稳定房价。2007 年 3 月 16 日,《物权法》在"两会"上通过。2007 年 8 月 7 日,出台《国务院关于解决城市低收入家庭住房困难的若干意见》(国发〔2007〕24 号),在市场化房屋供给之外增加保障房供给。2007 年 9 月 27 日,央行和银监会联合颁布《关于加强商业性房地产信贷管理的通知》,二套房首付比例提高至 40%,二套房贷款利率不低于基准利率的 1.1 倍,禁止房企使用银行贷款缴纳土地出让金。除了上述抑制房地产的政策外,2007 年 6 次上调贷款基准利率和10 次上调存款准备金率,2008 年上半年连续 6 次上调存款准备金率,紧缩货币政策与其他紧缩房地产调控政策相互叠加,共同调控房地产市场。

四、第四轮:宽松政策刺激房地产复苏并走向过热(2008 年 9 月—2009 年 12 月)

2008 年下半年,全球金融风暴逐渐蔓延到中国,对中国出口造成巨大冲击,并拖累了中国经济增长。为了尽快摆脱金融危机的阴影,央行从2008 年 9 月 16 日至同年 12 月 23 日连续 5 次下调基准利率。以 2007 年12 月 21 日为基准,截至 2008 年年底一年期人民币贷款基准利率已累计下调 2.16%,五年以上人民币贷款基准利率已累计下调 1.89%,五年以下(包含五年)公积金贷款利率累计下调为 1.44%,五年以上公积金贷款利率累计下调幅度为 1.35%。在降利率的同时,央行还通过降低存款准备金率等手段增强银行放贷能力,2008 年 9 月中上旬,各银行的存款准备金率均为 17.5%,从 2008 年 9 月 25 日为中小银行降低存款准备金率开始,至同年 12 月 25 日中小银行和工行等六家商业银行的存款准备金率已经分别降至 13.5% 和 15.5%。此外,央行还宣布了新的房贷政策,从 2008 年 10 月 27 日起,对于首次购买普通住房的,商业性个人购房贷款利率实行 7 折优惠。

在央行通过宽松政策刺激房地产的同时,财政部也出台了诸多利好房地产的政策。从 2008 年 11 月 1 日起,对于首次购买 90 平方米以下普通住房的个人,契税下调到 1%,同时免征印花税和土地增值税。2008 年 12 月 20 日,国务院办公厅发布《国务院办公厅关于促进房地产市场健康发展的若干意见》(国办发〔2008〕131 号,简称"2008 年国十三条"),提出以下几点意见:(1)多渠道筹措保障房建设资金,开展住房公积金用于保障房建设试点,力争 3 年内基本解决低收入家庭的住房问题。(2)信贷和税收多措并举,鼓励普通商品住房消费。信贷方面,对于人均居住面积低于当地平均水平的家庭购买改善性住房,可参照首次贷款购买普通自住房的优惠政策。对其他二套及多套房购买者,贷款利率由商业银行依据风险加成自行确定。(3)税收方面,以前只有满 5 年的普通住房才能免征营业税的政策不再执行,改为超过 2 年的普通住房转让免征营业税。(4)支持开发商的合理融资需求,取消城市房地产税,引导开发商积极应对市场变化。2008 年 11 月国务院出台 4 万亿经济刺激计划。2009 年 5 月,国务院下调普通商品住房项目最低资本金,从 35% 降至 20%。

五、第五轮:紧缩政策层层加码抑制房地产投机投资性需求(2010 年 1 月—2014 年 9 月)

随着中央政府 4 万亿投资计划、宽松的货币信贷政策、低首付和低利率的房贷新政等利好政策的逐步深入推进,不但使中国经济迅速企稳回升,更使房地产市场日趋活跃。针对房地产市场过热问题,中央政府及时启动了新一轮紧缩调控政策。2009 年 12 月 9 日,国务院常务会议决定,自 2010 年 1 月 1 日起,个人住房转让营业税的免征时限从 2 年恢复至 5 年,即取消营业税优惠政策,但契税、印花税、土地增值税等优惠政策仍然保留。2009 年 12 月 14 日,国务院常务会议明确提出加快保障性住房建设,稳定市场预期,遏制部分城市房价过快上涨的势头。2010 年 1 月 7

日,国务院办公厅发布《关于促进房地产市场平稳健康发展的通知》(国办发〔2010〕4 号),在供给、需求和市场监管和政策实施方面提出新举措:供给方面,增加以保障房和普通商品住房为主要形式的有效供给,加快推进保障性安居工程建设;需求方面,抑制投资投机性购房需求,合理引导住房消费。其中特别提到差别化信贷政策,对已有过一次购房贷款记录,又申请购买第二套住房的家庭,贷款首付比例不得低于 40%;市场监管和政策实施方面,加强风险防范和市场监管、落实地方各级人民政府责任。

2010 年 4 月 17 日,发布了《国务院关于坚决遏制部分城市房价过快上涨的通知》(国发〔2010〕10 号,简称"2010 年国十条"),从商品房和保障房供给、坚决抑制不合理住房需求、加强监管和履行责任等方面提出十条具体措施,切实解决城镇居民住房难问题,坚决遏制部分城市房价过快上涨。此次调控措辞严厉、手段完备、问责到位、力度空前。其中以下几个方面颇为引人注目:(1)实行更加严格的差别化住房信贷政策,首套住房贷款首付比例从 20% 提高至 30%,二套住房贷款首付比例不低于 50% 且利率不低于基准利率的 1.1 倍,商业银行可根据风险情况暂停发放第三套及以上购房贷款。在房价上涨过快和过高地区,外地人必须提供 1 年以上当地完税或社保证明才能购房。地方政府可根据情况采取更严格的限购措施;(2)探索各种土地出让方式,如"综合评价""双向竞价"和"一次竞价"等新型土地出让方式,抑制居民住宅用地价格的过快上涨;(3)土地供应向中小户型倾斜,要求优先供应保障房、棚户区改造房和中小套型普通商品住房用地,且上述三类用地不得低于住宅建设用地总量的 70%;(4)明确 2010 年建成保障房 300 万套和棚户区改造房 280 万套;(5)要求国有和国有控股企业不得参与商业性土地开发和房地产业务;(6)对于取得预售许可或现场销售备案的房产项目,必须在规定时间内一次公开全部房源,并严格按照申报价格明码标价销售。随后,北京政府出台细则"京十二条"①抑制炒房行为,已经拥有二套住房的本市户籍家

---

① 《北京市人民政府贯彻落实国务院关于坚决遏制部分城市房价过快上涨文件的通知》(京政发〔2010〕13 号,简称"2010 年京十二条")。

庭和拥有一套住房的非本市户籍家庭不能再新购房屋,开启了限购先河。为进一步深入贯彻落实"2010 年国十条",2010 年 9 月 29 日央行和银监会决定,完善差别化住房信贷政策,调节和引导住房需求,要求各商业银行暂停为居民提供三套及以上住房贷款。

2011 年 1 月 26 日,发布了《国务院办公厅关于进一步做好房地产市场调控工作有关问题的通知》(国办发〔2011〕1 号,简称"2011 年国八条"),要求进一步做好房地产调控工作,巩固和扩大调控成果。相比"2010 年国十条","2011 年国八条"有一些新的举措:(1)要求各地政府合理确定年度新房价格控制目标,并于第一季度向社会公布;(2)各地要通过新建、购买、租赁等多种渠道筹措保障房房源,2011 年全国共建设保障房和棚户区改造房 1000 万套;(3)不再区分普通住房和非普通住房,对持有房屋年限小于 5 年转手交易的,统一按销售收入全额征收营业税;(4)强化差别化房贷政策,二套房首付比例不得低于 60%且贷款利率必须在基准利率的 1.1 倍(含)以上;(5)严格用地管理和拿地资金来源,要单列保障房用地,2011 年商品住房用地供应不得低于前 2 年实际平均供应量,推广"限房价、竞地价"等新型土地出让方式,加强土地市场准入企业的资格审核,严查拿地企业的资金来源;(6)明确提出限购政策,限购城市涉及直辖市、省会城市、计划单列市以及房价过快上涨和过高的城市。本地居民家庭只能拥有两套住房,而满足一定年限社会保险缴纳证明或纳税证明的外地居民家庭,只能在当地拥有一套住房;(7)细化了问责机制,对未如期公布本地区年度新房价格控制目标、楼面地价连续超过同类地块历史最高价、新房价格过快上涨、保障房建设进展缓慢和租售等后期使用监管不力的,要进行严格问责。2011 年 1 月 28 日,上海和重庆分别公布了房产税试点方案,并正式开征房产税。2011 年 7 月,国务院会议要求二三线城市采取必要限购措施,同月出台的土地市场"国五条",要求增加商品房土地供应。2011 年年底,全国共有 46 个城市实施限购政策。

2013 年 2 月 26 日,发出了《国务院办公厅关于继续做好房地产市场调控工作的通知》(国办发〔2013〕17 号,简称"2013 年国五条"),该文件的亮点有以下几处:(1)首次指出不同地区楼市出现分化,各省级人民政府要根据区域差异,对供不应求和供过于求等不同城市实施分类指导;(2)提出从住房用地供应、住房金融、住宅产业化、住房供给、市场运行、房地产税收、市场监管等各方面统筹规划布置,建立房地产调控长效机制,促进房地产市场健康发展;(3)细化了限购规定,城市全部行政区域都要实行限购,在限购住房类型中既包括新建商品房又包括二手房,在认购前要进行购房资格审查,要严惩规避限购的各类行为主体;(4)继续执行差别化的房贷政策;(5)改变以前按销售价格 1%计征所得税的惯例,房屋转让要依法严格按照买卖差价的 20%计征所得税;(6)加强房地产企业信用管理,各执法部门要建立联动机制,加大对捂盘惜售、哄抬房价等违规房企的查处力度,并限制其参加土地竞买和外部融资;(7)此外,该文件继续强调了加大土地供给、加快保障性安居工程建设、加强预期管理和市场监管等政策措施。

六、第六轮:宽松政策助推楼市去库存(2014 年 10 月— 2016 年 9 月)

2014 年 3 月的国务院政府工作报告指出,"针对不同城市情况分类调控,增加中小套型商品房和共有产权住房供应,抑制投机投资性需求,促进房地产市场持续健康发展"。该报告透露出淡化行政调控、实施差异化的调控政策、建立以共有产权为核心的保障房制度、就近城镇化等新思路。2014 年 5 月 12 日,央行召开金融服务专题座谈会,提出"2014 年央五条",要求各商业银行要优先满足居民家庭首次购买普通商品住房的贷款要求,合理确定首套住房贷款利率水平,及时发放个人住房贷款,有效防范信贷风险,建立信息沟通机制。"2014 年央五条"是中央政府紧缩房地产调控政策松动的信号,随后一批地方政府纷纷取消限购。2014 年 6 月,呼和浩特率先取消了实施三年之久的限购,后来许多城市陆续跟进。除北上广深和三亚等 5 座城市外,到 2014 年年底其他城市已全部取消限购。2014 年 9 月底,央行和银监会联合印发了《关于进一步做好住房金融服务工作的通知》(银发〔2014〕287 号),标志着房地产调控政策从紧缩向宽松的彻底转向。

2014年第一、二、三季度,我国GDP同比增长分别为7.40%、7.50%和7.10%,已经远低于2011年第一季度的同比增长率10.20%,也低于2013年第四季度7.70%的同比增长率。与此同时,2014年2—8月,商品房销售额累计同比增速分别为-3.70%、-5.20%、-7.80%、-8.50%、-6.70%、-8.20%和-8.90%。逐月走低的商品房销售额拖累了GDP增长。因此适时启动住房消费需求,既能减缓房地产销售下滑的态势,又能促进经济增长。为此,2014年9月30日,央行和银监会联合印发了《关于进一步做好住房金融服务工作的通知》,这次政策基调与前期抑制二手房贷款为主的信贷政策完全不同,变为银行业积极、主动支持居民的合理住房贷款需求。对于贷款购买首套自住房的家庭,最低首付比例仍然为30%,但贷款利率下限下调至基准利率的0.7倍。对拥有一套住房且已还清贷款的家庭,再次申请普通商品住房购房贷款可享受首套房贷款优惠政策。对拥有二套及以上住房且已还清贷款的家庭,再次申请购房贷款,银行业根据风险情况自行确定首付比例和贷款利率。对开发商的金融支持方面,允许开发商重新在银行间债券市场发债融资,进行房地产投资信托基金的试点工作。为了增加银行业对首套和改善型自住房的贷款投放,鼓励银行业发行专项金融债券和住房抵押贷款支持证券来筹集资金。

2015年3月30日,央行、银监会和住建部联合发布了《关于个人住房贷款政策有关问题的通知》(银发〔2015〕98号),鼓励公积金和商业贷款的组合贷款,大力松绑二套房贷:对拥有一套住房但未还清贷款的家庭,再次申请购房贷款最低首付比例的下限为40%;首套房公积金贷款首付20%,二套房公积金贷款首付30%。同日,财政部和国家税务总局联合发布《关于调整个人住房转让营业税政策的通知》(财税〔2015〕39号),根据自购买至出售的年限和房屋类型,实行差别化的营业税征收政策,将营业税免征期从以前的5年降低到2年;对于购买超过2年的普通住房的卖者,免征营业税;对于超过2年的非普通住房的卖者,按照买卖差价征收营业税。对于购买不足2年的住房的卖者,全额征收营业税。2015年9月30日,央行和银监会联合发布《关于进一步完善差别化住房信贷政策有关问题的通知》(银发〔2015〕305号),对不实施限购的城市,对居民家庭首次购买普通住房的商业贷款最低首付比例调整至25%。通过加快农民工市民化,推进以满足新市民为出发点的住房制度改革,扩大有效需求,化解房地产库存,稳定房地产市场。通过保持有效投资力度,着力补齐短板来扩大有效供给。

2015年12月,中央经济工作会议明确提出通过引导农民工和农民进城购房、推进棚户区改造货币化安置、培育和发展住房租赁市场、发展跨界地产、加强用地调节等手段,来化解房地产库存。2016年2月1日,央行和银监会联合在官网发布《关于调整个人住房贷款政策有关问题的通知》(银发〔2016〕26号),允许不限购城市的首套房首付比例可以在25%基础上向下浮动5个百分点,同时对拥有一套住房且相应购房贷款未结清、再次购买普通住房并申请房贷的居民家庭,最高首付比例从之前的40%下调至30%。2016年2月17日,财政部、国家税务总局和住建部联合发布了《关于调整房地产交易环节契税 营业税优惠政策的通知》(财税〔2016〕23号),进一步减免了契税和营业税。契税方面,对于家庭唯一住房的购房人,90平方米以下减按1%税率征收契税,90平方米以上减按1.5%税率征收契税;对于第二套改善性住房的购房人,90平方米以下减按1%税率征收契税,90平方米以上减按2%税率征收契税,充分体现了对第二套改善性住房家庭的契税优惠。营业税方面,不再区分普通住房和非普通住房,只要从购买到出售的时间满两年就全额免征营业税。不足两年全额征收营业税。第二套改善性住房的契税和营业税优惠政策,不适用于北京、上海、广州、深圳四个城市。该政策于2016年2月22日起执行。

在中央层面不断出台房地产利好政策的同时,地方政府也纷纷采取各种措施刺激住房需求,以降低房地产库存。以辽宁省为例,从2014年4月至2016年2月,该省商品房销售额累计同比持续为负值,2014年10月至2015年6月期间的累计同比均在−30%以下。低迷的销售导致商品房库存大量增加,为此辽宁省在2015年共密集出台了21项楼市利好政策。2016年1月12日,辽宁省住建厅公布9项措施推动去库存工作,2

月 25 日,辽宁省政府办公厅公布了《关于化解房地产库存的若干意见》的 15 条政策。3 月 1 日,沈阳市人民政府下发的《关于促进房地产市场健康发展的实施意见(试行)》,其中包括市区两级政府对个人购买住房给予奖励政策;减少土地供应;减免二手住房交易税费;鼓励农民进城买房居住,支持高校、中等职业学校在校生,新毕业生购房等 22 项房产新政。值得注意的是零首付的优惠政策,即对毕业在 5 年之内的大中专毕业生,只要连续缴存 3 个月公积金,就可以获得"零首付"公积金贷款,单身家庭最高贷款额度为 60 万元,夫妻双方合计贷款额度可达 80 万元。此外,每平方米还给予 200 元的补贴,并给予全额契税补贴。但随后,沈阳市委宣传部官方微博发布消息称,"零首付"政策还处于前期调研论证阶段,暂不具备出台条件。尽管"零首付"只是昙花一现,但却反映出沈阳老工业基地去库存之痛。

此外,一些三四线城市也纷纷通过财政补贴刺激购房需求。例如四川省的西昌市规定,对于购买商品住房的农村居民,市财政给予 200 元/平方米的购房补贴。宜宾市则不论购房面积大小,市财政均按每平方米给予 200 元的购房补贴。河南省南阳市对购买商品住房的农村居民,每套房发放 1 万元的财政补贴。河南省三门峡市分别对农民购买首套普通住房、第二套改善住房分别补贴 150 元/平方米、100 元/平方米。

尽管第六轮房地产调控政策的总基调是通过宽松政策降低楼市库存,但由于各地楼市明显分化,自 2015 年下半年以来,特别是进入 2016 年以后,部分城市房地产市场出现了非理性繁荣,房价加速上涨,同时伴有投资投机性需求回潮、开发商和房产中介从业违规操作等一些新情况、新问题。为此,本着分类调控、因城施策的原则,2016 年春天,部分城市开始采取措施抑制房价的过快上涨。

2016 年 3 月 24 日,上海住建委、规划国土资源局、工商局、金融办四部门联合发布《关于进一步完善本市住房市场体系和保障体系促进房地产市场平稳健康发展的若干意见》(沪府办发〔2016〕11 号),主要有以下特色:(1)建立由市住建委牵头,各部门共同参与的联席会议,负责指导、协调、推进上海的房地产监督工作,并建立统一、规范的房地产信息发布机制；（2）加大限购力度，对非上海户籍居民的购房资格从之前的自购房之日起计算的前 3 年内在沪累计缴纳 2 年以上个人所得税或社会保险，调整为连续缴纳满 5 年及以上；（3）提高个人购房贷款标准。对购买第二套改善性普通自住房的居民家庭，首付比例不低于 50%，对购买第二套改善性非普通自住房的居民家庭，首付比例不低于 70%；（4）强化市场监管和执法，将住房限购审核从房产登记环节提前至交易备案环节，建立二手房交易资金第三方监管制度，强化对房屋抵押、房屋租赁和房屋产权等的管理，严禁开发商和房产中介从事过桥贷、首付贷及自我融资、自我担保、构建资金池等场外配资业务；（5）多渠道增加住房供给，推进廉租住房和公共租赁住房并轨运行，多渠道筹措人才公寓住房，做好共有产权房建设和供应，加快推进旧区和"城中村"改造。

2016 年 3 月 25 日，发布了《深圳市人民政府办公厅关于完善住房保障体系促进房地产市场平稳健康发展的意见》。该意见主要有以下五方面内容：（1）作出"十三五"期间有效供应 35 万套人才安居和保障房的承诺；（2）加大限购力度，在严格执行本市户籍居民家庭限购两套住房的基础上，提高对非深圳户籍家庭购房的标准，对非深圳户籍居民的购房资格从连续缴纳个人所得税或社保满 1 年提高到 3 年；（3）从严执行个人购房贷款标准。对近 2 年内有房贷记录但名下无房、已结清相应住房贷款且有一套住房的居民家庭，贷款首付比例从 3 成提高至 4 成；（4）规范房地产市场秩序，形成监管合力，推动相关企业和人员诚信经营；（5）加强房地产金融风险防控，严查互联网金融机构、小贷公司等从事首付贷、过桥贷等杠杆配资业务。在上海、深圳为房地产降温的示范效应下，其他热点城市也纷纷跟进：武汉将首套房公积金贷款最高额度由 60 万元降低至 50 万元；南京采取认房又认贷的严格标准界定首套房，明确地将有购房贷款记录的借款人家庭排除出首次购买普通住房家庭之外。

七、第七轮：抑制楼市泡沫和因城施策（2016 年 10 月至今）

2016 年 2 月房贷新政和税收新政出台后，全国房地产市场开始升温。2016年3月至7月,各地楼盘去库存速度加快,全国房价中速上涨,但厦门、南京、合肥等一些热点城市5个月房价涨幅超过20%。2016年8月至10月,全国房价高速上涨,一些热点城市房价飙升。面对房价的非理性上涨,2016年8月底,中央政治局会议提出抑制房地产泡沫。同时,央行也于2016年8月底9月初重启了14天和28天逆回购,通过缩短放长变相提高了市场利率。在官方警告和暗示并不能阻止房价飙升的情况下,新一轮紧缩调控政策于2016年十一前后密集出台,涉及一线城市和郑州、天津、合肥等22个城市。过去是中央统一发布房地产调控政策,各地照章执行,而这次则是每个城市根据自身情况出台调控政策,各个城市的政策不尽相同。但各地调控政策基调都是相同的,即要抑制投资、投机性购房需求。主要表现在以下几个大方面:(1)设定购房资格门槛,加大限购力度。(2)加强对房贷申请人首付资金来源的审查,审慎评估借款人偿债能力,严防通过假离婚和虚假收入证明等骗取房贷的行为。(3)规范购房资金供给,严查首付贷和接力贷等违规行为。(4)在普遍提高个人购房贷款首付和利率的基础上,进一步实施差别化房地产信贷政策。首先分为首套房和二套房。多数城市首套房的首付比例为30%,但北京进一步将首套房分为普通和非普通住房,非普通房的首付比例则上升至40%。二套房的划分较为复杂,较为简单的划分形式有:有房和无房、有贷和无贷、普通住房和非普通住房。复杂的划分形式有:无房有贷、有房无贷、有房有贷等。北京和上海都将二套房中的非普通住房借款人的首付比例提高至70%,广州和深圳则将二套房中的有贷者和有房者的首付比例提高至70%。南京和苏州则将二套房中的有房有贷者的首付比例提高至70%。(5)提高公积金贷款准入条件和放贷标准。例如,杭州政府规定,从2016年9月28日起,在杭州市区购买房屋的居民家庭将不再享受购房落户政策。对于已经拥有一套住房但未结清相应商业性购房贷款,再次申请公积金贷款购买普通自住住房的职工家庭,公积金贷款的首付比例由40%上调至50%。对于该类家庭再次申请商业性个人住房贷款,最低首付款比例由不低于30%上调至50%。

紧缩房地产调控政策不仅抑制需求,还从各方面对开发商的资金供给进行规范。从 2016 年下半年起,"一行三会"对楼市调控的措施就不断加码。2016 年 10 月下旬银监会召开了第三季度经济金融形势分析会,会议指出要加强理财资金投资管理,严禁银行理财资金违规进入房地产领域,加强房地产信托业务合规经营。2016 年 10 月底上海证券交易所又下发了《关于试行房地产、产能过剩行业公司债券分类监管的函》,明确房地产企业债募集资金不得用于购置土地。2016 年 11 月 3 日,央行上海总部发布了《关于切实落实上海市房地产调控精神,促进房地产金融市场有序运行的决议》(以下简称《决议》),《决议》要求进一步加强对商品住房用地交易资金来源的监管,各商业银行要严防信贷资金特别是理财资金违规进入土地市场。2016 年 12 月,监管层对券商和基金子公司的资管产品输血房地产项目提出了更多约束,对直接或间接用于"房地产价格上涨过快的热点城市普通住宅地产项目的",暂不给予备案。热点城市名单涉及北上广深 4 个一线城市和厦门、合肥、南京等 12 个二三线城市,名单将根据住建部的相关要求适时调整。2016 年 12 月 28 日,央行主管的报纸《金融时报》上刊文,一针见血地指出楼市制造的"繁荣"无益实体经济发展,还可能对实体经济形成资金抽血,使实体经济雪上加霜,甚至会导致金融领域进一步积聚,并对金融系统的稳定性造成冲击。

2017 年,面对不断上涨的房价,以"北京 317 新政"为标志,在全国范围内拉开了新一轮紧缩房地产调控政策的序幕。这轮调控的特点主要有:(1)调控范围涉及更多城市和更多房屋类型,不仅调控大城市,还站在城市圈角度调控大城市周边的三四线城市。既对新房又对二手房市场采取严厉管控。(2)调控力度更大,一些城市对首套房采取"认房又认贷"的标准,只要有贷款记录一律按二套房标准执行,即首付和利率均较首套房明显提高。(3)调控内容更加细化。例如对商办、学区、教育、工业、平房等特定类型房屋的调控,对离婚和外地人群的调控等更加细化。(4)多种调控手段共同使用。自 2017 年 3 月 24 日厦门开启限售先河以来,据中原地产统计,截至 2017 年 6 月初已经有超过 30 个城市开启限售模式,2017 年 9 月重庆、长沙、南昌、南宁等城市发布限售新政。在很多城市,限购+限价+限贷+限售等多种调控手段共同使用。(5)开始注重从供给侧加强调控。2017年4月1日,住建部和国土资源部联合发布了《关于加强近期住房及用地供应管理和调控有关工作的通知》(建房〔2017〕80号),从合理供应土地、把握住宅建设和上市节奏、加大住房保障力度、强化地方主体责任四方面加强住房供给侧调控。2017年7月18日,住建部等九部委联合发布《关于在人口净流入的大中城市加快发展住房租赁市场的通知》(建房〔2017〕153号),将厦门、武汉、广州、深圳、合肥等12个城市作为首批试点住房租赁改革城市。截至2017年年底,逾50个城市发布住房租赁扶持政策,多家房企深度布局住房租赁市场。

2016年9月以来的紧缩调控政策,与2010年1月至2014年9月的紧缩调控政策既有相同之处,又有不同之处。相同之处主要有两点:一是重视限购、限贷等需求端调节,两轮紧缩调控都对房价上涨过高城市实施了限购和限贷政策;二是限购政策具有明显的逆周期性,即在房价快速上涨阶段实施限购。不同之处主要体现在:(1)后一轮调控政策中的限购、限贷更严格且差别化。在后一轮调控中,深圳、上海等大城市对外地人所要求的社保缴纳年限更长,限购更为严格。限贷方面,后一轮调控中一线城市的首付比例和利率上浮程度更高,且对普通住房和非普通住房实施差别化信贷政策。(2)后一轮调控政策堵住了一些漏洞,一些城市对离婚买房、卖旧房买新房提出了限制。(3)后一轮紧缩调控政策除限购、限贷外,还引入了限售政策,同时还配合限价政策,即限购、限价、限贷、限售多措并举。(4)后一轮调控更加注重住房租赁市场的发展和完善,通过租赁来缓解住房难的问题。(5)后一轮调控在重视需求端的同时,也从加大土地供给等方面调控房地产。(6)后一轮调控强调因城施策,即主要对一线、二线和部分热点三四线城市实施紧缩调控政策,对于多数三四线城市仍然实施宽松的房地产政策。(7)两轮紧缩调控政策面临的货币政策环境不同,第一轮调控时所处的货币政策环境整体是紧缩的,特别是2010—2011年曾经多次提高存款准备金率和存贷款基准利率。尽管从2011年年底至2012年上半年曾经小幅下调存款准备金率,2012年6月和7月曾经下调过存贷款基准利率,但2012年至2014年9月的存款准备金率和贷款基准利率仍然处于绝对高位,货币政策总基调偏于紧缩。

第二节　房地产调控的具体政策

前面回顾了 1978—2018 年的房地产调控历程,并分成了 7 个阶段。纵观整个调控历程,无一例外地充分利用各种调控政策来实现调控目标。这些具体的房地产调控政策主要有货币政策、信贷政策、税收政策、土地政策、行政手段等。下面分别对这几类调控政策进行回顾。

一、货币政策

货币政策是指中央银行综合运用利率、汇率、存款准备金率、公开市场业务和各种新型货币政策工具,以实现经济增长、物价稳定、充分就业、国际收支平衡等目标。货币政策主要着眼于调控总量,并不针对房地产市场。但央行通过货币政策工具对房地产各主体预期和行为产生影响,且货币政策直接影响信贷政策,因此货币政策会对房地产市场产生影响。

(一)存款准备金率政策

存款准备金率会影响货币供应量进而影响房地产开发贷款和个人购房贷款数量。1985 年 1 月至 1998 年 6 月期间,存款准备金率从 10% 上升到 13%,从 1988 年 2 月至 1998 年 2 月一直维持在 13% 水平,1998 年 3 月降至 8% 并保持该水平直到 1999 年 10 月,1999 年 11 月降至 6% 并保持该水平至 2003 年 8 月。2003 年 9 月存款准备金率提高了一个百分点至 7%,之后一路上升至 2008 年 8 月的 17.50%。2008 年 9 月、10 月、11 月和 12 月中小金融机构的存款准备金率分别降至 16.50%、16.00%、16.00% 和 13.50%,之后一直保持 13.50% 至 2009 年 12 月。从 2010 年 1 月,中小金融机构的存款准备金率又进入了一个上升周期,从 2010 年 1 月的 13.50% 一路飙升至 2011 年 11 月的 19.50%。2011 年 12 月至 2015 年 1 月,中小金融机构存款准备金率在 18%—19% 的高位窄幅振荡。从 2015 年 2 月开始至 2017 年 1 月,中小金融机构存款准备金率从 17.50% 下行至 15.00%(见图 1-1)。

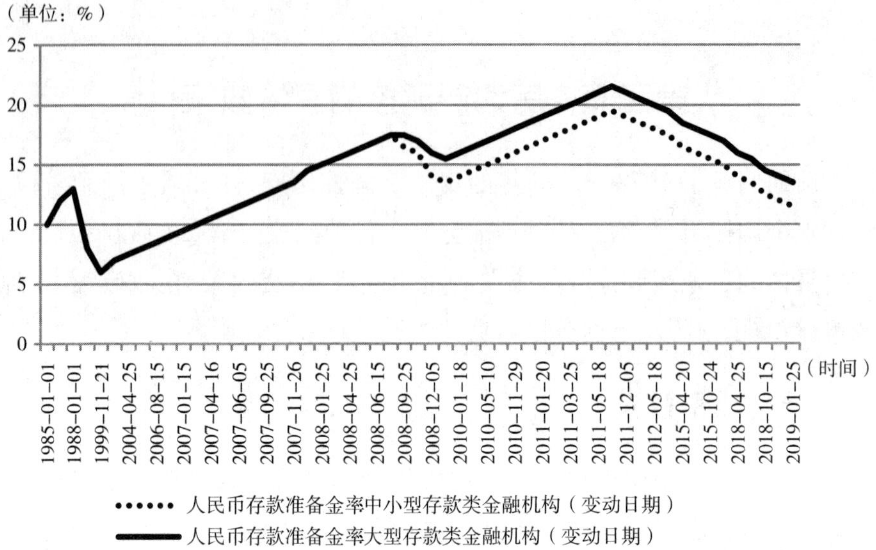

（单位：%）

图 1-1　大型和中小型存款类金融机构的人民币存款准备金率

回顾房地产调控历程中的若干阶段中的存款准备金率的变化：
（1）第一阶段（1978 年 12 月—1998 年 6 月），20 世纪 90 年代中期整顿房地产秩序时期对应的存款准备金率为 13%，较高的存款准备金率有利于整顿房地产秩序；（2）第二阶段（1998 年 7 月—2003 年 7 月），国家取消福利分房，需要营造一个宽松的货币环境鼓励大家购房，而同期对应的存款准备金率处在 6%—8% 的低位，刚好与政府鼓励居民购房的政策相吻合；（3）第三阶段（2003 年 8 月—2008 年 8 月）。存款准备金率不断上升，同期存款准备金率从 6% 上升至 17.50%，刚好与国家抑制房地产过热和稳定房地产价格的政策初衷相一致；（4）第四阶段（2008 年 9 月—2009 年 12 月），中小金融机构的存款准备金率从 16.50% 下降至 13.50%，与国家希望通过宽松政策刺激房地产的政策目标相契合；（5）第五阶段（2010 年 1 月—2014 年 9 月），中小金融机构的存款准备金从 13.50% 最高上升至 19.50%，之后一直在 18% 的高位震荡，与国家抑制投机稳定房价的紧缩调控政策相一致；（6）第六阶段（2014 年 10 月—2016 年 9 月）和第七阶段（2016 年 10 月至今），存款准备金率处于下行趋势，与国家刺激房地产和分类调控的政策意图相吻合。上面只使用了中小金融机构存款准备金率的变化进行分析,从图 1-1 可以看出,从 1985 年 1 月至 2008 年 8 月,大型和中小型存款类金融机构的人民币存款准备金率相同。自 2008 年 9 月二者开始出现分化即二者同向但变化幅度不同:2008 年 9 月至同年 11 月中小金融机构比大型金融机构的存款准备金率低一个百分点;从 2008 年 12 月 5 日开始至 2019 年年初,中小型金融机构比大型金融机构的存款准备金率始终低两个百分点。因此,通过各类金融机构存款准备金率的变化可知,在紧缩房地产调控阶段存款准备金率通常是上调的,而宽松阶段则是下调的。

(二)利率政策

从图 1-2 可以看出,1998 年 3 月 25 日,一年期贷款基准利率是7.92%,之后一路下降至 2002 年 2 月 21 日的 5.31%,并将这一利率水平一直保持至 2004 年 10 月 28 日。2004 年 10 月 29 日,贷款利率调升至5.58%,之后一路上行至 2007 年 12 月 27 日的 7.47%,并将这一利率水平一直保持至 2008 年 9 月 15 日。2008 年 9 月 16 日,一年期贷款基准利率调降至 7.20%,其间经过 10 月的 2 次降息和 11 月的 1 次降息,最终在2008 年 12 月 23 日将一年期贷款基准利率降至 5.31%,并将该利率保持至 2010 年的 10 月 19 日。从 2010 年 10 月 20 日至 2014 年 11 月 21 日,贷款利率保持在 5.56%—6.56%的高位震荡,其间 2011 年 7 月 7 日至2012 年 6 月 7 日贷款利率处在 6.56%的高位,之后利率小幅下降但仍在6%的次高位。从 2014 年 11 月 22 日开始降息,2015 年 3 月、5 月、6 月、8月和 10 月又多次降息,2015 年 10 月 24 日一年期贷款基准利率降至4.35%后该利率一直持续到 2019 年春,未来还可能会持续一段时间。可见,在紧缩房地产调控政策期间,如 2003 年 8 月至 2008 年 8 月、2010 年 1月至 2014 年 9 月,利率的整体趋势是上升的,只不过利率上升的时间要略晚于紧缩调控政策的开始时间。例如,2010 年 1 月房地产调控政策开始转向紧缩,同年 4 月的"国十条"已经明显紧缩,但利率在同年 10 月才出现调整。在宽松房地产调控政策阶段,例如 2008 年 9 月至 2009 年 12月,利率不断下降和维持在低位,以刺激购房需求,促进房地产业复苏。

同样,2014年11月22日开启的降息周期,同样能够刺激购房需求。从图1-2可以看出,一年期贷款基准利率与中小型金融机构的存款准备金率的变动趋势基本一致,即降低存款准备金率和降低利率同步,反之提高存款准备金率和提高利率同步。二者变化也基本上与房地产调控政策的宽松与紧缩相吻合。

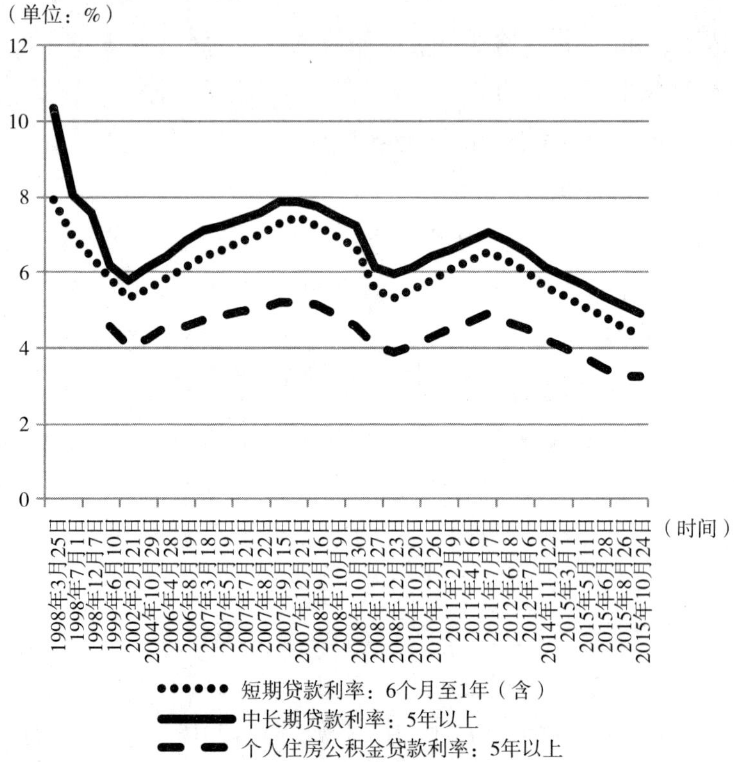

（单位：%）

图1-2　贷款基准利率

二、信贷政策

目前我国信贷政策包括四方面的内容:一是调节货币信贷总量扩张;二是鼓励性信贷政策,引导信贷资金流向国家鼓励的行业和区域;三是限制性信贷政策,限制信贷资金对某些产业和区域的支持;四是制定信贷法律法规,防范信贷风险。

表 1-2 个人购房贷款的首付比例(1997 年 4 月—2017 年 1 月)

首付比例			
时间	首套	二套	三套及以上
1997 年 4 月—2003 年 6 月	≥30%	≥30%	≥30%
2003 年 6 月—2005 年 3 月	≥20%	>20%	>20%
2005 年 3 月—2006 年 5 月	≥20%	>20%	>20%
2006 年 5—8 月	20%—30%	≥30%	≥30%
2006 年 8 月—2007 年 9 月	20%—30%	≥30%	≥30%
2007 年 9 月—2008 年 10 月	20%—30%	≥40%	≥40%
2008 年 10 月—2010 年 1 月	≥20%	≥20%	≥20%
2010 年 1—4 月	≥20%	≥40%	≥40%
2010 年 4—9 月	20%—30%	≥50%	≥50%
2010 年 9 月—2011 年 1 月	≥30%	≥50%	不适用
2011 年 1 月—2012 年 4 月	≥30%	≥60%	不适用
2012 年 4 月—2013 年 4 月	≥30%(部分公积金 20%)	≥60%	不适用
2013 年 4 月—2014 年 10 月	≥30%(部分公积金 20%)	≥60%(部分 70%)	不适用
2014 年 10 月—2015 年 3 月	≥30%(部分公积金 20%),扩大了首套房定义(还清房贷)	未提及,承前应为≥60%(部分 70%)	在非限购城市,已经还清贷款"审慎把握,合理确定"
2015 年 3—9 月(2015330 新政)	≥30%,公积金 20%,鼓励组合贷款	≥40%,公积金 30%	未提及
2015 年 9 月—2016 年 2 月	非限购城市≥25%,限购城市≥30%,公积金 20%	≥40%,公积金 20%	未提及
2016 年 2—9 月	非限购城市≥25%,各地可向下浮动 5 个百分点,限购城市≥30%,公积金 20%	非限购城市≥30%,限购城市仍按原规定执行	未提及

续表

首付比例			
时间	首套	二套	三套及以上
2016年9月后	更加高度差别化的政策。其中深圳和上海的政策,回到2014年10月前的严格程度,且首付比例高于2014年时的首付比例		

资料来源:中国人民银行。

具体到房地产业的信贷政策,主要体现在贷款首付和利率上。通过贷款首付和利率的高低,反映了央行对房地产业的鼓励、中性和限制态度。差别化信贷是房地产信贷的一个重要特点,差别化信贷就是对借款人加以区分,分为首套房借款人、二套房借款人、多套房借款人等等,其中二套和多套房借款人又可以进一步分为有房无贷、有贷无房、有房有贷等几种情景。差别化信贷还表现为房地产信贷政策因城市而异,各城市对不同类型借款人所要求的首付和利率不同。这里主要讨论个人购房贷款政策及其变化。个人购房贷款政策主要涉及是否满足贷款条件、贷款首付、利率、首套房和二套房认定等方面。表1-2为1997年至2017年的个人购房贷款首付比例,表1-3是部分城市首套房和二套房的首付比例。

表1-3　部分城市首套房和二套房的首付比例

城市	首付比例		
	时间	首套房	二套房
北京	2017/03/17	普通住宅35% 非普通40%	普通住宅60% 非普通住宅80%
上海	2016/11/29	无贷款 无房35%	普通住宅50% 非普通住宅70%
深圳	2016/10/04	无贷款 无房30%	有贷款记录无房50%	无贷款记录有房首付70%
广州	2016/10/04	30%	无房有贷普通房40% 无房有贷非普通房70%	有房普通房50% 有房非普遍房70%

续表

城市	首付比例		
	时间	首套房	二套房
天津	2016/11/28	本市家庭30% 外地家庭40%	本市有贷家庭40%
南京	2016/10/05	30%	有房无贷50%　无房有贷50%　有房有贷80%
杭州	2016/11/10	30%	有房无贷40%　无房有贷40%　有房有贷60%
无锡	2016/10/02	20%	40%
厦门	2016/10/05	30%(含无房无贷和有房贷款已结清)	有贷未结普通住宅60% 有贷未结非普通住宅70%
福州	2016/10/07	本市家庭30% 外地家庭40%	首套贷款未还清40%
珠海	2016/10/06	30%	有房无贷30%　无房有贷30%　有房有贷40%
合肥	2016/10/02	30%	有房无贷40%　无房有贷40%　有房有贷50%
东莞	2016/10/06	30%	有房无贷30%　无房有贷30%　有房有贷40%
武汉	2016/11/15	30%	普通住房50%、非普通住房70%,三套停贷
郑州	2016/10/12	30%	首套房贷款未结清40%
其他		最低20%	最低30%

资料来源:各地住建局、各地房管局。

注:普通房和非普通房,均指新购房屋,不是以前所拥有房屋;有房是指在新购房屋之前名下有房。

从表1-3可以看出,各地多是在2016年10月初出台差别化信贷政策。北京是在2016年9月30日出台差别化信贷政策,当时二套普通自住和非普通自住的首付比例分别为50%和70%,2017年3月17日进一步上调至60%和80%。因此可以认为是2016年9月30日北京率先收紧购房贷款,其他热点城市随后跟进。该轮紧缩信贷政策的特点主要有:(1)仍然继续支持首套房购房需求,但出于防风险考虑,多数城市普遍由之前的20%提高至30%;(2)大幅提高了二套房首付比例,且对二套房进行细分为有房无贷、有贷无房、有房有贷等多种情景,并分别实行不同的首付比例;(3)部分城市第三套房停贷;(4)北上广深等4个一线城市对首套房认定都按照认房又认贷的最严格标准,但认定标准的时间不同。深圳从2016年10月就执行认房又认贷的首套房标准,上海从2016年11

月执行,北京和广州则从 2017 年 3 月执行。北京二套房的首付比例全国最高,广州对有贷款记录家庭购买普通住房的首付比例较为宽松;(5)厦门对首套房认定标准较为宽松,有过贷款但已还清的购房家庭即可享受 30% 的首付比例,但厦门于 2017 年 3 月首开新购住房限售先河,还首创了住房赠与后限购的政策。

三、税收政策

1998 年国务院 23 号文件启动了住房分配货币化改革之初,许多人对购买商品房的积极性并不高,加之亚洲金融危机的爆发,国内商品房销售遇阻。为此中央政府出台了刺激性税收政策,能够帮助房地产市场走出低谷。1999 年 7 月,财政部和国税局联合发布了《关于调整房地产市场若干税收政策的通知》,2000 年年底前对 1998 年 6 月底建成的商品房免征营业税和契税。2001 年 4 月,面对依旧低迷的楼市,国税局和财政部《关于对消化空置商品房有关税费政策的通知》,对空置商品房免征营业税和契税的优惠政策延长至 2012 年年底。但同时对 1998 年 6 月 30日前建成的别墅、度假村等则从 2001 年 1 月 1 日起恢复征收营业税和契税。表 1-4 为房地产营业税调整历史。

表 1-4　房地产营业税调整历史一览表

时间	政策内容	普通住宅	非普通住宅	备注
2005 年 6 月 1 日	对住房交易开征营业税及附加	<2 年,全额征收;≥2 年,免征	<2 年,全额征收;≥2 年,差额征收	
2006 年 6 月 1 日	调整免征年限	<5 年,全额征收;≥5 年,免征	<5 年,全额征收;≥5 年,差额征收	
2009 年 1 月 1 日	调整免征年限和普通住宅计税依据	<2 年,差额征收;≥2 年,免征	<2 年,全额征收;≥2 年,差额征收	
2010 年 1 月 1 日	调整免征年限	<5 年,差额征收;≥5 年,免征	<5 年,全额征收;≥5 年,差额征收	
2011 年 1 月 28 日	调整普通住宅计税依据	<5 年,全额征收;≥5 年,免征	<5 年,全额征收;≥5 年,差额征收	
2015 年 3 月 31 日	调整免征年限	<2 年,全额征收;≥2 年,免征	<2 年,全额征收;≥2 年,差额征收	

续表

时间	政策内容	普通住宅	非普通住宅	备注
2016 年 2 月 22 日	调整普通住宅 计税依据	<2 年，全额征收； ≥2 年，免征	<2 年，全额征收； ≥2 年，差额征收	一线城市
		<2 年，全额征收； ≥2 年，免征	<2 年，全额征收； ≥2 年，免征	非一线 城市

资料来源：国家税务总局。

从"2005 年新国八条"开始，中央政府尝试通过交易环节税收政策的变化来调控房地产，之后每次房地产调控政策方向的转变，几乎都会涉及交易环节税收政策的调整。交易环节的税收主要有印花税、契税、营业税（2016 年 5 月 1 日后不再征收）、增值税（2016 年 5 月 1 日后开始在房屋交易环节征收）、所得税。印花税是向买方征收的，通常为合同金额的 0.05%，因此需要缴纳的印花税金额很少，因此通常不将印花税作为调控手段。契税是向买方征收的，通常为房屋总价的 1%—4%。营业税及附加是向卖方征收的，税率通常在 5.6% 左右，可分为全额征收、差额征收和免征。所得税是向卖方征收的，分为按买卖差价 20% 征收和按卖价的 1% 征收两种。在交易环节税种中，国家主要通过调节营业税来进行房地产调控。表 1-4 为住房交易营业税调整历史。可以看出，在紧缩调控政策期间，通常采取提高营业税免征年限、从免征变为差额征收甚至全额征收。而宽松阶段正好相反。

四、土地政策

土地政策是服务于房地产调控整体目标的。例如，2010—2012 年，土地政策主要采用扩大住房用地供应、确保保障性安居工程用地供给、完善土地交易方式，控制土地溢价、及时处置闲置土地等多种手段，以保持土地价格平稳、遏制房价过快上涨和巩固紧缩调控效果。2015 年和 2016 年，土地政策主要服务于房地产去库存的整体目标，要求住房供过于求地区要适当控制开发速度、允许开发商适当调整住房结构以满足合理的自住和改善性购房需求，引导未开发房地产用地向养老产业、旅游产业、体育产业等项目用地转型,准确定位70个大中城市住宅用地供应调控目标等等。2017年土地政策更注重因城施策,要求按照房价上涨和供求矛盾适时调整住宅用地供地规模、结构和时序。对消化周期在36个月以上、18—36个月、6—12个月、6个月以下分别采取停止供地、减少供地、增加供地、显著增加供地和加快供地节奏等措施。

表1-5 土地政策一览表

发布日期	发布机构	政策法规名称
2001年4月30日	国务院	《国务院关于加强国有土地资产管理的通知》
2002年5月9日	国土资源部	《招标拍卖挂牌出让国有土地使用权规定》
2003年7月18日	国务院办公厅	《关于暂停审批各类开发区的紧急通知》
2003年9月24日	国土资源部	《国土资源部关于加强土地供应管理促进房地产市场持续健康发展的通知》
2004年3月30日	国土资源部 监察部	《关于继续开展经营性土地使用权招标拍卖挂牌出让情况执法监察工作的通知》
2004年4月29日	国务院办公厅	《国务院办公厅关于深入开展土地市场治理整顿严格土地管理的紧急通知》
2004年10月21日	国务院	《国务院关于深化改革严格土地管理的决定》
2004年11月22日	财政部 国土资源部 中国人民银行	《关于进一步加强新增建设用地土地有偿使用费征收使用管理的通知》
2006年5月30日	国土资源部	《国土资源部关于当前进一步从严土地管理的紧急通知》
2006年8月31日	国务院	《国务院关于加强土地调控有关问题的通知》
2007年9月21日	国土资源部	《招标拍卖挂牌出让国有建设用地使用权规定》
2009年5月13日	国土资源部	《国土资源部关于切实落实保障性安居工程用地的通知》
2009年11月18日	国土资源部 等五部委	《关于进一步加强土地出让收支管理的通知》
2010年3月8日	国土资源部	《国土资源部关于加强房地产用地供应和监管有关问题的通知》
2010年9月21日	国土资源部 住建部	《关于进一步加强房地产用地和建设管理调控的通知》
2011年1月21日	国土资源部	《国有土地上房屋征收与补偿条例》
2011年5月11日	国土资源部	《国土资源部关于坚持和完善土地招标拍卖挂牌出让制度的意见》

续表

发布日期	发布机构	政策法规名称
2012 年 2 月 15 日	国土资源部	《关于做好 2012 年房地产用地管理和调控重点工作的通知》
2012 年 6 月 1 日	国土资源部	《闲置土地处置办法》
2013 年 5 月 13 日	国土资源部	《关于严格管理防止违法违规征地的紧急通知》
2014 年 5 月 22 日	国土资源部	《节约集约利用土地规定》
2015 年 3 月 18 日	国土资源部	《城镇土地分等定级规程》和《城镇土地估价规程》
2015 年 3 月 25 日	国土资源部	《关于优化 2015 年住房及用地供应结构促进房地产市场平稳健康发展的通知》
2016 年 12 月 23 日	国务院	《国务院关于全国土地整治规划(2016—2020年)的批复》
2017 年 3 月 20 日	国土资源部	《国土资源部关于进一步加强和改进执法监察工作的意见》
2017 年 4 月 1 日	住建部 国土资源部	《关于加强近期住房及用地供应管理和调控有关工作的通知》
2018 年 1 月 3 日	财政部、银监会、中国人民银行 国土资源部	《土地储备管理办法》
2018 年 1 月 17 日	财政部 国土资源部	《土地储备资金财务管理办法》
2018 年 3 月 10 日	国务院办公厅	《跨省域补充耕地国家统筹管理办法》《城乡建设用地增减挂钩节余指标跨省域调剂管理办法的通知》

资料来源:根据国土资源部网站信息自行整理。http://f.mlr.gov.cn/。

五、行政手段

(一)限购政策

2010 年 4 月 30 日,北京成为国内首个限购城市,同一购房家庭只能在北京新购一套商品住房。2010 年 9 月 30 日,深圳政府发布了《深圳市政府办公厅关于进一步贯彻落实国务院文件精神坚决遏制房价过快上涨的补充通知》(深府办〔2010〕82 号),对于本市户籍居民家庭限购两套住房,对于非本市户籍家庭且能提供 1 年社保或完税记录的家庭限购一套住房。深圳限购令考虑了家庭的住房保有情况,同时区别对待本市户籍家庭和非本市户籍家庭。2010年9月30日,国土资源部和监察部联合下发文件,要求房价上涨过快的城市要出台限购政策。2010年10月相继有厦门、上海、宁波、福州、杭州、海口、温州等13个城市实施限购政策,但厦门、福州、海口和温州等4城市都规定限购令将于2010年12月底取消。2010年11月和12月,苏州、兰州和金华等3个城市加入限购。截至2010年年底有18个城市实施过限购,但由于厦门等4个城市在2010年年底取消限购,即在2010年年底仍然实施限购的城市有14个。2011年年初,郑州、太原、昆明和南昌也加入限购行列。

在2010年和2011年年初实施限购的城市中,除深圳、宁波和广州3个城市要求户籍外家庭须提供1年纳税证明才能限购一套商品住房,其他城市只是规定户籍外家庭限购一套。即2011年年初之前的限购主要是"N+1"模式,即并没有区分本市户籍家庭和非本市户籍家庭,任何家庭都可在限购城市新购买一套住房。对于热点城市,由于非本市户籍家庭的购房需求旺盛,"N+1"限购后热点城市房价仍然继续上涨。为此,2011年1月26日出台了《国务院办公厅关于进一步做好房地产市场调控工作有关问题的通知》(国办发〔2011〕1号,简称"2011年国八条"),对限购做了更明确更严厉的规定。在限购城市方面,涉及除拉萨、重庆外的所有省会城市、直辖市和计划单列市。在限购家庭方面,区分了本市户籍家庭和非本市户籍家庭,拥有一套住房的本地居民可限购一套住房,而非本市户籍无房家庭则必须在满足社保或完税条件后才能在本地限购1套住房。可见,"2011年国八条"不仅扩大了限购城市,更为重要的是从之前的"N+1"模式变为"1+1"模式,即取消了已经拥有二套及以上住房的本地家庭和无一定期限社保或完税记录的外地家庭的购房资格,从而挤出了部分投资投机需求。"2011年国八条"出台后,北京在此基础上实行了更为严格的限购政策,在北京无房且已连续5年缴纳个人所得税或社保的非北京户籍家庭,限购一套住房。2011年7月,温家宝同志主持召开国务院常务会议,首次提出对房价上涨过快的二三线城市也要实施限购政策,随后台州、衢州和珠海三个城市也加入了限购行列,截至2011年年底,全国共有46个城市实施了限购,包括北上广深这四个一线城市、大部分省会城市以及其他发达二线城市。2013 年 2 月,发布了《国务院办公厅关于继续做好房地产市场调控工作的通知》,将限购区域扩展到限购城市的全部行政区域,限购房屋既包括所有新建商品住房还包括二手住房。

2014 年,许多地方楼市出现调整,在去库存浪潮下各地方政府纷纷取消限购政策,只剩下北京、上海、广州、深圳和三亚 5 座城市继续执行限购。2016 年春,随着市场回暖,一线城市限购政策进入加码周期。2016 年秋,二线城市又陆续推出限购政策。2017 年春,由于市场过热,限购再一次加码,从一、二线城市进一步扩展到热点三、四线城市。限购加码的表现主要为:提高了非本地户籍居民缴纳社保或纳税年限;限购范围进一步扩大,由主城区扩大到整个城市;本地户籍离婚人士和未婚等单身人士限购一套;分区限购,例如成都规定只有在本区有户口的本地居民或连续缴纳社保超过 24 个月的外地居民才能新购一套住房;对住房赠与者实施限购,例如厦门规定通过赠与方式转让住房后,需要满 3 年才能再次购买住房。

（二）限售政策

最早实施限售政策的是厦门。面对不断上涨的房价,2017 年 3 月 25 日厦门开启限售先河,之后不少城市陆续跟进。2017 上半年已有 1 省（海南省）和 28 个市出台限售政策。2017 年 9 月下旬,南宁、重庆、桂林、南昌、长沙、石家庄等实施限售。2017 年 10 月 12 日,浙江绍兴和云南昆明同时发布限售政策。截至 2017 年 10 月中旬,全国已有 50 个城市实施限售。

各城市的限售政策并不是千篇一律的,而是各有特色:(1)限售期限不同。厦门、广州、东莞、常州、青岛、济南、西安、承德、保定市和保定徐水区等要求新购买住房自取得不动产登记证书未满 2 年的,不得上市交易。珠海、惠州和成都的限售期限则为 3 年。（2)对本地居民和非本地居民采取不同的限售政策。福州对本地居民的第二套房和非本地居民的第一套房实施 2 年的限售政策,但对本地居民的第一套房并不限售。启东则对非本地居民购买的新房和所有居民购买的二手房实施 3 年的限售政策。保定白沟新城对非本地户籍居民购买的房屋实施 5 年限售政策。(3)对市区和非市区户籍居民采取不同的限售政策。扬州对市区范围内户籍居民家庭拥有的第二套及以上住房、非市区范围内户籍居民家庭拥有的第一套及以上住房、非户籍居民家庭的所有住房在取得不动产证书后 2 年内不得上市交易。

六、保障性安居工程政策

保障性安居工程包括保障性住房和棚改房,其中保障性住房包括经济适用房、廉租房、公租房和限价商品房。保障性安居工程这一概念也是随着时代而变化的。2009—2010 年,保障性安居工程不仅包括经济适用房和两限房,还包括廉租房。2011 年至今,保障性安居工程的范围进一步扩大,除了前面三种类型房屋外,还包括公租房、棚改房、自住性商品房、共有产权房。保障性安居工程可分为出售和出租两大类:出售类包括经济适用房、限价商品房、棚改房、自住性商品房和共有产权房;出租类包括公租房和廉租房。

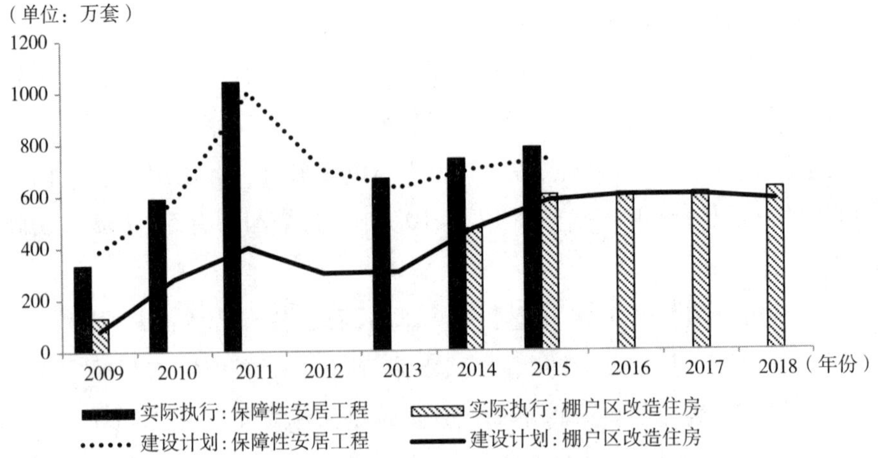

（单位：万套）

图 1-3　保障性安居工程建设和执行情况

数据来源:财政部、Wind 资讯。

保障性安居工程发展大体经历了三个阶段:第一是快速发展阶段

（1998—2002 年）。在 1998 年国务院 23 号文件的指引下，经济适用房和廉租房成为解决中低收入居民家庭住房需求的重要方式，2000—2002 年经济适用房投资占城镇住宅投资的比重和竣工面积占城镇住宅竣工面积的比重双双接近或达到 10% 的历史高位。第二是停滞阶段（2003—2008 年）。2003 年国务院 18 号文件提出要坚持住房市场化的基本方向，逐步实现多数家庭购买或承租普通商品住房，该阶段由于过度强调住房市场化而在一定程度上忽略了保障性安居工程的建设。2005 年至 2008 年期间竣工 200 万套保障房（不包括棚户区改造）。第三是重新重视阶段（2008 年年底至今）。2008 年第四季度，为应对金融危机造成的房地产市场滑坡，中央政府宣布将在 2009—2011 年间新增逾 1100 万套保障房供给，其中每年新建经济适用房 130 万套，三年共计新增廉租房和限价房 750 万套。2011 年 3 月《国民经济和社会发展第十二个五年规划纲要》明确提出要在 2011 年至 2015 年新建 3600 万套保障房，其中 2011 年和 2012 年每年开工 1000 万套，2013 年至 2015 年共 1600 套。图 1-3 描述了保障性安居工程的建设计划和实际执行情况。2009—2011 年，保障性安居工程分别完成 333 万套、590 万套和 1043 万套。2013—2015 年，保障性安居工程分别完成 666 万套、740 万套和 783 万套。2014—2018 年，政府加大棚户区改造力度，分别建成棚改房 470 万套、601 万套、606 万套、609 万套和 626 万套。

七、房屋租赁政策

为了进一步贯彻"房子是用来住的，不是用来炒的"指导思想，加快房地产供给侧结构性改革，2017 年 5 月，住建部发布《住房租赁和销售管理条例》征求意见稿，鼓励专业化租赁机构通过购买、租赁和代理个人闲置房源等多方筹措租赁房源，住房租赁企业依法享受信贷、税收、土地等优惠政策，并可允许以租赁收益设立质权。征求意见稿特别强调对承租人权益的保护，对于租赁合同中未约定租金调整幅度的，出租人不得擅自提高租金。出租人不能以威胁、暴利或其他强制方式收回出租房屋。对于租赁期限不明确的租赁合同，出租人必须提前三个月通知承租人才能解除住房租赁合同。未经承租人允许,出租人不能擅自进入出租房屋。当租赁合同期满,出租人必须返还承租人的租赁押金。出租人和承租人将租赁合同备案后,承租人可依法申领居住证并享受基本公共服务。

2017年7月18日,住建部、国家发改委、公安部、国土资源部等九部委联合发布《关于在人口净流入的大中城市加快发展住房租赁市场的通知》(建房〔2017〕153号),提出4项举措促进住房租赁市场发展:(1)充分发挥国企的引领带动作用,培育机构化、规模化租赁企业。(2)住建部门会同其他部门共同搭建政府住房租赁服务平台,实行住房租赁合同网上备案。(3)开展集体建设用地住房租赁试点,盘活存量闲置房屋,加大开发性金融对租赁企业的支持力度,增加租赁房源供应。(4)明确住建、公安、发改、财政、国土等部门在住房租赁管理上的职责分工,推进部门间信息共享,发挥街道居委会的作用,实现住房租赁的网格化管理,创新住房租赁管理和服务体系。此后,广州、沈阳、成都、厦门、合肥、杭州、北京、肇庆、上海、佛山、南京、深圳、武汉、郑州等城市陆续发布当地住房租赁实施意见,其中广州首次提出"让租者幸福居住"的口号,郑州对居住满3年的承租家庭与市民一视同仁,佛山将单套租赁面积控制在60平方米以内,南京对租赁住房面积和租赁企业数量提出了明确要求。

第三节　热点地区的房地产调控政策
——以北京为例

一、北京商住房政策趋紧(2016年5—9月)

从2016年5月起,北京市对商住房的监管趋紧。2016年5月5日,北京市住建委和通州区政府共同发布了《关于加强通州区商务型公寓和商业、办公项目销售管理的通知》,至此通州除对住宅限购之外,还对商住实施全面限购。2016年8月17日,在北京市规划国土委与住建委召开的会议上,有关高层明确表示不再新增商住房,同时暂停商办用地上市。2016年11月14日,北京市规划国土委发布了《关于加强商业、办公类项目规划管理的通知》,要求开发商在 2016 年 12 月 31 日前将违规"商改住"产品整改到位。

二、北京房地产政策全面紧缩(2016 年 10 月—2017 年 3 月16 日)

2016 年 9 月 30 日,北京市住建委等多部委发布《关于促进本市房地产市场平稳健康发展的若干措施》(京政办发〔2016〕46 号),对个人购房贷款要求更加严格:(1)大幅提高了购房首付比例,对于首套普通自住房、首套非普通自住房、二套普通住房和二套非普通住房的首付比例分别提高至 35%、40%、50% 和 70%,而之前这四类房屋的首付比例分别为 30%、30%、40% 和 40%;(2)明确界定了普通住宅:建筑容积率在 1.0(含)以上、单套建筑面积在 140 平方米(含)以下、实际成交价格低于同区域住房平均成交价格的 1.2 倍;(3)对二套房的界定标准更加严格,以前名下有一套房但只要还清贷款就能享首套房的优惠贷款条件,新政则规定即使首套房贷款已经还清也算二套房;(4)积极推进土地的供给侧结构性改革,在土地招拍挂中尝试限房价、竞地价等改革,即在明确商品房销售价格上限的前提下开发商竞拍土地价格,当竞价达到合理土地上限后再竞报企业自持商品住房面积,自持商品房只有用于租赁而不能用于销售,租赁期限与房屋土地使用权期限相同。重申并强调套型面积的 90/70 政策①等等。2016 年 12 月 29 日,北京市代市长蔡奇在市住建委召开座谈会,提出要精准发力坚决抑制投资投机行为、从源头上确保住宅用地合理供应、培育和规范住房租赁市场,安置房、公租房和自住房等三房并举做好住房保障工作等具体措施,并郑重承诺 2017 年房价环比不增长。

2016 年 9 月 30 日至 2017 年年初,北京出台了一系列房地产调控政策,主要有:(1)连续推出 16 宗"控地价、限房价"地块,根据出让土地所

---

①　90/70 政策:新批、新开工的商品房,90 平方米以下的住房必须达到开发建设总面积的 70% 以上。

在片区的在售项目的成交均价,测算每宗地块的最高限价,以稳定未来房价预期,缓解购房人恐慌情绪,使市场逐步回归理性。(2)加强商品住房监管,对报价明显高于周边在售项目和本项目前期成交价格的,暂缓核发商品房预售许可证。北京市住建委发布了《关于进一步加强商品房现房销售管理有关问题的通知》,在现房销售备案中全面引入明码标价、一房一价等管控措施。发布了《关于做好存量房房源核验工作有关问题的通知》和《关于进一步加强存量房交易资金监管的通知》,对北京存量房交易全面实施房源核验和资金监管制度,切实保障二手房交易各方的安全。(3)加大执法查处力度,规范房地产开发、销售和中介等各个环节。2016年10月以来,对在售项目和中介机构门店进行拉网式执法检查。对于违法违规企业给予停止网签、降级、罚款和注销资质等处理。(4)2017年年初,个人购房按揭贷款利率优惠从8.5折上升至9折及以上,第二套房贷款最长期限从原来的30年缩短为25年。(5)2017年1月5日,北京九部委联合发文,房产中介禁止捆绑金融服务。

三、北京出台史上最严调控政策(2017年3月17日至今)

(一)实施更加严格的差别化信贷政策

从2017年3月17日起,北京房地产调控再度升级,成为史上最严调控。2017年3月17日,北京市住建委等发布了《关于完善商品住房销售和差别化信贷政策的通知》(京建法〔2017〕3号),从严认定二套房,即认房又认贷,只要有商业贷款或公积金贷款记录、无论当前名下是否有房,一律认定为二套房,即普通住宅首付比例不低于60%、非普通住宅首付比例不低于80%。并且将个人购房贷款最长期限降至25年。企业购买的住房需要持有至少3年之后才能转让。

(二)多渠道堵塞政策漏洞

2017年3月21日,北京市16家银行将首套房贷优惠利率从9折提高到9.5折。同日,北京市住建委和规划国土委联合发布了《关于加强国有土地上住宅平房测绘、交易及不动产登记管理的通知》,该通知要求严控将住宅平房一间拆分为多间的行为。3月22日,北京市住建委和北京市地税局联合发布了《关于进一步严格购房资格审核中个人所得税政策执行标准的公告》，明确规定对于工资、薪金所得和生产经营所得的个人，要连续 60 个月在北京缴纳个人所得税，从申请月的上一个月作为最后一个月，然后向前推至第 60 个月作为首月，从首月到最后一个月的所有月份共同构成 60 个月。在 60 个月中，因工作变动而造成未缴或补缴税款不超过 3 个月的才能视为连续缴纳，即在 60 个月中至少要有 57 个月按时缴纳税款的外地居民才有在京购房资格。对于按季缴纳税款的，连续缴纳时间对应于 20 个季度。3 月 22 日，北京市住建委发布了《关于规范商品房经营企业价格行为的提醒书》，要求商品房经营者必须明码标价，一房一价，不得收取任何未予标明的费用，同时禁止中介机构参与炒房。3 月 23 日，北京市规划国土委等部门规定不具备居住条件的过道、廊道等异形房不能单独办理过户转移登记、不能办理落户、不能作为入学的资格条件。3 月 23 日，北京市住建委对链家、我爱我家、麦田、华熙等十大中介负责人进行集体约谈，要求中介不得参与炒房，禁止囤积房源和哄抬房价，不得发布虚假房源信息和房价，不能违规设立资金池，不能违规参与首付贷等违规金融行为。同日，住建委、市高级法院和市国土委对法院拍卖房屋的竞拍人资格作出明确规定，对自然人竞拍方，其家庭或个人必须符合北京市限购政策，否则将不予办理房屋产权登记手续。

（三）防范房地产信贷业务风险

2017 年 3 月 24 日，央行北京营管部、北京银监局、北京市住建委、北京住房公积金管理中心联合发布了《关于加强北京地区住房信贷业务风险管理的通知》。该通知有以下几个亮点：（1）明确从 3 月 24 日起，离婚一年内贷款买房，无论使用商业贷款和公积金贷款都按二套房贷政策来执行，即对于普通住房首付比例不得低于 60%，对于非普通住房首付比例不低于 80%，且房贷利率为基准利率的 1.1 倍。（2）对于已经成年但无固定收入的借款人，原则上参照二套房贷政策执行。（3）重申首付款必须是借款人自有资金，不允许以各种加杠杆方式筹集首付款。严禁借款人将个人经营性贷款和消费贷等所贷资金用于支付购房首付款，对于加杠杆筹集首付的客户应拒贷。（4）严格审核借款人的偿付能力，对于出具虚假收入证明和月供比不符合要求的,不得放贷。(5)强化过程管理,商业银行要查询个人住房情况、商业贷款和公积金贷款情况并备案,要加强对支行网点的业务指导和管理。3月25日,北京市教委要求幼儿园升小学采取多校划片,随机摇号确定具体学校学位。除京津冀协同发展项目外,本市所有中小学未经市教委同意不得到外地办学,各中小学不得与房地产商合作办学,叫停房产与教育的"联姻"。

(四)加强商业、办公类项目管理

2017年3月26日,北京市住建委、规划和国土委、工商局、央行营管部、银监局等五部门联合发布《关于进一步加强商业、办公类项目管理的公告》。公告要求,新建商办房最小分割单元不低于500平方米,首次和再次销售在建商办类项目,其销售对象只能是企事业单位和社会组织,不能是个人,且不能用于居住。已销售的商办类项目再次出售时,既可以出售给企事业单位、社会组织,也可以出售给个人。但个人购买商办类项目要同时满足名下无住房或商办类房产记录和连续缴纳社保或个税超过60个月这两个条件,且商业银行暂停对个人购买商办类项目提供信贷支持。中介不得宣传商办可以用于居住。4月3日,住建委进一步将住宅平房纳入北京市限购范围。

(五)严格房地产信息披露

2017年4月11日,北京市住建委、工商局和网信办联合检查了链家、房天下、58同城等15家发布房源信息的网站,要求各网站必须在4月12日24点之前撤下明显存在违规信息的房源。违规信息主要包括:标注学区房、标注独立经纪人、商改住信息、包含"升值潜力无限、商住两用"等虚假宣传的信息。住建委要求房地产经纪业务网站必须申请营业执照及备案证明,房地产信息必须由经核查的房地产经纪公司来发布,不能以独立经纪人的名义发布。工商局要求禁止发布未取得预售证的房地产项目,不得有融资和变相融资的表述。网信办要求各网站只能转载房地产新闻,不得从事自行采编,不得发布谣言、标题党等误导网友。

(六)禁止改变规划用途

2017年4月19日,北京市住建委和规划国土委联合发布通知,要求工业、酒店、科研、旅游、文化、娱乐等产业项目要严格按照规划用途进行设计和开发建设,禁止改变产业项目规划用途,未经批准不能将产业项目转让和分割销售。对于擅自将产业项目改为居住用途的项目建设单位,规划国土和住建部门要严厉处罚,直至收回土地和取消其在京的购地资格。

(七)加强房地产资金账户监管

2017年4月20日,央行北京营管部、银监会会同北京市银监局和北京市住建委,对房地产交易过程中的反洗钱工作做了明确部署。要求房地产开发企业和房地产经纪机构在提供新房和二手房买卖服务时必须认真核查和登记当事人身份信息,当事人必须使用本人银行卡将购房款转到出卖人的银行账户,且该银行账户必须是预售资金监管专用账户或存量房交易资金监管专用账户。在发现可疑交易后,房地产开发企业和房地产经纪机构要及时向反洗钱行政主管部门或公安局报告。房地产开发企业和房地产经纪机构要妥善保管房屋买卖双方的信息,并予以保密。

(八)落实房地产调控新政

在出台一系列紧缩调控新政的同时,北京市各部门加紧对新政落实情况进行执法检查。截至2017年3月25日,38家房地产中介被严惩,90多家自行停业。3月26日,北京市住建委对中关村一小等热点地区的房地产中介门店进行现场执法检查,28家房地产中介门店因涉嫌炒房、违规代理商办项目等被责令停业整顿。3月28日,北京市住建委对恒大未来城、万科天地、泰禾中央广场等6个开发项目涉嫌将商办房以居住用途对外宣传进行了严厉处罚,并停止对这6个项目的网签。此外,住建委还对违规销售和代理商办房的房地产中介,依法注销机构备案,直至吊销营业执照。3月28日,北京市住建委发现北京搜房网房天下独立房地产经纪有限公司存在虚假宣传"商改住"信息,执法部门当即启动执法程序,注销该公司房地产经纪备案资质。

（九）增大土地供给

2017 年 4 月 7 日,北京市政府率先发布《北京市 2017—2021 年及 2017 年度住宅用地供应计划》和《北京市 2017 年度国有建设用地供应计划》,明确自 2017 年起未来 5 年内供应住宅用地 6000 公顷,其中 1000 公顷土地来自农村集体建设用地。预计将建设 150 万套住房,其中产权类和租赁类住房分别为 100 万套和 50 万套。并将 2017 年住宅用地供给计划从此前的 600 公顷调整到 1200 公顷,即 2017 年供地计划增长了一倍。2017 年第一季度,北京商品房供地数量是 161 公顷,是 2016 年全年商品房实际供地量的 1.5 倍。

（十）发展住房租赁市场

2017 年 7 月 18 日,九部委发布政策支持住房租赁市场发展。8 月,北京市住建委和发改委就集体户口承租公租房可落户征求意见、开展集体建设用地租赁房试点。9 月,提出未来 5 年新供应各类住房 150 万套以上,其中租赁类住房约 45 万套。9 月底北京多部门发布了《关于加快发展和规范管理本市住房租赁市场的通知》,对于在同一区单独承租并实际居住 3 年以上、夫妻一方在居住区合法就业 3 年以上,并在住房租赁监管平台备案的北京户籍无房家庭,其子女可在该区接受义务教育。10 月底北京市住房租赁服务平台上线。

第二章　房地产调控政策的各种效应

绪论对"影响"和"效应"进行了界定,"影响"是指房地产调控政策的效果,从调控政策到效果的传导机制就是"效应"。只有理清房地产调控政策中的效应,才能明白调控政策为何会改变居民和开发商的行为,进而导致房价变化。由于同一政策不同方向的效应完全不同,本章主要以宽松货币政策、宽松信贷政策、宽松税收政策、宽松土地政策和行政手段为例进行分析。宽松货币政策主要指降低存款准备金率、降低利率和增加货币供应量,宽松信贷政策主要指降低首付比例和调低贷款利率,宽松税收政策主要指缩小税基和调低税率,宽松土地政策主要指增加土地供给、优化土地结构和降低单位土地价格。紧缩政策效应与宽松政策效应的方向相反。此外,在紧缩政策中还涉及行政手段,主要包括限价、限购、限贷和限售等等。

第一节　宽松货币政策和宽松
信贷政策的各种效应

货币政策和信贷政策通过利率渠道、信贷渠道和其他资产价格渠道对购房者和开发商产生影响,见图 2-1,通过利率渠道对购房者和开发商的共同效应主要有成本效应、预期效应和实际利率效应,对于购房者而言还有资产组合效应。通过信贷渠道对购房者和开发商的共同效应有可贷资金效应和存款派生效应,对于购房者来说还有门槛效应。由于开发商是企业,通过信贷渠道产生的效应比较复杂,除与购房者共同的可贷资金效应和存款派生效应外,还有资产负债表效应、现金流效应、信贷配给效应和物价水平效应。其他资产价格渠道是指货币政策和信贷政策会影响其他资产价格如股票资产价格,进而影响购房人和开发商的行为。通过其他资产价格渠道对购房者产生财富效应,对开发商产生托宾 Q 效应。

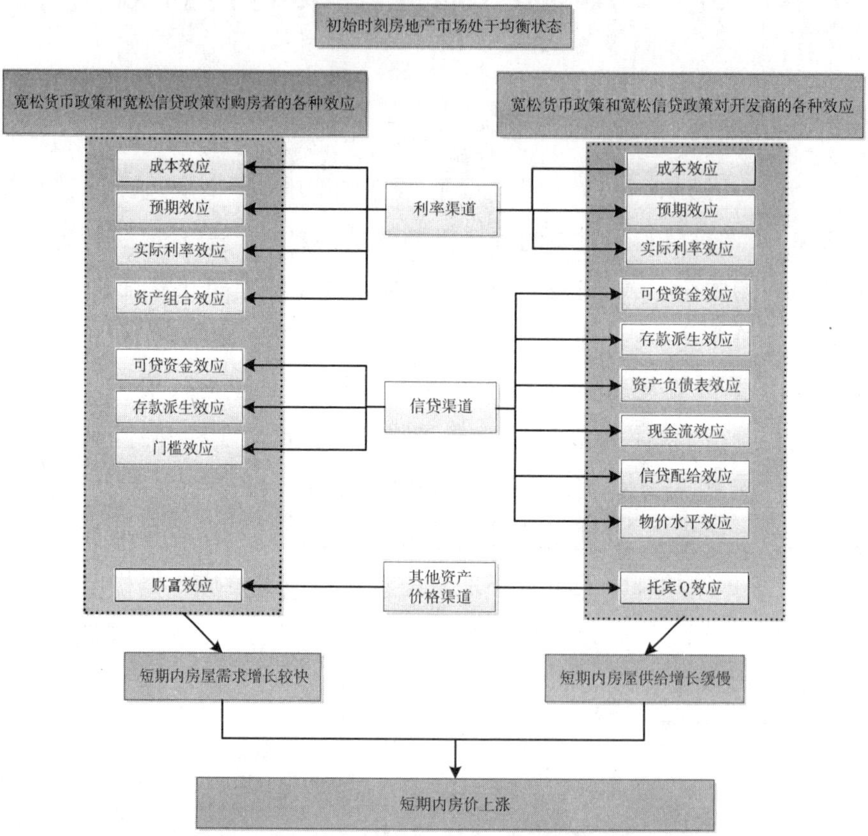

图 2-1 初始均衡状态下宽松货币和信贷政策对购房者和开发商的各种效应

一、宽松货币政策和宽松信贷政策对购房者的各种效应

(一)成本效应

利率下降↓→月还款额↓→购房需求↑。当房地产贷款利率下降后,在同样借款金额下,每月还款额下降。以等额本息还款法为例,公式(2-1)为月还款额计算公式,其中 A 为月还款额, P 为贷款本金, i 为贷款月利率, n 为按月计算的贷款期数。当利率 i 下降时,月还款额降低,即

相当于降低购房成本,在其他条件不变时会导致购房需求增加。

$$A = P \times \frac{(1+i)^n \times i}{(1+i)^n - 1} \qquad (2-1)$$

(二)预期效应

利率↓→根据房价租金贴现模型,预期未来房价↑→购房需求↑。房地产作为一种资产,其中一种估值方法是租金贴现模型,该模型认为房价等于其未来租金的现值之和。如公式(2-2)所示,CF_t 表示年租金,i 表示年利率,P 为当前房价。利率 i 下降即意味着贴现率下降,在年租金 CF_t 不变的情况下,未来年租金的现值之和将增加。因此当调低利率时,根据租金贴现模型人们预期房价上涨。在房价上涨预期作用下,购房需求增加。

$$P = \sum_{t=1}^{n} \frac{CF_t}{(1+i)^t} \qquad (2-2)$$

(三)实际利率效应

名义利率↓→实际利率变小甚至为负值→购房需求↑。当名义利率下降,根据实际利率=名义利率-预期通货膨胀率,在预期通货膨胀率不变的情况下实际利率也会下降。特别是当连续下调名义利率时有可能导致实际存款利率为负值。实际存款利率为负值意味着居民将钱放在银行,到期后本息之和的购买力会低于当前本金的购买力,即购买力缩水,因此在实际利率变小甚至为负值的情况下,居民有强烈动机取出银行存款。而取出存款后的一个理想选择就是购房,其原因在于当借款总额不变情况下利率下降导致月还款额降低。上面提到的是负存款实际利率,若名义利率进一步降低,还可能出现负实际贷款利率,即名义贷款利率减去通货膨胀率为负值,这意味着贷款人向借款人提供补贴。在实际贷款利率为负值的情景下,会激励更多人千方百计地向银行申请个人购房贷款,购房需求迅速增加。因此利率下降引发的实际利率效应,促使居民提早购房,增大购房需求。

(四)资产组合效应

利率↓→货币的收益率↓→购房需求↑。当利率下降后,由于持有货币、活期存款和定期存款的收益率减少,居民会积极寻找更高收益率的资产,而根据公式(2-2)可知利率下降后预期房屋价值会提高。因此,居民会取出存款并将更多资金配置在房地产上,以提高整体资产收益率。所以,当利率下降后,在资产组合效应作用下,购房需求上升。

(五)可贷资金效应

宽松货币政策工具→可贷资金↑→个人购房贷款↑→购房需求↑。当中央银行降低存款准备金率、在公开市场上购买有价证券后,商业银行可贷资金余额增加,商业银行需要为多余资金寻找出路,其中一个出口就是加大居民购房贷款投放力度。此外,货币供应量增加通常意味着居民手中收入增加,首付款支付能力提升。在商业银行放贷意愿增强和居民支付能力提升等双重因素作用下,居民购房需求增加。

(六)存款派生效应

宽松货币政策→银行存款↑→个人购房贷款↑→购房需求↑。央行实施宽松货币政策,企业和居民收入中的闲置资金增加,企业和居民会将更多闲置资金存放到银行,银行存款增加。根据存款派生原理,银行有更多资金用于发放包括个人购房贷款在内的各类贷款。在商业银行支持下,居民购房贷款增加。居民购房贷款又会进一步派生出更多存款,从而导致货币供应量增加,货币供应量增加进一步导致银行存款增加和个人购房贷款需求上升。

(七)门槛效应

首付比例↓→更多家庭有能力支付首付款→潜在购房家庭转化为实际购房家庭→购房需求↑。由于房地产价值高,因此首付比例变化会直接影响有能力支付首付款的家庭数量。特别是对于大城市的购房者而言,首付比例降低10%就意味着购房门槛降低了几十万元甚至上百万元,使具备首付款支付能力的家庭数量大幅增加,在其他条件不变的情况下购房需求增加。因此,首付比例下降降低了人们的购房门槛,增加了购房需求。

(八)财富效应

货币供应量↑、利率↓→股票和债券价格↑→居民金融财富↑→购房需求↑。由于债券价格等于未来现金流的现值之和,股票价格等于未来股利现值之和,因此利率下降导致债券和股票价格双双上升,居民手中的金融资产和总财富增加。在其他条件不变的情况下,财富增加会导致居民的购房需求增加。

二、宽松货币政策和宽松信贷政策对开发商的各种效应

(一)成本效应

利率↓→财务成本下降↓→预期利润↑→房屋供给↑。利率下降后,开发商所需支付的债务利息减少,表现为利润表中的财务费用下降。在其他条件不变的情况下,开发商的税前利润增加。因此,在利润最大化目标驱动下,开发商将增加房屋供给。

(二)预期效应

利率↓→房价↑→房屋供给↑。根据租金贴现模型,当租金保持不变时,利率下降使未来租金的现值之和增加,即利率下降导致房价上升。因此在预期房价上涨和成本降低的双重作用下,开发商会加大房地产投资力度,增加新开工面积和施工面积,加快工程进度,进而增加可售房屋数量,扩大房屋供给。

(三)实际利率效应

名义利率↓→实际利率↓→融资成本↓→房地产投资↑→房屋供给↑。名义利率降低后,在通货膨胀率不变的情况下实际利率下降,对开发商而言意味着实际融资成本降低,因此开发商会增加投资,促使房屋供给增加。

(四)可贷资金效应

宽松货币政策→房地产开发贷款↑→房屋供给↑。在宽松货币政策环境中,中央银行通过降低存款准备金率、在公开市场上购买有价证券等方式加大货币供应量,从而导致商业银行可贷资金余额增加,因此商业银行需要为多余资金寻找出路,其中一个出口就是加大房地产开发贷款的发放力度。由于有更多资金支持,在其他条件不变的情况下,开发商会加大投资建设力度,增加房屋供给。

（五）存款派生效应

货币供应量↑→银行存款↑→房地产开发贷款↑→房地产供给↑。当货币供应量上升后,企业和居民手中的闲置资金增加,企业和居民会将更多闲置资金存放到银行,银行存款增加。根据存款派生原理,银行有更多资金用于发放包括房地产开发贷款在内的各类贷款。房地产开发贷款又会进一步派生出更多存款,从而导致货币供应量增加,货币供应量增加将会进一步导致银行存款增加和开发贷款上升。由于更多资金支持,在其他条件不变的情况下,开发商会加大投资建设力度,房屋供给增加。

（六）资产负债表效应

宽松货币政策→房企股票价格↑→房企净值↑→银行逆向选择↓→房企道德风险↓→银行对房企贷款↑→房企投资↑→房屋供给↑。宽松政策导致股票价格上升,进而增加房企净值。房企净值提高意味着其能提供更多抵押资产,银行愿意为高净值房企提供贷款,从而减少逆向选择。而高净值房企也不愿意在获得贷款后从事高风险投资项目,因此道德风险减少。逆向选择和道德风险双双下降,意味着银行贷款风险下降,银行愿意向房企发放更高额度贷款,房企获得更多开发资金,房企加大投资开发力度,房屋供给增加。

（七）现金流效应

利率↓→房企的现金流↑→银行逆向选择↓→房企道德风险↓→银行对房企贷款↑→房企投资↑→房屋供给↑。利率下降,降低了房企的利息支出,即减少了利润表中的财务费用,从而导致利润增加。房企利润增加会减少银行的逆向选择和房企自身的道德风险,房企获取更多银行贷款,房企加大投资开发力度,房屋供给增加。

（八）信贷配给效应

利率↓→低风险偏好的借款人↑→银行更愿意发放贷款→信贷配给得到缓解→房地产投资↑→房屋供给↑。信贷配给是指即使借款人愿意支付更高利率也无法获得贷款的现象,这是因为投资项目风险最高的个人和企业,恰恰是那些愿意支付高利率的借款人,因为如果项目成功,他们将是最大受益人。当降低利率后,低风险偏好的借款人将占据贷款总量的更多部分,因此银行更乐于发放贷款,房企加大投资,最终导致房屋供给增加。

(九)物价水平效应

扩张性货币政策→意料之外的物价水平↑→房企的实际负债↓→房企净值↑→银行逆向选择↓→房企道德风险↓→银行对房企贷款↑→房企投资↑→房屋供给↑。扩张性货币政策如果引起意料之外的物价水平上升,由于房企的负债主要是以固定利率计息的,物价水平上升导致房企的实际负债下降。由于物价水平上升并不会降低房企资产的实际价值,因此意料之外的物价水平上升导致房企净值上升,银行逆向选择减少,房企道德风险减弱,银行向房企发放更高额度贷款,房企开发资金增多,房企加大投资开发力度,房屋供给增加。

(十)托宾 Q 效应

扩张性货币政策→房企股票价格↑→托宾 Q↑→房企投资↑→房屋供给↑。央行实施扩张性货币政策后,公众发现自己手中持有的货币供应量超过了意愿持有量,于是公众股票需求增加,进而房企股价提高,导致托宾 Q 上升。托宾 Q 是企业的市场价值与重置成本之比,若托宾 Q 大于1,意味着重置成本低于市场价值,房企的投资支出就会增加,进而房屋供给增加。

三、宽松货币政策和宽松信贷政策的各种效应的综合影响

(一)初始均衡状态下各种效应会造成短期房屋需求大于短期房屋供给

图 2-1 分别探讨了宽松货币政策和宽松信贷政策对购房者和开发商的各种效应,各种效应得以发挥作用的渠道有利率渠道、信贷渠道和其他资产价格渠道。可以看出,在宽松货币政策和宽松信贷政策下,三种渠道及其对应的各种效应均能促进房屋需求和房屋供给增加。但由于涉及拿地、建造和销售等诸多环节,导致房屋供给的周期较长。而全款买房能马上实现,通常在支付首付和准备好贷款相关资料即可实现贷款购房,即

购房需求可以在短时间内释放。假定初始时刻房地产市场处于均衡状态,当实施宽松货币政策和信贷政策后,房屋需求增长率通常会大于房屋供给增长率,造成短期内房屋需求集中释放,房屋需求大于房屋供给,进而导致房价上涨。但房价能上涨到什么程度,则取决于房屋供给的价格弹性和房屋需求的价格弹性。若房屋需求价格弹性远远大于房屋供给价格弹性,则房价上涨会导致房屋需求迅速萎缩,房价涨幅就可能比较小。若房屋需求价格弹性远远小于房屋供给价格弹性,房价涨幅就可能比较大。

(二)初始不均衡状态下各种效应的综合影响不确定

在宽松货币政策和信贷政策实施前,若房地产市场处于不均衡状态,则政策效果可能会有所不同。当初始时房地产市场供不应求,宽松政策在短期内导致房屋需求大幅增长,而供给却不能同步增长,宽松政策会导致房价快速上涨。若初始时房地产市场处于供过于求状态,则取决于居民对未来房价预期。若预期较为乐观,刚性、改善性、投资投机性购房者蜂拥入市,也有可能导致房价快速上涨。若居民对未来楼市抱有悲观预期,则宽松政策只对真正刚需购房者起作用,在门槛效应和成本效应的作用下,逐步消化楼市库存。随着时间推移,资产组合效应、实际利率效应、可贷资金增加效应和存款派生效应的作用逐渐显现,房屋库存逐渐减少,居民对楼市预期逐渐好转,房价才会出现上涨。

第二节 宽松税收政策、宽松土地政策和行政手段的各种效应

一、宽松税收政策的各种效应

(一)成本效应

税基↓、税率↓→房企和二手房卖者等纳税人成本↓→房企和二手房卖者等纳税人收益↑→房屋供给↑。税基减少税率不变、税基不变税率降低、税基和税率同时降低,三种情景都会降低企业成本,进而增加企

业利润,加大住房供给。若纳税人是二手房卖者,降低税收会使其净所得增加,导致二手房供给加大。因此,降税导致房屋供给增加。同理,若对房屋需求者的税基和税率减少,例如降低契税,则购房成本下降,购房需求增加。

(二)转嫁效应

税基↓、税率↓→纳税人税收成本↓→纳税人需要转嫁的税收成本↓→在供给价格弹性和需求价格弹性不变的情况下,实际转嫁的税收成本↓→购房需求↑。纳税人通常会转嫁成本。例如,耕地占用税导致开发建设成本上升,开发商通过提高销售价格来转嫁这部分成本。在二手房地产交易中,若房屋需求弹性小于房屋供给弹性,卖方就能够将全部或大部分税负转嫁给买方。当房地产税收减少,卖方需要转嫁的税收减少,购房者实际支付的总房款减少,购房需求增加。

(三)替代效应

非普通房屋与普通房屋的税收差异↓→对非普遍房屋的需求↑→非普通房屋销售量占全部房屋销售量的比例↑。通常在宽松税收政策期间,非普通房屋与普通房屋的政策差异趋于缩小,这会引导大家购买非普通房屋,导致非普通房屋销售量占全部房屋销售量的比例上升。即宽松税收政策导致非普通房屋对普通房屋的替代,替代效应最终对不同类型房屋的需求造成不同影响。

二、宽松土地政策的各种效应

(一)成本效应

单位土地价格↓→土地需求↑→房屋供给↑。土地是建筑物的载体,是房屋成本的重要组成部分。单位土地价格下降,开发商对土地需求增加,未来房屋供给增加。

(二)结构效应

城市建设用地供给总量不变→住宅用地比例↑→住宅用地供给↑→房屋供给↑。城市建设用地分为住宅、商业、办公、工业、教育、基础设施等很多类型,地方政府对不同类型用地的分配直接决定各类型土地的供给。在土地供应总量一定的情况下,若增加住宅用地比例,则会导致未来房屋供给增加。

(三)节奏效应

加快土地供给→土地供给↑→房屋供给↑。地方政府作为土地的唯一供给方,有权利决定出让土地的时机和数量。例如,地方政府可以通过增加出让宗地数量、加大单宗土地面积、降低起拍价格等措施来增加土地供给,从而促进房屋供给增加。

三、宽松税收政策和宽松土地政策的各种效应的综合影响

图 2-2 是宽松税收政策和宽松土地政策对开发商和购房者的各种效应。在宽松税收政策下,成本效应和转嫁效应都导致房屋需求增加。若对非普通房屋实施宽松税收政策,则导致非普通房屋对普通房屋的替代效应,非普通房屋需求增加。总之,宽松税收政策促使房屋需求增加。宽松土地政策中的成本效应、结构效应和节奏效应,都导致房屋供给增

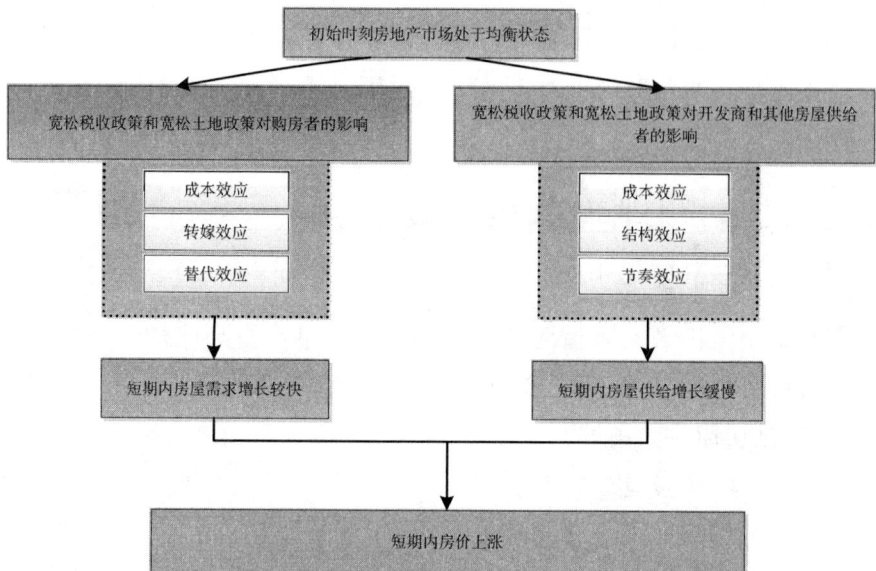

图 2-2 宽松税收政策和宽松土地政策对开发商和购房者的各种效应

加。宽松税收政策的成本效应也促使房屋供给增加,因此宽松土地政策和宽松税收政策共同导致房屋供给增加。当初始时房地产市场处于均衡状态,在同时实施宽松税收政策和宽松土地政策后,由于房屋供给周期较长、房屋需求则能在较短时间内集中释放,造成短期内房屋需求大于房屋供给,短期房价上涨。至于房屋供求双方的价格弹性对房价的影响以及初始不均衡状态下的分析,与前面结论相同,这里就不再赘述。

四、行政手段的各种效应

在紧缩调控政策中,当紧缩货币、紧缩信贷和紧缩税收政策不能达到预期效果时,往往会配合以行政手段。行政手段通常只在紧缩调控政策中运用,指运用行政命令的方式对房地产进行调控,包括限价、限购、限贷、限售等手段。行政手段的主要效应有门槛效应、流动性效应、预期效应、套利效应、供给和需求回落效应等。

(一)门槛效应

限购和限贷→部分人失去购房资格、部分人购房能力↓→购房需求↓。限购直接将不符合社保或纳税规定的外地人和拥有2套及以上房屋的本地人排除在购房资格之外,因此限购就是一道门槛,只有符合限购条件的人才有资格购房,否则即使有能力全款买房,也没有资格购房。对于有购房资格但资金不足的人,限贷则关闭了这些人的购房之门。限购和限贷政策的门槛效应将进入本地时间短的外地人的刚性需求、外地人的改善性需求、资金实力不足的本地人的改善性需求、外地和本地的投资投机性购房需求均排除在外。限购和限贷都是针对房屋需求者的行政手段,限购和限贷政策越严,购房总需求越少。

(二)流动性效应

限售→房屋不能立即变现→投机炒房者的净资产收益率↓→投资投机性购房需求↓。由于所购房屋在几年内不能出售,对于投资投机性购房需求者来说,资产周转率大幅降低。根据杜邦分析法,净资产收益率=销售净利率×资产周转率×财务杠杆,资产周转率下降导致净资产收益率降低,进而导致投资投机性需求下降。

(三)预期效应

限购和限贷使购房需求↓、限售使投机炒房者的净资产收益率↓→投机炒房者预期未来净资产收益率↓→投机炒房者数量↓→购房需求↓。即使限售房屋仍然可以通过抵押来融资,并将抵押融资所获资金用来炒房,由于限购和限贷政策减少了购房需求,使二手房变现难度增大。此外,由于限售政策延长了房产变现时间,加剧了未来变现的不确定性,因此投机炒房者预期未来的净资产收益率不理想,从而减少投机需求,甚至不排除在严格的限购、限贷和限售政策下投机性购房需求几乎绝迹的可能。

(四)套利效应

限价→新房价格低于可比二手房→大家千方百计地购买新房→内部人获利但对平抑房价效果有限或者有效平抑房价。限价主要针对新房,若新房定价过高就不能通过网签。限价政策形成了管制定价的新房市场和市场定价的二手房市场。由于新房和二手房市场不能形成合理的比价关系甚至出现价格倒挂,会导致套利效应。例如,房企内部人员利用职务之便以网签价格购买新房,再转手以略低于市场价卖出,就能获取不菲收益。此时,政府的限价政策反而增加了新房掌控者的福利,而降低房价的效果却不明显。当然,若在限制新房价格中能堵塞各种政策漏洞,完全杜绝套利行为,确保新房购买者用于自住,则由于新房价格的下拉作用,则能有效平抑房价。

(五)供给和需求回落效应

限售使房屋供给↓,限购、限贷和限售使房屋需求↓→供给和需求双双回落。由于各城市限售时间通常为2—3年,很少有超过5年的,自住性业主通常会在所购房屋居住5年甚至更长时间才会考虑卖房,因此限售对自住性业主影响很小。而投机炒房者通常希望迅速变卖房屋获利,所以限售对投机炒房者影响较大。由于业主必须持有房屋达到规定年限后才能出售房屋,所以限售政策会减少房屋供给。前面分析了限购和限贷的门槛效应减少了购房需求。在不限售时投机炒房者能迅速将所购房屋变现,然后将变现资金再通过加杠杆方式用于购买新房,但限售政策延长了房屋变现时间,即变相地减少了投机性购房需求。因此限购、限贷和限售政策共同减少了各类购房需求。综上所述,限购、限贷和限售政策共同促使住房供给和需求回落,使新房和二手房市场重新回归理性并实现新的平衡。由于限售主要减少了投机性业主的房屋供给,而限购、限贷和限售则减少了除本地刚性需求以外的其他购房需求,预计限购、限贷和限售等政策对需求的影响会大于对供给的影响。

(六)行政手段的各种效应的综合影响

限购、限贷的门槛效应抑制了除本地刚性需求之外的其他购房需求、流动性效应和预期效应则抑制了投机性购房需求。因此门槛效应、流动效应和预期效应共同降低了各类购房需求。若能通过摇号、确保自住等来减少甚至消除套利效应,则新房限价就能起到平抑房价的作用。限售主要抑制了投机性业主的房屋供给,若允许投机炒房者无约束地变卖房屋,则可能引发更大规模的投机购房需求。因此限售既限制了投机炒房者变现房屋,又减少了投机炒房性需求,加之限购限贷对部分外地人的刚性需求、外地人的改善性需求、资金实力较弱的本地人的改善性需求、外地人和本地人的投资、投机性需求的全方位的抑制。因此从整体来看,相较于抑制房屋供给,限价、限购、限贷和限售政策更多地抑制了购房需求,可以认为在其他条件不变的情况下,行政调控手段有助于抑制房价。

第三节　房价上涨后的促进效应和抑制效应

房价上涨后,居民和房企的资产负债表改善,房产作为抵押物的价值上升,会引发居民、房企、银行、"影子银行"的预期发生变化,进而引发其行为的变化。从房价上涨到相关主体行为的变化过程中,既有对房价上涨的促进效应,也有对房价上涨的抑制效应(见图2-3)。

一、促进房价继续上涨的效应

(一)资产负债表效应

房价↑→资产负债表改善→银行逆向选择↓→购房贷款↑→购房需

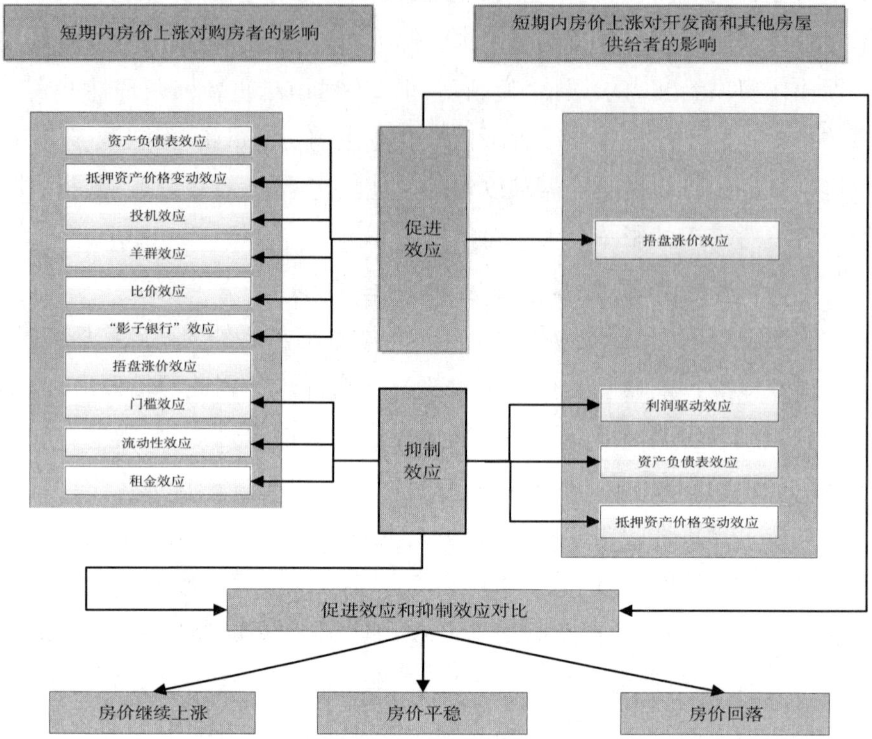

图 2-3　房价上涨后的促进效应和抑制效应

求↑。房价的变化自然会影响到居民资产负债表。房价上升导致居民资产增加,资产负债率下降,银行贷款风险降低,银行加大对购房贷款的投放力度。在银行信贷的支持下,居民购房需求上升。

(二)抵押资产价格变动效应

房价上涨→抵押资产价格↑→个人购房贷款↑→购房需求↑。当房价上涨后,房产抵押品的价值上升,在抵押率不变条件下,借款人(抵押人)能够获得更多银行信贷资金支持,居民购房需求上升。

(三)投机效应

房价↑→投机收益↑→投机性购房需求↑。投机炒房者从房价上涨中获取高收益后,更进一步激发其投机热情,动用更多资金进行更大规模的炒作。前期投机者的赚钱效应激发更多人加入到投机炒房队伍。投机效应导致购房人数激增,在其他条件不变的条件下促使房价继续上涨。

（四）羊群效应

房价↑→刚性、改善性和投资投机性购房需求进一步释放→购房总需求↑。在房价不断上涨的过程中,越来越多的人加入到购房队伍中,大体可以分为以下几类:一是刚性需求提前释放,例如,过几年要结婚的年轻人提前购房。二是改善性需求提前释放,例如年轻夫妇刚有了孩子就提前购入学区房,为今后来城市养老的家中老人提前购置房屋等等。三是手里有闲钱需要投资的人,在房地产中介劝说和赚钱效应的带动下,也加入了购房队伍。其中刚性和改善性需求者提前购房,主要是基于未来房价不断上涨就会失去购房能力的恐慌心理。这三类人,或出于恐慌或出于赚钱目的,在羊群效应驱动下纷纷加入购房队伍,进一步增加了房屋需求,促使房价进一步上涨。

（五）比价效应

核心城市房价↑→周边城市房地产价值凸显→对周边房地产的需求↑。如今,城市圈发展规划的不断出台和高铁带来的便捷交通,使城市间的联系越来越紧密,因此城市圈内各城市的房价也不再彼此孤立。当核心城市的房价出现大幅上涨,在比价效应作用下,周边三、四线城市房价也随之上涨。例如,2015—2017年深圳楼市率先领涨带动了周边东莞和惠州等地的房价上涨,北京房价上涨带动廊坊市的燕郊、三河、香河、大厂、固安和涿州市等周边区域房价上涨。

（六）"影子银行"效应

房价↑→房价预期↑→"影子银行"为购房者融资→购房需求↑。房价不断上涨,人们看涨未来楼市,投机炒房者希望加大资金杠杆以获取更高的净资产收益率,于是借助首付贷等"影子银行"的资金支持,支付多套房屋首付,导致购房需求进一步增加,房价继续上涨。

（七）捂盘涨价效应

房价↑→房价预期↑→延迟售房→房屋供给↓。当房价上涨使人们形成房价上涨预期后,延迟售房会获取更高收益,开发商会设法推迟商品房预售时间或者捂盘惜售,二手房业主也不急于出售房屋或者坐地涨价。开发商和二手房业主的行为,加剧房地产市场供求失衡,造成房价进一步上涨,并引发更多潜在购房者的恐慌入市,造成房价继续上涨。

综上所述,房价上涨后,通过资产负债表效应、抵押资产价格变动效应、投机效应、羊群效应、比价效应、"影子银行"效应等导致刚性、改善性和投资投机性购房需求进一步增加,进一步增加购房总需求。供给方面,开发商和二手房业主的捂盘行为加剧房屋供给不足。因此,购房总需求增加而房屋总供给却不足,导致房价进一步上涨。

二、抑制房价上涨的效应

(一)门槛效应

房价↑→首付款↑、月供↑→部分家庭无力支付首付、部分家庭无力偿付月供→购房需求↓→房价↓。房价上涨后,即使首付比例不变,购房首付款也会增加,使部分中低收入家庭无力支付首付款,从而减少购房需求,在其他条件不变的情况下房价下降。此外,若房价涨幅过大,不仅首付款增加,月还款额也会大幅增加,银行会拒绝向月供收入比不符合要求的家庭提供贷款,致使购房需求下降,房价上涨趋势减缓甚至逆转。

(二)流动性效应

房价↑→投机者变现账面浮盈→投机者难以找到接盘者→投机者抛售房产→房价↓。投机者需要变现账面浮盈。但由于房价不断上涨,真正刚需和改善性需求者的承接能力越来越弱,投机者发现寻找接盘者的时间越来越长且接盘者的议价能力增强,若投机者对未来预期不乐观或无力继续偿付月供,投机者会低价抛售手中房屋。随着越来越多投机者选择抛售房产,房价上涨趋势将变缓甚至逆转。

(三)租金效应

房价↑→房租↑→承租人的其他支出↓→承租人从高租金地区转移→高房价地区的租房需求↓→高房价地区的购房需求↓。房价上涨通常会导致租金提高。无论是住宅租金还是商铺、办公租金,都是生活成本和经营成本的一部分。租金上涨后,挤压承租人的其他消费支出,甚至可能导致租房居住者入不敷出和租房经营者亏损,迫使承租人从高租金地区转移到低租金地区。经营者可能会放弃创业改为打工,或者转移到其他低租金地区。因此,租金上涨后,无论是用于居住还是经营的租房需求都会减少,进而会抑制房价上涨。但在房地产市场非常火爆的时候,新购置房屋能够很快卖出去,毛坯房在不同投机者之间不断转手,这种情况下购置房屋不是用于出租,不需要考虑出租收益率即租金房价比,此时房价不等于未来租金的现值之和,房价与租金之间的联系不复存在了,租金不再对房价产生影响,租金效应也就消失了。

(四)利润驱动效应

房价↑→开发商利润↑→开发商拿地↑→房屋供给↑。房价不断上涨,在土地和其他成本较为稳定的情况下,开发商利润增加。在利润驱动下,开发商拼命拿地、加快房地产投资和建设,导致房屋供给增加。在理性经济人假设下,房屋供给增加,房屋需求不变,房屋价格将下跌。当然,若在房地产投机非常疯狂的情况下,房价越上涨,房屋需求越大,即房屋需求曲线由向右下方倾斜变为向右上方倾斜,此时房屋供给增加未必能抑制房价。不过从长期来看,房屋供给增加应有利于抑制房价。

(五)资产负债表效应

房价↑→资产负债表改善→银行逆向选择↓→房地产开发贷款↑→房屋供给↑→房价↓。房地产作为一种重要资产,房价的变化自然会影响到房企资产负债表。房价上升导致房企资产增加,资产负债率下降,银行贷款风险降低,银行加大对房地产开发贷款的投放力度。在银行信贷的支持下,房屋供给增加。

(六)抵押资产价格变动效应

房价↑→抵押资产价格↑→房企贷款↑→房屋供给↑→房价↓。当房价上涨后,以房产作为抵押品的价值上升,在抵押率不变条件下,房地产开发企业能够获得更多银行信贷资金支持,房屋供给增加。

综上所述,房价上涨后,门槛效应、流动性效应、租金效应等共同抑制了购房需求,利润驱动效应、资产负债表效应、抵押资产价格变动效应等共同促进房屋供给增加。需求减少和供给增加,势必引起房价下跌。

第四节　房价上涨后的外部效应

前面分析了调控政策通过哪些效应影响房地产市场各主体的行为,进而影响房价,房价上涨后有哪些促进效应和抑制效应,因此前面的研究局限于房地产市场内部。下面我们将研究视角放得更加宽广一些:微观层面,探讨房价上涨通过哪些效应影响居民和企业的行为;中观和宏观层面,探讨房价上涨通过哪些效应影响金融和宏观经济。房价上涨对居民、企业、金融和宏观经济的效应参见图2-4。

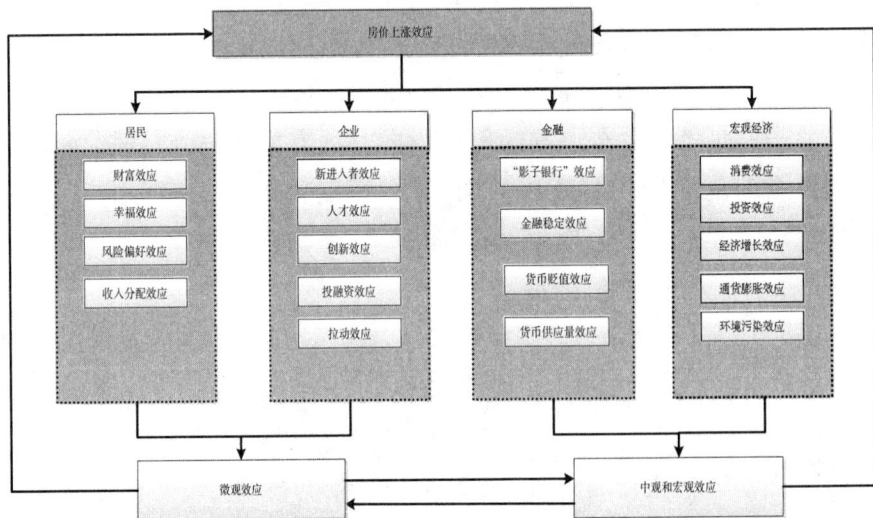

图2-4　房价上涨后的外部效应

一、房价上涨对居民的效应

(一)财富效应

房屋除了居住功能外,还是一种重要资产。房价上涨后,居民可以将除自住以外的房屋进行抵押融资、出售和出租,因此房价上涨会导致有房居民的财富增加。

（二）幸福效应

房价上涨后，多套房居民的财富增多，拥有更多财富会增强人们的幸福感。对于即使只有一套房的居民而言，也会庆幸自己名下有房而感到幸福。相反，面对不断上涨的房价，曾经错过购房机会或一直没有能力购房的人，他们的幸福感会下降。

（三）风险偏好效应

房价上涨后，居民可以将除自住以外的房屋进行抵押融资，或变卖多余房产获得资金。由于手中有了更多资金，除部分用于日常生活和储蓄外，居民还可以将这些资金用于股票等高风险投资，因此房价上涨，有可能提高居民的风险偏好水平。

（四）收入分配效应

房价上涨的财富效应主要针对拥有二套及以上房屋的居民，这些居民获取了房屋增值的收益。由于我国房价自 1998 年以来持续上涨，且许多城市房价涨幅超过工资涨幅，因此越早购置房屋的居民，多次利用银行贷款购置房屋的居民，充分分享了中国房地产黄金 20 年的财富盛宴。而与此相反，无房居民则错失此轮盛大的财富增值机会。最终导致多套房居民的财富远高于无房居民的财富。因此拥有房屋的数量成为影响收入分配的重要因素。

二、房价上涨对企业的效应

（一）新进入者效应

房地产业的利润率较高，与国民经济其他行业相比颇具吸引力。在高利润率驱动下，其他企业纷纷转型进入房地产业。

（二）人才效应

由于一线和部分二线城市房价高企，逃离北上广深的声音不绝于耳。尽管大城市有很多吸引力，但工作多年却难以拥有一套自己的房屋，使一些富有才华的年轻人望而却步，增大了高房价城市吸引人才的难度。

（三）创新效应

房价不断上涨，炒房者在短期内赚得盆满钵满。而创新需要耗费巨大的财力、智力和体力,而结果却具有较强不确定性。二者相比,炒房具有低风险、高收益的特点,因此房价越上涨,越会吸引更多人参与炒房,即使不炒房的人也很难再安心工作,进而抑制企业的创新能力。此外,由于高房价抑制人才流入,企业由于缺少优秀人才,导致企业创新能力减弱。

(四)投融资效应

拥有房地产的企业可以将房地产进行抵押以获取银行贷款,而没有房地产做抵押的企业则较难获得银行贷款。房价上涨,增强了拥有房地产企业的融资能力,进而增强了其投资能力。因此,房价越上涨,拥有房地产的企业的投融资能力越强,而没有房地产的企业的投融资能力越弱,两类企业的投融资差距越来越大。

(五)拉动效应

房价不断上涨,通常伴随着房地产投资的不断扩大,这会带动房地产业上下游产业链的相关企业加大投资,促进相关企业不断发展。但若房屋交易以存量房为主,房价上涨对相关产业的拉动作用就会明显减弱。

三、房价上涨的金融效应

(一)"影子银行"效应

传统银行信贷通常难以满足日益增长的购房贷款需求和开发贷款需求。在房价上涨预期推动下,信托贷款、券商资管产品、公募基金子公司资管产品、万能险、P2P、私募基金等"影子银行"弥补了银行贷款不足的问题。特别是在紧缩调控政策期间,房价上涨预期越强,房地产资金需求与银行贷款差距越大,"影子银行"发展越快。

(二)金融稳定效应

房价上涨到高位后,由于利润已经相当丰厚,前期低价购房者开始抛售,而高房价抑制了刚需和改善性购房需求,投机炒房者也对未来房价能否继续上涨持怀疑态度。在抛售者较多而接盘者却寥寥的情况下,房价开始小幅下跌。若房屋所有者中投机者占比较高,面对房价下跌,投机者的信心开始动摇,甚至不惜降价抛售。投机者抛售造成供大于求,在房价远远高于未来租金现值之和的情况下,有可能形成投机者抛售→市场恐慌→投机者进一步降价抛售→投机性买盘消失→刚性和改善性买盘观望→房价进一步下跌的恶性循环,最终导致房地产泡沫破灭,出现大量房地产不良贷款。由于房地产通常作为抵押物,当房价下跌后,银行会要求借款人补充抵押物,若借款人无力增补抵押物,将面临银行提前催收和不再续贷的窘境。在银行自保导致的信用收缩作用下,更多企业陷入破产境地,房地产泡沫破灭演化成金融危机和经济危机。上述房地产泡沫破灭需要同时满足很多条件:许多房屋所有者形成对房价下跌的一致预期、房屋所有者中投机者占比较高、房屋所有者能自由卖出房屋、羊群效应、房价跌幅超过首付比例等等。

(三)货币贬值效应

根据一价定律,品质相同的同一种商品,在两个国家的价格应该相同,因此根据一价定律可以计算出合理的汇率水平。购买力平价理论主要针对的是可贸易商品,若两个国家的同质商品按现行汇率换算出的价格出现较大差异,则可以通过国际贸易缩小价格差异。但由于房屋具有不可移动、不可贸易等特点,因此即使按汇率换算后两国房价存在差异,也不一定会马上出现套利行为。但若两国房价出现非常巨大差异且不能作出合理解释,就可能出现高房价国家居民卖掉房屋,转而购买低房价国家房屋的现象,导致高房价国家资本外流和货币贬值。

(四)货币供应量效应

房屋总价高,多数居民必须借助房屋按揭贷款来实现购房愿望,导致贷款数量增加。由货币派生原理可知,贷款能够派生出更多存款,存款再派生出新的贷款,新的贷款再派生出新的存款……最终导致货币供应量增加。

四、房价上涨的宏观经济效应

(一)消费效应

房价上涨对消费的影响比较复杂:(1)消费的高低与收入密切相关,房价上涨对房屋出租者产生正收入效应,对承租者产生负收入效应。通常富人的边际消费倾向低于穷人的边际消费倾向,即出租者的边际消费倾向低于承租者的边际消费倾向,因此房价上涨总体而言会产生负消费效应。(2)房价不断上涨,计划购买住房者需要花费更长时间进行储蓄才有能力支付首付款,因此房价上涨产生了正储蓄效应和负消费效应。(3)房价上涨使有房家庭所面临的信用约束得以缓解,家庭得以在生命周期中通过借款平滑消费自身的消费,因此房价上涨对有房家庭会产生正消费效应。

(二)投资效应

房价上涨主要通过托宾 Q 效应和资产负债表效应影响投资。托宾 Q 是指公司市场价值与其重置成本的比率,企业希望扩大产能时,会在新增加投资和并购已有企业之间进行选择。当托宾 Q 大于 1 时,意味着新增加投资比并购现有企业更合算,因此企业会增加新投资。房价上涨增加了股民对房地产类上市公司的乐观预期,导致托宾 Q 大于 1,房地产类上市公司增加新投资。房价上涨导致以房地产作为抵押物的价值提高,改善了企业的资产负债表,从而使企业能够获得更多贷款,促进了企业的投资需求。

(三)经济增长效应

房价上涨,开发商会加大投资建设力度,进而促进国民经济增长。同时,房地产业的发展会带动许多相关产业的发展,如上游的钢材、水泥、玻璃等,下游的家用电器、家居等行业,这些行业的增长又会促进国民经济增长。但房价上涨也是一把双刃剑,房屋作为生活、生产和营商的重要成本,房价过快上涨会侵蚀其他行业的合理利润,即房价上涨对经济增长有阻碍作用,因此房价上涨能否促进国民经济增长,取决于房价上涨的带动作用和阻碍作用二者力度的对比。

(四)通货膨胀效应

房价上涨对通货膨胀的影响具有不确定性:(1)房屋上涨会提高生产经营者的成本,生产经营者会设法通过提高销售价格来弥补成本的增加,销售价格能否上升及上升幅度取决于产品供求双方的价格弹性。当生产经营者能够将部分或全部房价上涨成本转嫁给消费者时,商品价格就会上升,引发正向通货膨胀效应。(2)由于在我国通货膨胀的统计数据中不包括房屋价格,当货币供应量增加,可能通过房价上涨吸收超发的货币,从而降低过量货币对其他商品价格的冲击,此时房价上涨带来的是负通货膨胀效应。

(五)环境污染效应

房价不断上涨,在利润驱动下开发商会加大投资和建设力度,进而带动钢铁、水泥、玻璃等上游行业的发展,而这些上游行业的能耗和污染较高。且在房地产建设过程中也会产生污染。房地产建成后,由于房屋密集度高且多是高楼,阻碍了空气流通,使雾霾等有害物质不能及时扩散,加剧了环境污染。

综上所述,本章关于房地产调控政策的各种效应可以归纳为表2-1。

表2-1 房地产调控政策效应汇总

	具体效应	效应方向
宽松货币政策和宽松信贷政策对购房者的效应	成本效应、预期效应、实际利率效应、资产组合效应、门槛效应、可贷资金效应、存款派生效应、财富效应	购房需求增加
宽松货币政策和宽松信贷政策对开发商的效应	成本效应、预期效应、实际利率效应、可贷资金效应、存款派生效应、资产负债表效应、现金流效应、信贷配给效应、物价水平效应、托宾Q效应	房屋供给增加
宽松税收政策对购房者的效应	成本效应、转嫁效应、替代效应	购房需求增加
宽松税收政策对开发商和其他房屋供给者的效应	成本效应	房屋供给增加
宽松土地政策对开发商的效应	成本效应、结构效应、节奏效应	房屋供给增加
行政手段	门槛效应、流动性效应、预期效应、套利效应、供给和需求回落效应	抑制房屋需求和供给
房价上涨后的促进效应	资产负债表效应、抵押资产价格变动效应、投机效应、羊群效应、比价效应、"影子银行"效应、捂盘涨价效应	房价继续上涨
房价上涨后的抑制效应	门槛效应、流动性效应、租金效应、利润驱动效应、资产负债表效应、抵押资产价格变动效应	抑制房价上涨

续表

	具体效应	效应方向
房价上涨对居民的效应	财富效应、幸福效应、风险偏好效应、收入分配效应	
房价上涨对企业的效应	新进入者效应、人才效应、创新效应、投融资效应、拉动效应	
房价上涨的金融效应	"影子银行"效应、金融稳定效应、货币贬值效应、货币供应量效应	
房价上涨的宏观经济效应	消费效应、投资效应、经济增长效应、通货膨胀效应、环境污染效应	

　　本章主要探讨了宽松货币政策、宽松信贷政策、宽松税收政策、宽松土地政策和行政手段对房屋供求双方的各种效应,紧缩政策效应的方向相反。在房地产调控政策实践中,通常会打出多种政策组合拳。例如,宽松调控政策中,宽松货币政策、宽松信贷政策和宽松税收政策经常同时使用,根据上面分析,三类宽松政策同时使用既增加了住房需求,又增加了房屋供给。

第三章　房地产调控政策效应的实证检验

　　第二章分析了房地产调控政策的各种效应,宽松货币政策、宽松信贷政策和宽松税收政策的各种效应既促进购房需求增加,又促进房屋供给增加。宽松土地政策促进房屋供给增加。本章将利用计量经济模型,验证上述效应在现实中的存在性。

　　相比前人研究成果,本章的研究特色主要体现在以下几个方面:(1)按照单一调控政策对供求双方的效应、单一调控政策对房地产市场的影响、房价上涨后的促进和抑制效应的逻辑展开,即在政策效应的理论支撑下进行实证研究,避免计量模型缺少理论支撑的尴尬局面。(2)将调控政策进一步细化,区分了货币政策和信贷政策,且各政策变量指标选取更丰富。使用存款准备金率、五年以上贷款基准利率、狭义货币、广义货币等不同指标来表示货币政策,使用新增房地产贷款、新增个人购房贷款、房地产贷款余额、个人购房贷款余额、房产开发贷款余额、地产开发贷款余额、保障性住房开发贷款余额等表示各类房地产贷款。(3)进一步细化反映房屋供给的变量,按照房屋供给过程中的先后顺序,使用房地产开发资金来源合计、房地产开发资金来源中的银行贷款、自筹资金和其他资金、房地产开发投资完成额、土地购置面积、新开工面积、施工面积、竣工面积等表示供给。(4)由于近几年消费贷款增长迅速,且消费贷款用于购房首付款的报道屡见不鲜,因此专门研究了消费贷款对房屋供求特别是房屋需求的影响,以验证消费贷款是否转化为购房人的定金和预付款。(5)在第二章中提到,宽松货币政策和宽松信贷政策对开发商的各种效应,会导致房地产开发投资增加和房屋供给增加,但这都是以房地产开发资金来源增长为前提条件的,因此本章研究货币政策、信贷政策对房地产开发资金来源及其结构的影响,探讨各类调控政策如何引发房地产开发资金来源中的自筹资金、其他资金和各项应付款的变化,以更深刻地理解房地产调控政策的传导机制。

第一节　政策变量、主体变量和房地产市场变量

变量分为三大类:第一大类是政策变量;第二大类是主体变量;第三大类是房地产市场变量。政策变量包括货币政策变量、信贷政策变量、税收政策变量、土地政策变量。第二大类的主体变量涉及房地产开发商行为变量和购房者行为变量。第三大类是房地产市场变量,主要指商品住宅价格。

一、政策变量

(一)货币政策变量

存款准备金率。存款准备金是银行不能将吸收的存款全部用于放贷,必须将一部分存款缴存到中央银行,以备储户提款之需。存款准备金占其存款总额的比率即存款准备金率。从 2008 年开始,我国大型与中小型存款类金融机构的人民币存款准备金率开始出现差异,例如,2016 年 3 月至 2018 年 4 月初,大型存款类金融机构的人民币存款准备金率为 17%,而同期中小型机构则只有 15%。尽管中小型存款类金融机构的存款准备金率变化更能反映央行的政策意图,但由于大型存款类金融机构的存贷款业务占比较高,因此我们选取大型存款类金融机构的人民币存款准备金率,用 DRR 来表示。

利率。自 2015 年 10 月 24 日起,央行对商业银行和农村合作金融机构的存款利率不再设置浮动上限,标志着利率已经完全市场化,但银行存贷款利率仍然主要参照央行基准利率。在个人购房贷款中,五年以上贷款占据主流地位,房贷利率通常是在基准利率基础上上下浮动一定比例。因此我们选取五年以上贷款基准利率作为利率变量,用 LR5(Loan Rate 5)表示。

货币供应量。货币供应量是一国在某一时点为保证社会经济运转所需的货币存量。根据货币供应量的层次不同,可分为流通中的现金 M_0、狭义货币 M_1 和广义货币 M_2。M_1 包括 M_0 和各类活期存款,如企业活期存款、机关团体部队存款、农村存款和个人持有的卡类存款。M_2 则是在 M_1 的基础上,加上各类定期存款,如城乡居民储蓄存款、企业定期存款、外币存款和信托存款等。由于单套房屋金额较大,居民需要积攒若干年才能满足购房的首付款要求,通常居民多以储蓄存款的形式来积攒首付款。因此,我们选择 M_2 作为货币供应量的指标。为了检验结果的稳健性,同时也选用 M_1、广义与狭义货币供应量之差作为货币供应量的备选变量,使用 M_2M_1 来表示广义与狭义货币供应量之差。

货币政策松紧度。采用 M_2 同比增长率与 GDP 同比增长率之差来衡量货币政策松紧度。当该差值较高时,表明货币供应量较多,货币政策较为宽松。反之则意味着货币政策较为紧缩,使用 M_2GDP 表示 M_2 同比增长率与 GDP 同比增长率之差。

(二)信贷政策变量

按照贷款发放对象可以分为个人购房贷款和房地产开发贷款,房地产开发贷款又可以进一步细分为房产开发贷款和地产开发贷款。我们选取新增房地产贷款 nhd、新增个人购房贷款 npd、房地产贷款余额 rd、个人购房贷款余额 pd、房产开发贷款余额 hd、地产开发贷款余额 ld、保障性住房开发贷款余额 bhd 作为信贷政策变量。此外,近年来消费贷款增长迅猛,笔者曾亲自遇到过宁波银行工作人员上门营销,劝说人们用消费贷支付房地产首付的情况,因此选取短期消费贷款余额 scd、消费贷款余额 cd、短期消费贷款和短期经营性贷款余额之和 cmd 作为信贷政策变量。

(三)税收政策变量

财政政策是政府为了实现经济稳定增长,对财政收入和支出水平所做的决策。本书只考虑财政政策中的税收政策对房地产市场的影响。这是由于在财政支出中,涉及一般支出、教育、社会保障和就业、节能环保、城乡社区事务、农林水事务等诸多领域,这些支出并不是针对房地产的调控政策,因此不需要研究财政支出政策对房地产的影响。基金收入是政府财政收入的一部分,土地使用权出让收入属于地方本级政府基金性收入,直接影响房地产市场。但土地出让收入和全国土地出让签订合同总价款只有年度数据,由于时间序列数据较短,难以得到无偏、一致且有效的估计,因此无法研究土地出让收入对开发商的影响。

第二章提到了税收政策的转嫁效应和成本效应。尽管营业税(2016年5月1日起改为增值税)和个人所得税是重要且经常使用的房地产调控政策,但由于几乎所有行业都征收营业税和个人所得税,不能在整体数据中区分出房地产行业的营业税和个人所得税,致使无法研究二者对房地产市场的影响,故无法用计量模型来验证房地产交易过程中的转嫁效应。但转嫁效应还有其他表现形式,例如开发商缴纳的税负提高了,开发商会千方百计地将税负转嫁到房价中去,因此税负提高会导致房价上升。房地产税收主要包括房产税、城市房地产税、城镇土地使用税、土地增值税、耕地占用税、契税、印花税、增值税、营业税、城市建设维护税、企业所得税、个人所得税与固定资产投资方向调节税等十多个税种,其中前6个税种是专门对房地产行业征收的。由于篇幅关系,我们将在第四章专门研究该6个税种对房地产价格的影响,因此本章不再研究税收政策对房地产市场的影响。

(四)土地政策变量

选取土地供给价格、土地供给面积、土地供给结构和土地溢价率作为土地政策变量:(1)土地供给价格。使用100个大中城市住宅土地楼面均价 zzjj 表示土地供给价格,反映地方政府作为土地供给者的报价情况。(2)土地供给面积。使用100个大中城市住宅用地供给面积 zzgj 表示土地供给面积。(3)土地供给结构。以100个大中城市住宅用地供应面积占供应土地占地面积之比 zzzb 表示土地供给结构。当该比例降低,表明国家有意收紧住宅用地供给,这会直接影响新开工面积,进而影响施工面积和竣工面积,最终影响住宅供给。(4)土地溢价率。是指土地成交价格较起拍价格的溢价率 zzyj。该溢价率越高,反映土地市场需求越旺盛。

(五)政策的效应及其方向

根据第二章的研究结果,宽松货币政策和宽松信贷政策会通过成本效应、预期效应、实际利率效应、资产组合效应、可贷资金效应、存款派生效应、门槛效应和财富效应等导致购房需求增加,宽松货币政策和宽松信贷政策会通过成本效应、预期效应、实际利率效应、可贷资金效应、存款派生效应、资产负债表效应、现金流效应、信贷配给效应、物价水平效应、托宾 Q 效应等导致房屋供给增加。具体而言,存款准备金率下降、利率下降、M_1 增加、M_2 增加、M_2 同比增长率与 GDP 同比增长率之差扩大、新增房地产贷款增加、新增个人购房贷款增加、房地产贷款余额增加、个人购房贷款余额增加、房产开发贷款余额增加、地产开发贷款余额增加、保障性住房开发贷款余额增加、短期消费贷款余额增加、消费贷款余额增加、短期消费贷款和短期经营贷款余额之和增加,都会导致购房需求增加和房屋供给增加。根据第二章的研究结果,宽松土地政策会通过成本效应、结构效应和节奏效应等导致房屋供给增加。具体而言,土地供给价格下降、土地供给面积增加、土地供给结构向住宅倾斜、土地溢价率降低,都会导致房屋供给增加。

二、主体变量

(一)反映房地产开发商行为的变量

按照房地产开发流程,开发商先通过各种渠道获取资金,然后决定投资金额。投资金额会影响新开工面积和施工面积。新开工面积和施工面积会影响未来的竣工面积,竣工面积反映了新增房屋供给。因此反映房地产开发商经营情况的指标,主要包括房地产开发资金来源合计 ef、房地产开发投资完成额 rf、住宅新开工面积 ns、住宅施工面积 ds 和住宅竣工面积 fs 等等。具体而言,房地产开发资金来源分为国内贷款、利用外资、自筹资金和其他资金四大类。其中银行贷款是国内贷款的重要组成,自筹资金中的一部分是企事业单位自有资金,其他资金主要包括定金和预收款、个人按揭贷款。除上述四类资金外,各项应付款也是开发资金的重要来源,但各项应付款没有计入房地产开发资金合计值中。因此为了细化房地产开发资金来源,我们进一步选取了银行贷款 efb、自筹资金 efh、其他资金 efo、各项应付款 efd 等变量。

(二)反映购房者行为的变量

房地产调控政策会影响购房者对未来房价的预期,进而影响购房者行为。购房者需要先交纳定金和预付款,然后获取银行按揭贷款或者交清剩余房款。反映购房者行为的指标主要有定金和预付款 efoo、个人按揭贷款 efom,这两个指标都在房地产开发资金来源中的其他资金中。这里需要说明的是,房地产开发资金来源中的其他资金中的定金和预收款,对于购房人而言就是定金和预付款。

三、房地产市场变量

商品住宅价格。由于房地产调控政策主要针对的是商品住宅,因此我们选取商品住宅销售价格 hp,根据国家统计局公布的商品住宅销售金额除以商品住宅销售面积得到。

综上所述,对各变量界定可以参见表3-1。

表 3-1　变量界定

变量	具体变量名称	符号	含义
货币政策	存款准备金率	DRR	大型金融机构的存款准备金率
	五年以上贷款基准利率	LR5	央行制定的五年以上贷款基准利率
	狭义货币供应量	M_1	流通中的现金加上机关、团体、部队、企事业单位在银行的活期存款、农村存款和个人持有的信用卡类存款
	广义货币供应量	M_2	狭义货币供应量基础上加上居民储蓄存款和企事业单位定期存款
	广义与狭义货币供应量之差	M_2M_1	广义货币供应量-狭义货币供应量
	M_2 同比增长率与 GDP 同比增长率之差	M_2GDP	M_2 同比增长率-GDP 同比增长率

续表

变量	具体变量名称	符号	含义
信贷政策	新增房地产贷款	nhd	某个季度内主要金融机构发放的以人民币计价的所有与房地产相关的贷款
	新增个人购房贷款	npd	某个季度内主要金融机构发放的以人民币计价的个人购房贷款
	房地产贷款余额	rd	主要金融机构发放的所有以人民币计价的房地产贷款减去已偿付的房地产贷款
	个人购房贷款余额	pd	主要金融机构发放的所有以人民币计价的房地产贷款减去已偿付的房地产贷款
	房产开发贷款余额	hd	主要金融机构发放的所有以人民币计价的房产开发贷款减去已偿付的房产开发贷款
	地产开发贷款余额	ld	主要金融机构发放的所有以人民币计价的地产开发贷款减去已偿付的地产开发贷款
	保障性住房开发贷款余额	bhd	主要金融机构发放的所有以人民币计价的保障性住房开发贷款减去已偿付的保障性住房开发贷款
	短期消费贷款余额	scd	期限在1年以内的居民消费贷款余额
	消费贷款余额	cd	金融机构发放的以人民币计价的居民消费贷款总额减去已偿付的居民消费贷款
	短期消费贷款和短期经营性贷款余额之和	cmd	期限在1年以内的住户消费贷款余额和住户经营贷款余额
土地政策	成交住宅土地楼面均价	zzjj	用于住宅建设的土地总成交金额/总建筑面积
	住宅供应土地占地面积	zzgj	用于住宅建设的土地供给面积
	住宅供应土地占地面积占比	zzzb	住宅供应土地占地面积/供应土地占地面积
	住宅土地成交溢价率	zzyj	(住宅土地成交价格-住宅土地挂牌价格)/住宅土地挂牌价格

变量	具体变量名称	符号	含义
开发商行为	房地产开发资金来源合计	ef	房地产开发企业实际拨入的、用于房地产开发的各种货币资金。包括国内贷款、利用外资、自筹资金和其他资金
	房地产开发投资完成额	rf	用于房屋建设工程、土地开发工程以及公益性建筑和土地购置费等的投资额
	房地产开发资金来源:银行贷款	efb	银行为房地产开发企业提供的贷款
	房地产开发资金来源:自筹资金	efh	指各地区、各部门及各企事业单位筹集用于房地产开发与经营的预算外资金
	房地产开发资金来源:其他资金	efo	是房地产开发资金来源之一,主要包括定金、预收款和个人按揭贷款
	房地产开发资金来源:各项应付款	efd	房地产开发企业应付而未付的各项账款
	购置土地面积	ls	以各种方式获得土地使用权的土地面积
	土地成交价款	la	房企通过各种方式取得土地使用权而支付的费用
	房屋新开工面积:住宅	ns	报告期内新开工建设的住宅面积
	房屋施工面积:住宅	ds	报告期内施工的全部住宅的建筑面积
	房屋竣工面积:住宅	fs	报告期内全部完工、达到住人和使用条件并验收合格的住宅建筑面积总和
购房者行为	定金和预付款	efoo	房地产开发资金中的定金和预付款,是购房者向开发商支付的购房资金
	个人按揭贷款	efom	即房地产开发资金中的其他资金,即在购房者支付了定金及预付款后,银行向购房者发放的个人按揭贷款
房地产市场	商品住宅销售价格	hp	每平方米商品住宅的销售价格

表 3-1 中的变量大部分时间序列的取值范围是从 1999 年 1 月至 2017 年 7 月。部分时间序列的取值范围有所不同:(1)土地成交价款的取值范围为 2004 年 1 月至 2017 年 7 月;(2)房地产开发资金中的银行贷款数据的取值范围为 2006 年 1 月至 2017 年 6 月;(3)房地产开发资金中

的个人按揭贷款的数据取值范围为 2006 年 1 月至 2017 年 7 月;(4)房地产开发资金来源中的企事业单位自有资金的取值范围从 1999 年 1 月至 2016 年 12 月;(5)用户消费贷款和经营贷款的数据虽始于 2004 年 12 月,但从 2004 年 12 月至 2006 年 12 月均是季度数据,从 2007 年 1 月才开始有月度统计数据。因此取值范围从 2007 年 1 月至 7 月;(6)新增房地产贷款和新增个人购房贷款都是季度数据,取值范围从 2010 年第一季度到 2016 年第四季度;(7)房地产贷款余额的数据开始于 2005 年,但 2005 年至 2008 年只有年度数据,2009 年只有第一、第三和第四季度的数据。从 2010 年 1 月起房地产贷款余额开始有完整的的季度数据,因此取值范围从 2010 年第一季度至 2017 年第二季度;(8)地产开发贷款、房产开发贷款、个人购房贷款、保障房开发贷款都是从 2011 年第三季度开始有数据,因此取值范围为 2011 年第三季度至 2017 年第二季度。

第二节 数据来源、处理和平稳性检验

一、数据来源

本书以 1999 年 1 月至 2017 年 7 月的中国房地产市场作为研究样本,主要采用月度数据,囿于数据限制,房地产贷款类指标采用季度数据。之所以选择 1999 年 1 月作为初始期,有三个原因:(1)1999 年 1 月之前的房地产数据较少,从 1999 年 1 月开始房地产统计数据更加全面。(2)自 1998 年 6 月国务院 23 号文件取消了福利分房,实行住房分配货币化改革以来,我国房地产业才逐步进入市场化时代,各种统计数据才能更准确地反映房地产市场的变化。(3)1999 年至 2017 年,各类不同方向、不同力度的房地产调控政策从未间断。本书涉及的开发商行为数据、购房者行为数据、房地产市场数据、宏观经济数据均来自国家统计局网站。货币政策和信贷政策数据来自中国人民银行网站,土地政策数据来自 Wind 资讯。

二、数据处理

对样本数据进行以下处理:(1)利用插值法补齐了缺失数据;(2)以 1999 年 1 月为基期,根据 CPI 环比增长率计算出定基比数据;(3)根据定基比数据,对涉及价格的时间序列数据剔除通货膨胀影响;(4)对除存款准备金率、五年以上贷款基准利率、M_2 同比增长率与 GDP 同比增长率之差、是否紧缩等序列以外的其他序列,使用 X13 进行季节调整;(5)对季节调整后的数据取对数,以减少异方差问题;(6)利用低频数据转换成高频数据的方法,将部分季度数据转化为月度数据。

三、数据平稳性检验

首先对各时间序列进行单位根检验,以判断各时间序列的平稳性。单位根检验的方法主要有 DF、ADF、DFGLS、PP、KPSS、NP 等,其中以 ADF 检验最为常用,表 3-2 是运用 ADF 检验对变量进行单位根检验的结果。

表 3-2　变量的单位根检验结果

变量	检验类别（C、T、K）	ADF 统计量	1%临界值	5%临界值	检验结论
ΔDRR	（C、0、1）	−5.126	−3.460	−2.874	平稳
$\Delta LR5$	（C、0、0）	−12.064	−3.460	−2.874	平稳
$\Delta \ln M_1$	（C、0、0）	−24.920	−3.460	−2.874	平稳
$\Delta \ln M_2$	（C、T、0）	−22.845	−4.000	−3.430	平稳
$\ln M_2 M_1$	（C、0、0）	−4.245	−3.460	−2.874	平稳
$\Delta M_2 GDP$	（C、0、0）	−16.908	−2.575	−1.942	平稳
$\ln(nhd)$	（C、T、10）	−4.307	−4.108	−3.482	平稳
$\ln(npd)$	（C、T、10）	−3.524	−4.108	−3.482	平稳*
$\Delta \ln(rd)$	（C、T、0）	−11.747	−4.099	−3.477	平稳
$\Delta \ln(pd)$	（C、T、0）	−9.943	−4.099	−3.477	平稳
$\Delta \ln(hd)$	（C、T、0）	−9.002	−4.099	−3.477	平稳

变量	检验类别 （C、T、K）	ADF 统计量	1%临界值	5%临界值	检验结论
$\Delta\ln(ld)$	（C、T、0）	−8.981	−4.099	−3.477	平稳
$\Delta\ln(bhd)$	（C、T、0）	−9.418	−4.099	−3.477	平稳
$\ln(scd)$	（C、0、3）	−3.967	−3.484	−2.885	平稳
$\Delta\ln(cd)$	（C、0、1）	−4.219	−3.484	−2.885	平稳
$\ln(cmd)$	（C、0、3）	−3.718	−3.484	−2.885	平稳
$\ln(zzjj)$	（C、T、1）	−4.190	−4.041	−3.450	平稳
$\ln(zzgj)$	（C、T、0）	−4.376	−4.041	−3.450	平稳
$zzzb$	（C、0、0）	−5.079	−3.505	−2.894	平稳
$\Delta\ln(zzyj)$	（0、0、0）	−16.185	−2.586	−1.944	平稳
$\Delta\ln(ef)$	（C、0、1）	−18.423	−3.460	−2.874	平稳
$\Delta\ln(rf)$	（C、T、1）	−14.230	−4.000	−3.430	平稳
$\Delta\ln(efb)$	（C、T、1）	−12.665	−3.479	−2.883	平稳
$\Delta\ln(efh)$	（C、T、1）	18.707	−4.000	−3.430	平稳
$\Delta\ln(efho)$	（C、0、1）	−19.539	−3.461	−2.875	平稳
$\ln(efo)$	（C、T、1）	−3.576	−4.000	−3.430	平稳*
$\Delta\ln(efd)$	（C、0、3）	−12.421	−3.460	−2.875	平稳
$\ln(ls)$	（C、T、1）	−3.420	−3.460	−2.874	平稳*
$\Delta\ln(la)$	（C、0、1）	−16.895	−3.471	−2.088	平稳
$\Delta\ln(ns)$	（C、T、1）	−5.643	−4.000	−3.430	平稳
$\Delta\ln(ds)$	（C、T、1）	−18.203	−4.000	−3.430	平稳
$\Delta\ln(fs)$	（0、0、1）	−16.716	−2.576	−1.942	平稳
$\Delta\ln(efoo)$	（C、T、1）	−16.270	−4.000	−3.430	平稳
$\Delta\ln(efom)$	（C、0、0）	−13.065	−3.479	−2.883	平稳
$\Delta\ln(hp)$	（C、0、11）	−5.428	−3.461	−2.875	平稳

注:检验类别中的(C、T、K)分别表示包含常数项、时间趋势项和滞后阶数;平稳指在1%显著水平下平稳,平稳*指在5%的显著水平下平稳。

可以看出,在单位根检验中,绝大多数原序列是不平稳的,但其一阶差分后的序列却是平稳的。而有几个原序列或原序列的对数是平稳的,包括广义货币与狭义货币供应量之差 $\ln M_2 M_1$、新增房地产贷款

ln(nhd)、新增个人购房贷款 ln(npd)、短期消费贷款 ln(scd)、短期消费贷款和短期经营性贷款余额之和 ln(cmd)、成交住宅土地楼面均价 ln($zzjj$)、住宅供应土地占地面积 ln($zzgj$)、住宅供应土地占地面积占比 $zzzb$、房地产开发资金来源中的其他资金 ln(efo)、购置土地面积 ln(ls)、国内生产总值 lnGDP 等。

第三节　货币政策和信贷政策对房屋需求者效应的实证检验

一、货币政策、信贷政策与房屋需求是否存在协整关系

反映房屋需求的变量为定金和预付款(为表述方便,简称定金预付款),该变量是一阶差分平稳序列,只有选取一阶差分后平稳的货币政策和信贷政策变量,才能进行协整检验。为此选取存款准备金率、五年以上贷款基准利率、狭义货币、广义货币、M₂ 同比增长率与 GDP 同比增长率之差等货币政策变量,选取房地产贷款余额、个人购房贷款余额、房产开发贷款余额、地产开发贷款余额、保障性住房开发贷款余额、消费贷款余额等信贷政策变量,分别与定金预付款进行协整关系检验。

检验结果如表 3-3 所示:(1)货币政策方面,狭义货币、广义货币、M₂ 同比增长率与 GDP 同比增长率之差分别与定金预付款存在协整关系;(2)信贷政策方面,房地产贷款余额、个人购房贷款余额、房产开发贷款余额、保障性住房开发贷款余额分别与定金预付款存在协整关系;(3)尽管多数货币政策和信贷政策变量都和定金预付款存在协整关系,但是存款准备金率、五年以上贷款基准利率和地产开发贷款余额 3 个变量并不与定金预付款存在协整关系。

而交纳定金预付款是获取个人购房贷款的前提条件,因此定金预付款和个人购房贷款存在长期稳定的关系。房地产贷款余额、房产开发贷款余额等变量本身就包括个人购房贷款余额,因此房地产贷款余额、房产开发贷款余额也分别与定金预付款存在协整关系。狭义货币和广义货币

是派生房地产贷款的基础,反过来房地产贷款又进一步派生出更多狭义货币和广义货币,定金预付款包含在房地产贷款中,因此狭义货币和广义货币分别与定金预付款存在协整关系。消费贷款与定金预付款存在协整关系,表明消费贷款并未完全用于消费,而是以迂回复杂的方式转变为购房者的定金预付款。

表 3-3　货币政策、信贷政策与房屋需求的协整检验结果

需要检验的协整关系	原假设	特征根	迹统计量（P 值）	最大特征值（P 值）
狭义货币与定金预付款	协整秩为 0	0.111	27.292 *** (0.000)	26.054 *** (0.001)
	协整秩为 1	0.006	1.237 (0.266)	1.237 (0.266)
广义货币与定金预付款	协整秩为 0	0.091	21.707 *** (0.005)	21.021 *** (0.004)
	协整秩为 1	0.003	0.686 (0.408)	0.686 (0.408)
M_2 同比增长率与 GDP 同比增长率之差与定金预付款	协整秩为 0	0.163	21.855 ** (0.030)	16.124 ** (0.046)
	协整秩为 1	0.074	5.730 (0.213)	5.730 (0.213)
房地产贷款余额与定金预付款	协整秩为 0	0.163	120.470 *** (0.000)	113.159 *** (0.000)
	协整秩为 1	0.074	7.311 (0.111)	7.311 (0.111)
个人购房贷款余额与定金预付款	协整秩为 0	0.345	34.641 *** (0.000)	30.474 *** (0.000)
	协整秩为 1	0.060	4.167 (0.388)	4.167 (0.388)
房产开发贷款余额与定金预付款	协整秩为 0	0.586	66.564 *** (0.000)	60.889 *** (0.000)
	协整秩为 1	0.058	5.675 (0.217)	4.095 (0.217)
保障性住房开发贷款余额与定金预付款	协整秩为 0	0.217	19.580 ** (0.011)	16.908 ** (0.019)
	协整秩为 1	0.038	2.673 (0.102)	2.673 (0.102)

需要检验的协整关系	原假设	特征根	迹统计量（**P** 值）	最大特征值（**P** 值）
消费贷款余额与定金预付款	协整秩为 0	0.122	16.800** (0.032)	15.947** (0.027)
	协整秩为 1	0.007	0.854 (0.356)	0.854 (0.356)

注：*** 和 ** 分别表示在 1% 和 5% 的显著水平上拒绝原假设。

存款准备金率、五年以上贷款利率、地产开发贷款余额与定金预付款均不存在协整关系：(1)存款准备金率能影响货币供应量，但受到商业银行放贷意愿、居民借款意愿等诸多因素影响，因此存款准备金率与购房者的定金预付款没有协整关系。(2)五年以上贷款基准利率虽然与购房者的还贷成本密切相关，但在房价不断上涨和投机性需求旺盛的背景下，购房者对利率并不敏感，因此二者之间没有协整关系。(3)地产开发贷款余额反映了开发商获得的土地贷款情况，与购房者没有直接关系，因此地产开发贷款余额与购房者的定金预付款之间不存在协整关系。

二、货币政策、信贷政策与房屋需求的协整方程

在明确上述政策与定金预付款存在协整关系后，进一步得出反映变量间长期均衡关系的协整方程，并在此基础上构建误差修正模型。协整方程和误差修正系数参见表3-4。

表3-4　货币政策、信贷政策与房屋需求的协整方程、误差修正系数

协整关系	协整方程	误差修正系数
狭义货币与定金预付款	$\ln(efoo_t) = 1.406\ln(M_{1t}) + \varepsilon_t$ $\qquad\qquad\quad (25.332)$	−0.195
广义货币与定金预付款	$\ln(efoo_t) = 1.101\ln(M_{2t}) + \varepsilon_t$ $\qquad\qquad\quad (15.908)$	−0.158
M_2GDP 与定金预付款	$\ln(efoo_t) = 3.942 + 0.732M_2GDP_t + \varepsilon_t$ $\qquad\quad (2.831) \qquad (2.060)$	−0.030

续表

协整关系	协整方程	误差修正系数
房地产贷款余额与定金预付款	$\ln(efoo_t) = -0.329\ln(rd_t) + \varepsilon_t$ (-1.453)	-0.090
个人购房贷款余额与定金预付款	$\ln(efoo_t) = 0.301\ln(pd_t) + \varepsilon_t$ (2.578)	-0.164
房产开发贷款余额与定金预付款	$\ln(efoo_t) = -0.284 + 0.709\ln(hd_t) + \varepsilon_t$ $(-2.056)\ (2.636)$	-0.163
保障性住房开发贷款余额与定金预付款	$\ln(efoo_t) = 6.0946 + 0.166\ln(bhd_t) + \varepsilon_t$ $(3.125)\ (2.926)$	-0.163
消费贷款余额与定金预付款	$\ln(efoo_t) = 0.498 + 0.620\ln(cd_t) + \varepsilon_t$ $(2.453)\ (9.227)$	-0.188

注:括号中的数值是 t 值。** 和 *** 分别表示在 5% 和 1% 的水平下拒绝原假设。

从表 3-4 可以看出,尽管很多货币政策变量与定金预付款存在协整关系,但不同政策变量对定金预付款的影响有一定差异。在货币政策变量中,首先影响最大的是狭义货币,狭义货币供应量增加 1%,购房者的定金预付款就会增加 1.406%。其次是广义货币,广义货币供应量增加 1%,购房者的定金预付款就会增加 1.101%。最后是 M_2 同比增长率与 GDP 同比增长率之差,该差值增加 1 个绝对单位,购房者的定金预付款就会增加 0.732%。在信贷政策变量中,首先影响最大的是房产开发贷款余额,房产开发贷款余额增加 1%,购房人的定金预付款就会增加 0.709%。其次是消费贷款,消费贷款余额增加 1%,购房人的定金预付款就会增加 0.620%,表明消费贷款对定金预付款的影响不可小觑。再次是个人购房贷款余额,个人购房贷款余额增加 1%,购房人的定金预付款就会增加 0.301%。最后是保障性住房开发贷款余额,保障性住房开发贷款余额增加 1%,购房人的定金预付款就会增加 0.166%。由于在保障性住房开发贷款中,对开发商贷款的比重较高,对购房人贷款的比重较小,因此该系数较低。从表 3-4 可以看出,所有的误差修正系数均为负值,按误差修正系数绝对值从大到小排列依次为狭义货币、消费贷款余额、个人购房贷款余额、房产开发贷款余额、保障性住房开发贷款余额、广义货币、房地产贷款余额、M_2 同比增长率与 GDP 同比增长率之差。

上面的实证分析表明,狭义货币、广义货币、M_2 同比增长率与 GDP 同比增长率之差等货币政策变量,与购房人的定金预付款存在协整关系。且各货币政策变量增加,都会导致定金预付款增加,因此验证了宽松货币政策的房屋需求增加效应。上述实证分析还表明,个人购房贷款余额、房产开发贷款余额、保障性住房开发贷款余额、消费贷款余额的增加,都会导致购房者的定金预付款增加。因此,验证了宽松信贷政策的房屋需求增加效应。综上所述,宽松货币政策和信贷政策共同推动房屋需求增加。

第四节　货币政策和信贷政策对开发商效应的实证检验

在第二章,我们分析了货币政策和信贷政策对开发商的成本效应、预期效应、实际利率效应、可贷资金增加效应、存款派生效应、资产负债表效应、现金流效应、信贷配给效应、物价水平效应、托宾 Q 效应,上述效应分别通过利率渠道、信贷渠道和其他资产价格渠道促使房屋供给增加。本小节将验证房屋供给增加效应是否存在。在房屋供给变量选取上,分别使用房地产开发资金来源合计、房地产开发资金来源中的自筹资金、其他应付款来代表房地产资金供给,使用房地产住宅开发投资完成额来代表房地产投资供给,使用购置土地面积和土地成交价款来代表房地产土地供给,使用房屋施工面积来代表房地产建设供给。即将房屋供给细化为房地产资金供给、房地产投资供给、房地产土地供给、房地产建设供给等四个子类,研究货币政策和信贷政策是否促进了上述四个子类房屋供给的增加。

一、货币政策、信贷政策的房地产资金供给效应

（一）货币政策、信贷政策与房地产开发资金来源合计的协整关系

在反映房地产资金供给的系列变量中,房地产开发资金来源合计

具有举足轻重的地位。房地产开发资金来源中的国内贷款、利用外资、自筹资金和其他资金加总起来,刚好等于房地产开发资金来源合计,房地产开发资金来源合计反映了开发商通过各种渠道获得的资金总和。从资金、拿地和建设的关系来看,开发商只有筹集到资金后,才能进行拿地和开发建设,因此房地产开发资金来源合计为房地产开发建设提供资金支持,没有了开发资金,房地产建设就无从谈起。第二章从理论上论证了宽松货币政策和宽松信贷政策有促进房屋供给增加的效应。而房屋供给增加的源头是房地产开发资金来源合计的增加,因此有必要研究宽松货币政策和宽松信贷政策是否导致房地产开发资金来源合计增加。

根据前面的单位根检验可知,房地产开发资金来源合计是一阶差分平稳变量,而货币政策中的存款准备金率、狭义货币、广义货币、五年以上贷款基准利率、M_2 同比增长率与 GDP 同比增长率之差都是一阶差分后平稳序列。信贷政策方面,房地产贷款余额、个人购房贷款余额、房产开发贷款余额、地产开发贷款余额、保障性住房开发贷款余额、消费贷款余额等都是一阶差分后平稳序列。因此我们研究上述政策变量与房地产开发资金来源合计是否存在协整关系,协整检验结果如表 3-5 所示,协整方程和误差修正系数如表 3-6 所示。

表 3-5　货币政策、信贷政策与房地产开发资金来源合计的协整检验结果

需要检验的协整关系	原假设	特征根	迹统计量（P 值）	最大特征值（P 值）
狭义货币与房地产开发资金来源合计	协整秩为 0	0.269	72.865***（0.000）	68.527***（0.0000）
	协整秩为 1	0.020	4.338（0.364）	4.338（0.364）
房地产贷款余额与房地产开发资金来源合计	协整秩为 0	0.636	81.701***（0.000）	67.670***（0.003）
	协整秩为 1	0.174	13.030***（0.009）	13.030***（0.009）

续表

需要检验的协整关系	原假设	特征根	迹统计量（P 值）	最大特征值（P 值）
个人购房贷款余额与房地产开发资金来源合计	协整秩为 0	0.483	58.056***（0.000）	44.894***（0.000）
	协整秩为 1	0.176	13.163***（0.008）	13.163***（0.008）
房产开发贷款余额与房地产开发资金来源合计	协整秩为 0	0.436	49.641***（0.000）	38.937***（0.000）
	协整秩为 1	0.146	10.704**（0.025）	10.704**（0.025）
保障性住房开发贷款余额与房地产开发资金来源合计	协整秩为 0	0.441	49.996***（0.000）	39.502***（0.000）
	协整秩为 1	0.143	10.494**（0.028）	10.494**（0.028）
消费贷款余额与房地产开发资金来源合计	协整秩为 0	0.157	29.405***（0.002）	20.983***（0.007）
	协整秩为 1	0.067	8.422（0.069）	8.422（0.069）

注：*** 和 ** 分别表示在 1% 和 5% 的显著水平下拒绝原假设。

表 3-5 的协整检验结果显示：（1）货币政策中只有狭义货币与房地产开发资金来源合计有协整关系，而存款准备金率、广义货币、五年以上贷款基准利率、M_2 同比增长率与 GDP 同比增长率之差等都不与房地产开发资金来源合计有协整关系；（2）房地产贷款余额、个人购房贷款余额、房产开发贷款余额、保障性住房开发贷款余额、消费贷款余额等都与房地产开发资金来源存在协整关系。

表 3-6　货币政策、信贷政策与房地产开发资金来源合计的协整方程和误差修正系数

协整关系	协整方程	误差修正系数
狭义货币与房地产开发资金来源	$\ln(ef_t) = -8.254 + 1.421\ln(M_{1t}) + \varepsilon_t$ （-7.420）（15.193）	-0.100
房地产贷款余额与房地产开发资金来源	$\ln(ef_t) = 10.645 - 0.234\ln(rd_t) + \varepsilon_t$ （5.669）（1.439）	-0.609

协整关系	协整方程	误差修正系数
个人购房贷款余额与房地产开发资金来源	$\ln(ef_t) = 7.885 + 0.028\ln(pd_t) + \varepsilon_t$ $(3.527)(0.139)$	-0.622
房产开发贷款余额与房地产开发资金来源	$\ln(ef_t) = 5.068 + 0.311\ln(hd_t) + \varepsilon_t$ $(1.947)(1.226)$	-0.556
保障性住房开发贷款余额与房地产开发资金来源	$\ln(ef_t) = 7.998 + 0.132\ln(bhd_t) + \varepsilon_t$ $(16.608)(2.787)$	-0.599
消费贷款余额与房地产开发资金来源	$\ln(ef_t) = 6.013 + 0.336\ln(cd_t) + \varepsilon_t$ $(3.161)(2.000)$	-0.125

从表3-6的协整方程和误差修正模型可以看出:(1)协整方程中,只有狭义货币、保障性住房开发贷款余额和消费贷款余额前面的系数是显著的,而其他变量前面的系数并不显著。(2)从影响力度来看,狭义货币的影响力度最大,狭义货币增长1%,房地产开发资金来源合计增长1.421%。消费贷款余额的影响力度次之,消费贷款余额增长1%,房地产开发资金来源合计增长0.336%。保障性住房开发贷款余额的影响力度最小,保障性住房开发贷款余额增长1%,房地产开发资金来源合计增长0.132%。(3)误差修正模型中的误差修正系数均为负值,反映出当短期波动偏离长期均衡时,将以较快调整速度将非均衡状态拉回到均衡状态。

通过以上分析,验证了宽松货币政策和宽松信贷政策对房地产开发资金来源合计的增加效应,特别是狭义货币增加引起开发资金来源合计增加的效果非常显著。还有一个奇怪的现象,就是消费贷款本来与房地产开发资金来源合计无关,但是二者却存在协整关系。对此较为合理的解释是,银行名义上发放的是消费贷款,但个人获得消费贷款后,通过各种渠道将其变为首付款和定金,导致房地产开发资金来源合计中的其他资金增加,因此消费贷款与房地产开发资金来源合计存在协整关系。

(二)货币政策、信贷政策与房地产开发资金来源中的自筹资金的协整关系

表3-7是货币政策、信贷政策与房地产开发资金来源中的自筹资金

的协整方程和误差修正系数。协整检验发现:(1)消费贷款和房地产开发资金来源中的自筹资金没有协整关系,这可能与消费贷款主要通过各种迂回曲折渠道变成购房者的定金预付款,而定金预付款属于房地产开发资金来源中的其他资金,其他资金与自筹资金是相互独立的。(2)存款准备金率、五年以上贷款基准利率尽管与自筹资金存在协整关系,但上述两个变量的系数并不显著,对此可能的解释是:自筹资金是银行信贷渠道之外的,由"影子银行"向房地产开发企业提供的资金。"影子银行"资金不完全受存款准备金率、贷款基准利率等货币政策工具的影响。(3)广义货币、M_2 同比增长率与 GDP 同比增长率之差与自筹资金没有协整关系。这可能是因为广义货币是在狭义货币基础上加上各类定期存款,而自筹资金主要来源于"影子银行","影子银行"与定期存款之间的关联度较低,因此广义货币与自筹资金不存在协整关系。(4)狭义货币与自筹资金存在协整关系,狭义货币增加1%,自筹资金增加1.502%。(5)个人购房贷款余额、房产开发贷款余额和保障性住房开发贷款余额虽然与自筹资金存在协整关系,但系数并不显著。(6)地产开发贷款余额与自筹资金存在协整关系,地产开发贷款余额增长1%,自筹资金增加0.271%。对此可能的解释是:当地产开发贷款余额增加后,需要配套资金进行开发建设,而正常的房产开发贷款难以满足开发建设所需全部资金,需要开发商自筹资金进行开发建设,导致地产开发贷款余额与自筹资金正相关。(7)房地产贷款余额增长1%,自筹资金减少1.510%。这是因为按渠道分类,房地产开发资金来源可分为银行渠道和非银行渠道,银行渠道资金和非银行渠道资金存在此消彼长的关系,造成房地产贷款余额与自筹资金负相关,且房地产贷款余额对自筹资金的影响很大。

表 3-7　货币政策、信贷政策与房地产开发资金来源中的
自筹资金的协整方程和误差修正系数

协整关系	协整方程	误差修正系数
存款准备金率与自筹资金	$\ln(efh_t) = 0.756 + 0.086DRR + \varepsilon_t$ (11.225)(1.413)	−0.005

续表

协整关系	协整方程	误差修正系数
五年以上贷款基准利率与自筹资金	$\ln(efh_t) = 4.883 + 0.650LR5_t + \varepsilon_t$ $(1.178)\ (0.986)$	-0.008
狭义货币与自筹资金	$\ln(efh_t) = -10.130 + 1.502\ln(M_{1t}) + \varepsilon_t$ $(-8.187)\ \ \ (14.535)$	-0.172
房地产贷款余额与自筹资金	$\ln(efh_t) = 23.086 - 1.510\ln(rd_t) + \varepsilon_t$ $(4.670)\ \ (-3.523)$	-0.774
个人购房贷款余额与自筹资金	$\ln(efh_t) = 10.206 - 0.269\ln(pd_t) + \varepsilon_t$ $(3.554)\ \ (-1.058)$	-0.766
房产开发贷款余额与自筹资金	$\ln(efh_t) = 11.903 - 0.256\ln(bhd_t) + \varepsilon_t$ $(3.682)\ \ (0.350)$	-0.792
地产开发贷款余额与自筹资金	$\ln(efh_t) = 5.454 + 0.271\ln(ld_t) + \varepsilon_t$ $(8.385)\ (3.774)$	-0.859
保障性住房开发贷款余额与自筹资金	$\ln(efh_t) = 11.903 - 0.256\ln(bhd_t) + \varepsilon_t$ $(4.358)\ \ (-0.853)$	-0.782

即使在系数并不显著的协整方程中,系数符号仍然与经济意义一致:
(1)存款准备金率提高,导致经济中的货币供应量减少,引发可贷资金减少,开发商不得不在银行贷款之外自筹资金,因此存款准备金率与自筹资金正相关。(2)个人购房贷款是房地产开发资金来源的组成部分,因此个人购房贷款与自筹资金存在此消彼长的关系,即二者负相关。(3)房产开发贷款余额涉及除土地以外的所有房地产贷款,房产开发贷款和自筹资金分属于房地产开发资金来源的不同部分,因此房产开发贷款与自筹资金存在此消彼长的关系,即二者负相关。(4)保障性住房开发贷款也是开发商资金来源的组成部分,当保障性住房开发贷款增多时,开发商自筹资金规模减小,因此保障性住房开发贷款与自筹资金负相关。

在误差修正模型中,误差修正系数均为负值(见表3-7)。信贷政策变量与自筹资金的误差修正模型中的误差修正系数的绝对值较大,而货币政策与自筹资金的误差修正模型中的误差修正系数的绝对值较小。这可能与货币政策变量需要经过各经济主体的层层传导才能影响自筹资金,而各种信贷政策变量与自筹资金共同构成房地产开发资金来源,信贷政策与自筹资金的联系更加密切有关。

（三）货币政策、信贷政策与房地产开发资金来源中各项应付款的协整关系

各项应付款为开发商应付而未付交易对手的资金。当开发商资金短缺且处于强势地位时，各项应付款将会增多。因此，我们需要分析货币政策、信贷政策与房地产开发资金来源中各项应付款的协整关系。表3-8的协整检验和误差修正模型表明：（1）存款准备金率、五年以上贷款基准利率、个人购房贷款余额、地产开发贷款余额、消费贷款余额均与开发资金来源中的各项应付款不存在协整关系。（2）尽管狭义货币与各项应付款存在协整关系，但协整系数并不显著，这主要是因为各项应付款反映了开发商和其供应商力量的对比，受狭义货币供应量的影响较小。（3）尽管房地产贷款余额与各项应付款存在协整关系，但协整系数高度不显著，这可能是由于房地产贷款包括房产开发贷款、地产开发贷款和个人购房贷款，而地产开发贷款与各项应付款不存在协整关系，进而导致房地产贷款与各项应付款的协整系数不显著。（4）尽管保障性贷款余额与各项应付款存在协整关系，但保障性贷款余额前面的协整系数非常小，几乎可以忽略不计。（5）房产开发贷款余额与各项应付款存在协整关系，房产开发贷款余额增加1%导致各项应付款增长0.840%。房产开发贷款余额越多，开发建设规模越大，开发商拖欠应付款的金额越多。（6）误差修正系数均为负数，符合反向修正原则。房产开发贷款余额、保障性住房开发贷款余额的误差修正系数的绝对值较大，表明误差修正项的回调力度较大。

表3-8　货币政策、信贷政策与房地产开发资金来源中的
各项应付款的协整方程和误差修正系数

检验内容	协整方程	误差修正系数
狭义货币与各项应付款	$\ln(efd_t) = -2.214 + 0.985\ln(M_{1t}) + \varepsilon_t$ 　　　　　　（-0.291）　（1.554）	-0.245
房地产贷款余额与各项应付款	$\ln(efd_t) = 8.320 + 0.416\ln(rd_t) + \varepsilon_t$ 　　　　　　（0.354）　（0.194）	-0.273

检验内容	协整方程	误差修正系数
房产开发贷款余额与各项应付款	$\ln(efd_t) = -1.762 + 0.840\ln(hd_t) + \varepsilon_t$ $(-1.034)\ (5.058)$	-0.899
保障性住房开发贷款余额与各项应付款	$\ln(efd_t) = 6.588 - 6.57 \times 10^{-5}\ln(bhd_t) + \varepsilon_t$ $(23.139)(-2.19)$	-0.888

二、货币政策、信贷政策与房地产投资供给的协整关系

当调控政策宽松时,由于融资成本低且银行贷款条件较为宽松,房地产开发资金来源通常较多。但是否立即将资金投资于房地产则取决于开发商对未来的预期,开发商对未来预期乐观,开发商可能会将全部资金都用于投资。但若对未来楼市预期悲观,开发商则只会动用部分资金进行投资。因此,有必要研究货币政策、信贷政策与房地产开发投资完成额的关系。

表3-9 货币政策、信贷政策与房地产开发投资完成额的
协整方程和误差修正系数

协整关系	协整方程	误差修正系数
存款准备金率与房地产开发投资完成额	$\ln(rf_t) = -8.793 + 0.041drr_t + \varepsilon_t$ $(13.969)\ (0.987)$	-0.020
五年以上贷款基准利率与房地产开发投资完成额	$\ln(rf_t) = -8.630 + 0.262lr5_t + \varepsilon_t$ $(4.662)\ (0.892)$	-0.018
狭义货币与房地产开发投资完成额	$\ln(rf_t) = -7.354 + 1.310\ln(M_{1t}) + \varepsilon_t$ $(-9.421)\ (20.324)$	-0.098
房地产贷款余额与房地产开发投资完成额	$\ln(rf_t) = 5.585 + 0.286\ln(rd_t) + \varepsilon_t$ $(3.525)(1.972)$	-0.206
个人购房贷款余额与房地产开发投资完成额	$\ln(rf_t) = 5.543 + 0.286\ln(pd_t) + \varepsilon_t$ $(6.001)(3.428)$	-0.127

续表

协整关系	协整方程	误差修正系数
房产开发贷款余额与房地产开发投资完成额	$\ln(rf_t) = 3.826 + 0.438\ln(hd_t) + \varepsilon_t$ (4.111) (4.830)	−0.259
保障性住房开发贷款余额与房地产开发投资完成额	$\ln(rf_t) = 3.956 + 0.386\ln(bhd_t) + \varepsilon_t$ (2.754) (2.531)	−0.211

通过 Johansen 协整检验判断各类调控政策与开发投资完成额是否存在协整关系。限于篇幅,不再列出 Johansen 协整检验中的迹统计量及其 P 值、最大特征值统计量及其 P 值,只给出协整方程,并在此基础上建立误差修正模型,协整方程和误差修正系数参见表 3-9。从表 3-9 可以看出:(1)地产开发贷款余额与房地产开发投资完成额没有协整关系。这可能是因为地产开发贷款主要是对土地一级市场开发主体提供的贷款,贷款对象主要是各地土地储备整理中心。由于国家要求房地产开发企业利用自有资金拿地,地产开发贷款并不是对开发商拿地提供的贷款,因此地产开发贷款与房地产开发投资完成额没有协整关系。(2)消费贷款与房地产开发投资完成额没有协整关系。可能的解释是:房地产开发投资完成额是指房屋建设工程、土地开发工程的投资额以及公益性建筑和土地购置费等的投资。只有投资完成并进入房屋销售阶段,在房价上涨预期和投资投机性购房需求推动下,消费贷款才会通过迂回复杂的渠道变为购房者的定金预付款,并成为房地产开发资金来源的一部分,因此消费贷款与房地产开发投资完成额没有协整关系。(3)尽管存款准备金率、五年以上贷款基准利率与房地产开发投资完成额存在协整关系,但协整系数并不显著。可能的解释是:存款准备金率和贷款基准利率作为货币政策工具,通过影响狭义货币供应量和房地产信贷,才能对房地产开发投资完成额造成影响。由于从存款准备金率和贷款基准利率到房地产开发投资完成额的传导链条长,因此这两个调控政策均与房地产开发投资完成额不存在协整关系。(4)狭义货币与房地产开发投资完成额存在协整关系,狭义货币增长 1%,房地产开发投资完成额增长 1.310%。这是因

为狭义货币是派生各类贷款的基础,因此其对房地产开发投资完成额的影响力度较大。(5)房地产贷款余额、个人购房贷款余额、房产开发贷款余额和保障性住房开发贷款余额,均与房地产开发投资完成额存在协整关系,且解释变量系数均显著。房产开发贷款余额、保障性住房开发贷款余额、房地产贷款余额、个人购房贷款余额分别增长1%,房地产开发投资完成额分别增长0.438%、0.386%、0.286%和0.286%。

三、货币政策、信贷政策与房地产土地供给的协整关系

由于土地购置面积的原序列在5%显著性水平下平稳,因此无法将不平稳的货币政策、信贷政策方面的变量与土地购置面积进行协整检验。而土地成交价款是一阶差分平稳序列,因此我们验证货币政策、信贷政策和土地成交价款是否存在协整关系,若存在协整关系则构建误差修正模型,协整方程和误差修正系数参见表3-10。

表3-10　货币政策、信贷政策与土地成交价款的协整方程和误差修正系数

协整关系	协整方程	误差修正系数
存款准备金率与土地成交价款	$\ln(la) = 0.038DRR + 0.008t + \varepsilon_t$ (3.828)　　(6.981)	−0.120
狭义货币与土地成交价款	$\ln(la) = 6.063 + 1.040\ln M_1 + \varepsilon_t$ (5.989)(12.410)	−0.234
房地产贷款余额与土地成交价款	$\ln(la) = -4.543 + 1.059\ln(rd) + \varepsilon_t$ (1.352)　(3.482)	−0.399
个人购房贷款余额与土地成交价款	$\ln(la) = 2.206 + 0.424\ln(pd) + \varepsilon_t$ (1.311)(2.790)	−0.519
消费贷款与土地成交价款	$\ln(la) = 0.872 + 0.464\ln(cd) + \varepsilon_t$ (0.858)(5.129)	−0.356

协整检验表明:(1)五年以上贷款基准利率、广义与狭义货币供应量之差、M_2同比增长率与GDP同比增长率之差、短期消费贷款和经营性贷款余额与土地成交价款没有协整关系。(2)尽管广义货币M_2与土地成交价款存在协整关系,但截距项和广义货币项的系数均不显著。(3)存

款准备金率与土地成交价款存在协整关系,存款准备金率增加一个绝对单位,土地成交价款增加0.038%。(4)狭义货币与土地成交价款存在协整关系,狭义货币增长1%,土地成交价款增长1.040%。(5)尽管地产开发贷款余额、房产开发贷款余额、保障性住房开发贷款余额分别与土地成交价款存在协整关系,但协整方程的系数均不显著。(6)尽管房地产贷款余额、个人购房贷款、消费贷款均与土地成交价款存在协整关系,且解释变量前的系数显著,但截距项并不显著。

四、货币政策、信贷政策与房地产建设供给的协整关系

货币政策和信贷政策并不直接影响房地产开发建设,而是先通过影响房地产开发资金来源,进而影响开发商购置土地面积,才影响到房地产开发建设规模。开发建设用三个指标来衡量:新开工面积、施工面积和竣工面积。由于施工面积是连接新开工面积和竣工面积的桥梁,具有承上启下的特点,因此我们以施工面积来代表房地产建设供给,检验货币政策、信贷政策与施工面积的协整关系。

表3-11　货币政策、信贷政策与施工面积的协整方程和误差修正系数

协整关系	协整方程	误差修正系数
五年以上贷款利率与施工面积	$\ln(ds_t) = 0.225LR5_t + 0.013t + \varepsilon_t$ (5.163)　　(27.512)	−0.001
狭义货币余额与施工面积	$\ln(ds_t) = 1.228M1_t + \varepsilon_t$ (5.667)	−0.241
广义货币余额与施工面积	$\ln(ds_t) = 1.027\ln M2_t + \varepsilon_t$ (12.427)	−0.148
M_2同比增长率与GDP同比增长率之差与施工面积	$\ln(ds_t) = 8.019 + 0.546M_2GDP_t + \varepsilon_t$ (4.820) (2.414)	−0.001
房地产贷款余额与施工面积	$\ln(ds_t) = -7.813 + 2.124\ln(rd_t) + \varepsilon_t$ (−2.114)　(4.938)	−0.825
个人购房贷款余额与施工面积	$\ln(ds_t) = 0.262\ln(pd_t) + \varepsilon_t$ (2.437)	−0.761

协整关系	协整方程	误差修正系数
房产开发贷款余额与施工面积	$\ln(ds_t) = 0.299\ln(hd_t) + \varepsilon_t$ 　　　　　　(2.439)	−0.841
地产开发贷款余额与施工面积	$\ln(ds_t) = 7.174 + 0.378\ln(ld_t) + \varepsilon_t$ 　　　　　(6.397)　(3.050)	−0.865
保障性住房开发贷款余额与施工面积	$\ln(ds_t) = 0.127\ln(bhd_t) + \varepsilon_t$ 　　　　　　(3.267)	−0.830

　　表3-11的协整方程和误差修正系数表明:(1)存款准备金率、短期消费贷款余额、消费贷款余额、短期消费贷款和经营性贷款余额、消费贷款和经营性贷款等分别与施工面积不存在协整关系。(2)五年以上贷款利率与施工面积存在协整关系,五年以上贷款利率增加一个绝对单位,施工面积增长0.225%。(3)狭义货币增长1%,施工面积增长1.228%。(4)广义货币增长1%,施工面积增长1.027%。(5)M_2同比增长率与GDP同比增长率之差增加一个绝对单位,施工面积增长0.546%。(6)房地产贷款余额增长1%,施工面积增长2.124%。(7)个人购房贷款余额增长1%,施工面积增长0.262%。(8)房产开发贷款余额增长1%,施工面积增长0.299%。(9)地产开发贷款余额增长1%,施工面积增长0.378%。(10)保障性住房开发贷款余额增长1%,施工面积增长0.127%。(11)综上所述,多数货币政策变量和信贷政策变量都与施工面积存在协整关系,这是因为货币政策和信贷政策直接影响房地产开发资金来源,进而影响房地产投资和施工面积。直观来看,2003年以来,我国货币供应量和各类房地产贷款余额持续上升,同期房地产施工面积也在上升,因此变量之间可能存在协整关系。(12)误差修正系数均为负值,但货币政策的误差修正系数的绝对值较小,特别是利率、M_2同比增长率与GDP同比增长率的误差修正系数的绝对值非常小,这可能与货币政策在一段时间内保持稳定有关。各类贷款与施工面积的误差修正系数的绝对值较大,表明当短期波动偏离长期均衡时,能够迅速调整到均衡状态。

第五节　土地政策效应的实证检验

第二章提到了土地政策的成本效应,即单位土地价格下降,导致土地需求上升,房屋供给增加。可用两个指标表示单位土地价格:一是100个大中城市成交住宅土地楼面均价;二是成交住宅土地溢价率。分别使用定金预付款和竣工面积表示房屋需求和供给。由于单位土地价格的两个时间序列起始于2008年1月,因此研究的时间范围为2008年1月至2017年7月。但由于成交住宅土地楼面均价是时间平稳序列,而定金预付款和竣工面积是一阶差分平稳序列,故无法进行协整检验。成交住宅土地溢价率和竣工面积虽然都是一阶差分平稳序列,但二者并不存在协整关系。成交住宅土地溢价率和定金预付款虽然都是一阶差分平稳序列,但二者并不存在协整关系。

在结构效应中,住宅用地供给增加,导致房屋供给增加。住宅用地供给用两个指标表示:一是住宅供应土地占地面积;二是住宅供应土地占地面积占供应土地占地面积之比。由于这两个时间序列都是平稳时间序列,而定金预付款和竣工面积是一阶差分平稳序列,故无法进行协整检验。

第六节　货币政策对房地产价格的影响

通过前面的单位根检验可知,狭义货币供应量、广义货币供应量、M_2 同比增长率与GDP同比增长率之差,都是一阶单整。狭义货币供应量既与房地产需求存在协整关系又与房地产供给存在协整关系。广义货币供应量、M_2 同比增长率与GDP同比增长率之差分别与房地产需求存在协整关系。加之房价也是一阶单整。因此验证房价与狭义货币供应量、广义货币供应量、M_2 同比增长率与GDP同比增长率之差是否存在协整关系,结果表明至少存在两个协整关系。西姆斯、斯托克和沃森(Sims、Stock和Watson,1990)指出,若不平稳的变量之间存在协整关系,则可以从变量水平值的 VAR 模型中得出一致性估计。因此,我们可以对房价、狭义货币供应量、广义货币供应量、M_2 同比增长率与 GDP 同比增长率之差建立 VAR 模型。

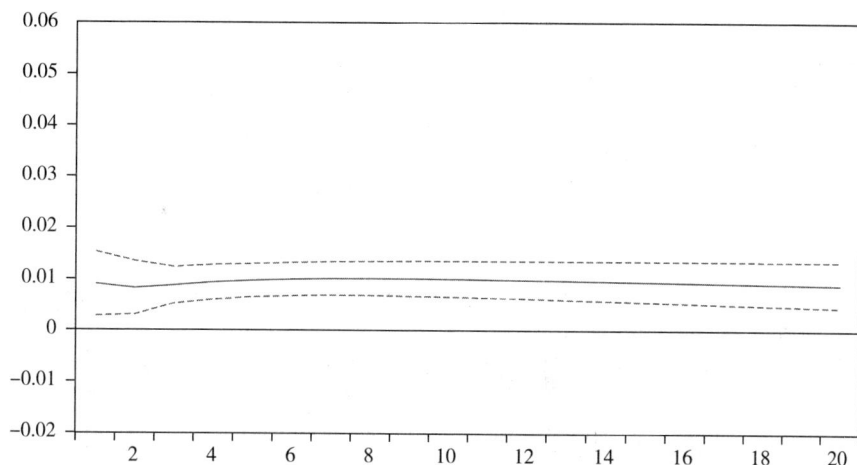

图 3-1 狭义货币冲击引起房价的响应函数

注:横轴表示时期数。纵轴表示响应大小。图中的实线是脉冲响应函数线,虚线表示正负两倍标准
   差偏离带。下同。

资料来源:国家统计局,Wind。

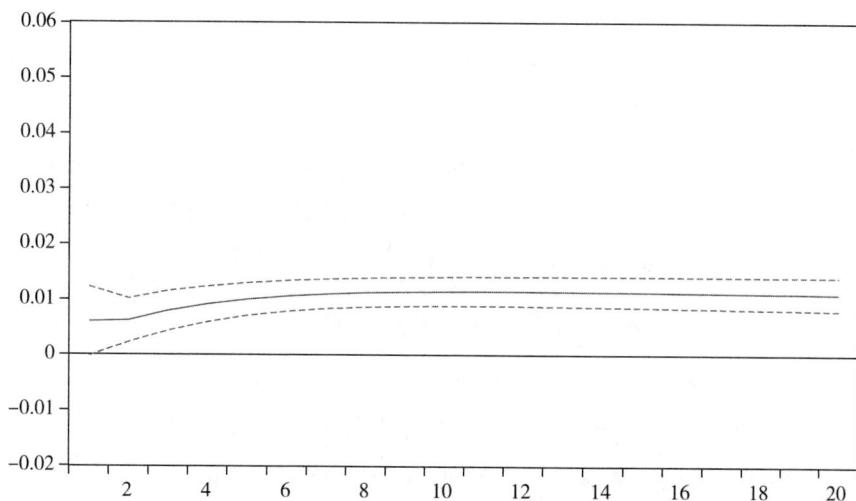

图 3-2 广义货币冲击引起房价的响应函数

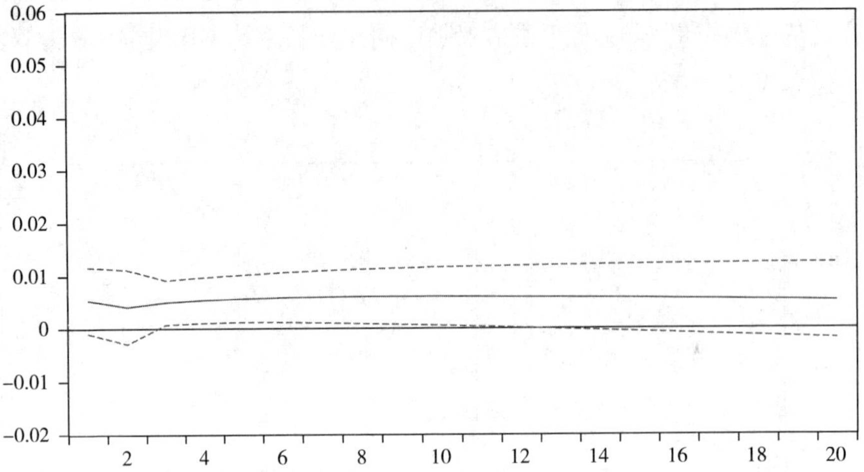

图 3-3　M_2 同比增长率与 GDP 同比增长率之差冲击引起房价的响应函数

图 3-1、图 3-2、图 3-3 分别用广义脉冲方法得到的房价对狭义货币、广义货币、M_2 同比增长率与 GDP 同比增长率之差的冲击的脉冲响应函数。横轴表示冲击作用的滞后阶数,纵轴表示房价的响应,实线表示脉冲响应函数,代表了房价对货币政策冲击的反应,虚线表示正负两倍标准差偏离带。从图 3-1 可以看出,当在本期内给 $\ln(M_1)$ 一个正冲击后,$\ln(hp)$ 会在第 1 期迅速上涨,在第 8 期达到最大值 0.010151,之后响应值小幅减少,但直到第 20 期该正向冲击对 $\ln(hp)$ 的影响仍然显著为正数。从图 3-2 可以看出,$\ln(hp)$ 对 $\ln(M_2)$ 一个单位正向冲击的反应,与 $\ln(hp)$ 对 $\ln(M_1)$ 一个单位正向冲击的反应相似。从图 3-3 可以看出,当在本期给 M_2 同比增长率与 GDP 同比增长率之差一个单位正向冲击后,$\ln(hp)$ 立即上涨,并在第 9 期达到最大值 0.006083,之后响应值小幅减少,但直到第 20 期,房价响应值仍然为正数。因此,上面分析进一步验证了第三章的效应假说,即宽松货币政策冲击导致房价上涨,并且此影响具有较长的持续效应。虽然从图 3-1、图 3-2 和图 3-3 看不出脉冲响应图向零轴收敛,但笔者尝试加大滞后阶数,能明显看到向零轴收敛的趋势。

第七节　信贷政策对房地产价格的影响

由前面的单位根检验可知,房地产贷款余额、个人购房贷款余额、房产开发贷款余额、地产开发贷款余额、保障性住房开发贷款余额、消费贷款余额等都是一阶单整时间序列,而除地产开发贷款余额以外的其他4个变量均与房地产供求存在协整关系,而房价也是一阶单整序列。通过协整检验可知,房价、房地产贷款余额、个人购房贷款余额、房产开发贷款余额、保障性住房开发贷款余额、消费贷款余额存在协整关系。西姆斯、斯托克和沃森(Sims、Stock 和 Watson,1990)指出,若不平稳的变量之间存在协整关系,则可以从变量水平值的 VAR 模型中得出一致性估计。因此,尝试构建房价、房地产贷款余额、个人购房贷款余额、房产开发贷款余额、保障性住房开发贷款余额、消费贷款余额的 VAR 模型,但该 VAR 模型并不平稳。于是我们依次将房价与各变量构建两变量 VAR 模型,发现房价与房地产贷款余额、房价与个人购房贷款余额、房价与房产开发贷款余额、房价与消费贷款余额的 VAR 模型均不平稳,只有房价与保障性住房开发贷款余额的 VAR 模型是平稳的,且二者存在协整关系。

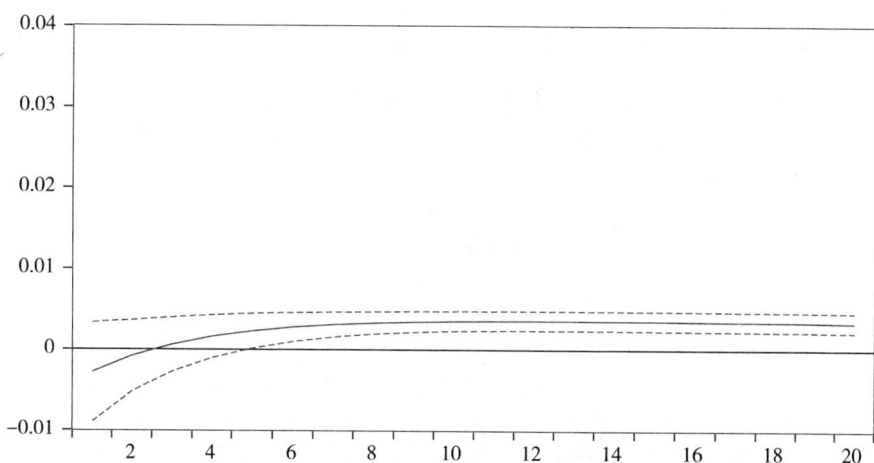

图3-4　保障性住房开发贷款余额冲击引起房价的响应函数

图 3-4 是用广义脉冲方法得到的房价对保障性住房开发贷款余额冲击的脉冲响应函数,横轴表示冲击作用的滞后阶数,纵轴表示房价的响应,实线表示脉冲响应函数,代表了房价对保障性住房开发贷款余额冲击的反应,虚线表示正负两倍标准差偏离带。从图 3-4 可以看出,当在本期内给保障性住房开发贷款余额对数值 $\ln(bhd)$ 一个正冲击后,$\ln(hp)$ 在前 2 期出现小幅下跌,从第 3 期后转为正值,在第 13 期 $\ln(hp)$ 响应值达到最大值 0.003590,且持续到第 20 期脉冲响应值仍然为正值。相比于狭义货币、广义货币、M_2 同比增长率与 GDP 同比增长率之差的冲击,房价对保障性住房开发贷款余额冲击的脉冲响应函数值明显偏低。

尽管前面验证了宽松信贷政策会导致房屋供求同时增加,在短期内房屋需求增长更快,因此导致短期房价上升。但只有保障性住房开发贷款余额正向冲击从第 3 期开始会引起房价小幅上升,房价不对其他房贷冲击产生响应。因此无法得出宽松房贷政策会导致房价上升的结论。

第八节 土地政策对房地产价格的影响

前面的单位根检验显示,在土地政策中住宅土地溢价率是一阶单整,而成交住宅土地楼面均价、住宅供给土地占地面积、住宅供应土地占地面积占供应土地占地面积之比都是平稳时间序列。由于房价与住宅土地溢价率没有协整关系,因此不能对二者构建 VAR 模型。我们尝试将房价的一阶差分与成交住宅土地楼面均价、住宅供给土地占地面积、住宅供应土地占地面积占供应土地占地面积之比构建 VAR 模型。

图 3-5、图 3-6 和图 3-7 分别为房价一阶差分对成交住宅土地楼面均价、住宅供给土地占地面积、住宅供应土地占地面积占供应土地占地面积之比的正向冲击的反应。可以看出:(1)当在本期给成交住宅土地楼面均价 $\ln(zzjj)$ 一个正向冲击后,除在第 1 期 $\Delta\ln(hp)$ 对冲击作出正向反应,第 4 期有非常微弱的正向反应外,其他各期均是非常微小的负向影

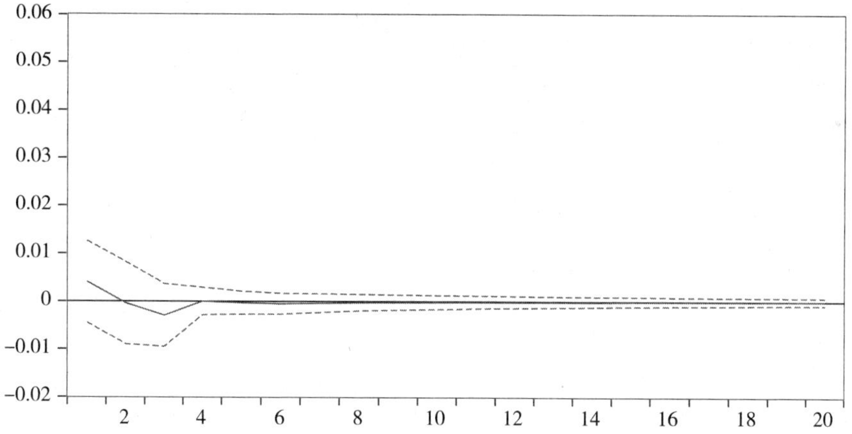

图 3-5　成交住宅土地楼面均价冲击引起房价一阶差分的响应函数

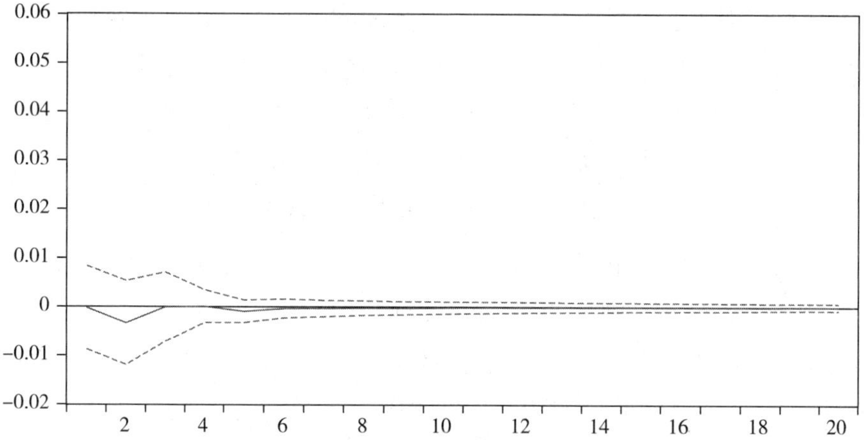

图 3-6　住宅供给土地占地面积的冲击引起房价一阶差分的响应函数

响。(2)当在本期给住宅供给土地占地面积 $\ln(zzgj)$ 一个正向冲击后,除在第 4 期 $\Delta\ln(hp)$ 对冲击作出微小的正向反应外,其他各期响应值均为负值,但从第 3 期开始负值几乎可以忽略不计。(3)当在本期给住宅供应土地占地面积占供应土地占地面积之比 $\ln(zztb)$ 一个正向冲击后,第 1 期 $\Delta\ln(hp)$ 的响应值为负数,第 2 期和第 3 期的响应值则为正数,从第 4 期到第 20 期则是非常微小的负值。

根据第二章的效应分析,可以发现:(1)成交住宅土地楼面均价上

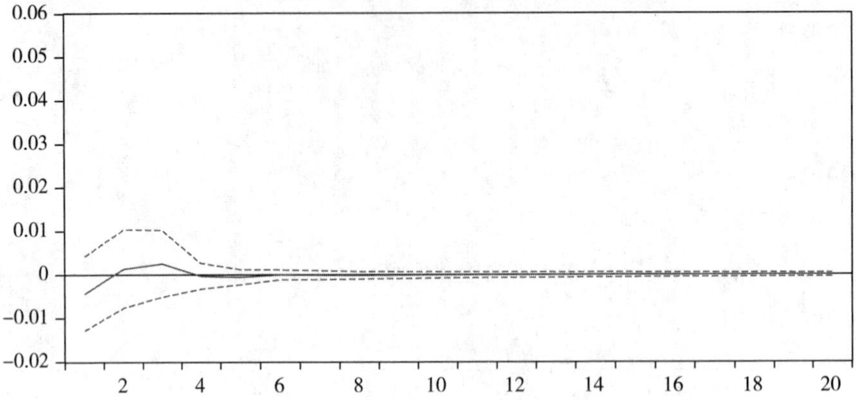

图 3-7　住宅供应土地占地面积占供应土地占地面积之比的
冲击引起房价一阶差分的响应函数

升,会通过成本上升导致房价上升,但脉冲响应表明只在第 1 期有明显正向反应和第 4 期有微小正向反应。(2)住宅供给土地占地面积增加,会导致住宅供给增加和价格下降,但只在第 2 期对房价有明显负向影响。尽管除第 4 期外的响应值都是负数,但数值过小几乎可以忽略不计。(3)住宅供应土地占地面积占供应土地占地面积之比上升,会导致住宅供给增加和房价下降,但只对第 1 期房价有较为明显的负向影响。(4)因此,脉冲响应表明,成交住宅土地楼面均价、住宅供给土地占地面积、住宅供应土地占地面积占供应土地占地面积之比的正向冲击,分别仅在第 1 期、第 2 期和第 1 期有明显的理论效应存在。即地价上升导致房价上升、住宅用地供给增加导致房价下降、住宅供应土地占地面积占供应土地占地面积之比上升导致房价下降。在其他各期,土地政策冲击对房价的影响力度非常有限。

第九节　前期房价变动对当期房价的影响

第二章研究了房价上涨的抑制效应和促进效应,抑制效应包括门槛效应、流动性效应、租金效应。促进效应涉及资产负债表效应、抵押资产价格上升效应、投机效应、羊群效应、比价效应、捂盘涨价效应和"影子银行"效应。房价上涨后的促进效应和抑制效应究竟谁更强？我们通过计量经济模型进行验证。以本期房价增长率作为被解释变量、滞后一期房价增长率和滞后两期房价增长率作为解释变量。

其中本期房价增长率＝（本期房价－上一期房价）／上一期房价，用 ghp 来表示。单位根检验显示，房价增长率是平稳时间序列，因此符合构建 ARMA 模型的前提条件。通过对序列的自相关和偏自相关系数进行检验，发现第 4 期的自相关系数和偏自相关系数显著不为 0，因此考虑构建 ARMA 模型，最终构建 ARMA（4,4）模型。回归估计的结果如下：

$$ghp_t = 0.018 - 0.299ghp_{t-4} + u_t \qquad (3-1)$$
$$(3.798)(-2.136)$$

回归结果表明，4 个季度前房价上涨 1 个绝对单位，当季房价下降 0.299 个绝对单位，即对 4 个季度前的房价上涨有抑制作用。

为了提高结论的稳健性，使用房价月度增长率数据，用 $ghpm$ 来表示。单位根检验显示，房价月度增长率是平稳时间序列。通过对序列的自相关和偏自相关系数进行检验，发现第 1 期和第 4 期的自相关系数显著不为 0，第 1 期的偏自相关系数显著不为 0，考虑构建 ARMA 模型。最终选取 ARMA（1,1）模型。回归估计的结果如下：

$$ghpm_t = 0.002 - 0.696ghpm_{t-1} + u_t \qquad (3-2)$$
$$(2.759)(6.670)$$

回归结果表明，前 1 个月房价上涨 1 个绝对单位，当月房价下降 0.696 个绝对单位。即对前一个月的房价上涨有抑制作用。综上所述，无论是按照季度和月度房价增长率，均表明存在房价上涨后的抑制效应。但要注意，这里只是房价上涨速度下降，并不意味着房价绝对值下降。

综上所述，本章关于房地产调控政策各种效应的汇总见表 3-12。

表 3-12　房地产调控政策的各种效应的检验结果

各类调控政策的效应	效应描述	效应是否存在
宽松货币政策的效应	房屋需求增加	存在
	房地产资金供给增加	存在
	房地产投资供给增加	存在
	房地产土地供给增加	存在
	房地产建设供给增加	存在
	房价上涨	存在
宽松信贷政策的效应	房屋需求增加	存在
	房地产资金供给增加	存在
	房地产投资供给增加	存在
	房地产土地供给增加	存在
	房地产建设供给增加	存在
	房价上涨	在第五章得到了证实
宽松税收政策的效应	房屋需求增加	没有验证
	房屋供给增加	没有验证
	房价上涨	在第五章得到了证实
宽松土地政策的效应	房屋供给增加	无法验证
	房价下降	仅在第1期或第2期成立
房价上涨后的效应	抑制效应占优势	存在

第四章 房地产调控政策对区域和全国房价的影响

第三章运用时间序列,验证了各类房地产调控政策效应是否存在。由于时间序列只能反映同一个体在不同时点的变化,有一定局限性。而房地产市场具有明显的区域性,不同省份、不同城市的房地产市场存在较大差异,因此我们希望能够研究房地产调控政策对不同地区房地产市场的影响。为此,考虑应用面板模型来研究。面板模型将各省区市的房地产截面数据与时间序列数据综合起来,既能提供不同省区市房地产市场在同一时间的横截面信息,又能提供同一省区市在不同时点的房地产市场的动态变化。

尽管第三章验证了宽松信贷政策会导致购房需求和供给同时增加,但只有保障性住房开发贷款余额正向冲击从第 3 期开始会引起房价小幅上升,房价不对其他房贷冲击产生响应。因此单纯使用时间序列无法得出宽松信贷政策会导致房价上升的结论。但我们观察到 2009 年和 2016 年的房地产贷款都伴随着房价快速上涨。房地产贷款的供给主体可分为公积金管理中心和各类金融机构,分别提供公积金贷款和商业贷款。公积金贷款和商业贷款等是否促进房价上涨?我们试图运用面板模型进行实证研究。此外,本章还将从全国层面和区域层面分别研究税收政策对房地产市场的影响。

第一节 研究设计、数据和变量

一、研究设计

(一)使用 F 检验判断模型设定形式

根据常数项和系数项是否为常数,可将面板模型的设定形式划分为三种类型:无个体影响的不变系数模型(截距项和系数项都为常数)、变截距模型(系数项为常数)、变系数模型(截距项和系数项皆非常数)。三种设定形式的具体表达如公式(4-1)、公式(4-2)和公式(4-3)所示。

无个体影响的不变系数模型:

$$y_{it} = \alpha + x_{it}\beta + \mu_{it} \quad i = 1,2,3,\cdots N; \quad t = 1,2,3,\cdots T \qquad (4-1)$$

变截距模型:

$$y_{it} = \alpha_i + x_{it}\beta + \mu_{it} \quad i = 1,2,3,\cdots N; \quad t = 1,2,3,\cdots T \qquad (4-2)$$

变系数模型:

$$y_{it} = \alpha_i + x_{it}\beta_i + \mu_{it} \quad i = 1,2,3,\cdots N; \quad t = 1,2,3,\cdots T \qquad (4-3)$$

检验样本数据究竟属于哪种面板模型形式,主要检验以下两个假设:

$$H_1 : \beta_1 = \beta_2 = \beta_3 = \cdots = \beta_N \qquad (4-4)$$

$$H_2 : \alpha_1 = \alpha_2 = \alpha_3 = \cdots = \alpha_N \quad \beta_1 = \beta_2 = \beta_3 = \cdots = \beta_N \qquad (4-5)$$

$$F_1 = \frac{(S_2 - S_1)/[(N-1)k]}{S_1/[NT - N(k+1)]} \sim F[(N-1)k, N(T-k-1)]$$

$$(4-6)$$

$$F_2 = \frac{(S_3 - S_1)/[(N-1)(k+1)]}{S_1/[NT - N(k+1)]} \sim F[(N-1)(k+1),$$

$$N(T-k-1)] \qquad (4-7)$$

需要通过 F_1、F_2 两个统计量来判断上述两个假设是否成立,如公式(4-6)和公式(4-7)所示,N 为个体数目,k 为自变量个数,T 为时间长度,S_1、S_2、S_3 分别为变系数、变截距和无个体影响的不变系数模型(混合模型)的残差平方和。若计算得到的 F_2 的值小于给定置信区间的临界值,则认为样本数据符合无个体影响的不变系数模型,直接用 OLS 估计即可;若 F_2 的值大于等于给定置信区间的临界值,则继续检验假设 H_1。若计算得到的 F_1 的值小于给定置信区间的临界值,则认为样本数据符合变截距模型;若 F_1 的值大于等于给定置信区间的临界值,则拒绝原假设,即选择变系数模型。当使用 F 检验判断出模型形式是变截距模型或变系数模型后,还需要利用 Hausman 检验进一步判断是固定效应还是随机效应模型。

除了上面提到的方法外,还可以利用布鲁奇和蒲甘(Breusch 和 Pagan,1980)提出的 LM 检验(LM Test for Individuals-specific Effects)来判断是否存在个体效应。LM 统计量服从 χ^2 分布。LM 检验的原假设是不存在个体效应,如果接受原假设,则使用无个体影响的不变系数模型即混合模型。如果拒绝原假设,则说明原模型中应该有一个反映个体特征的随机扰动项,即样本数据符合变截距模型。但此时存在固定效应和随机效应两种模型形式的可能性,为此要进行 Hausman 检验。

(二)使用 Hausman 检验判断是固定效应还是随机效应

Hausman 检验的原假设是随机效应模型,即个体效应与解释变量不相关。检验过程中所构造的统计量 W 如公式(4-8)所示,其中 $\hat{b}$ 为固定效应模型中回归系数的估计结果,$\hat{\beta}$ 为随机效应模型中回归系数的估计结果,$var[\hat{b}-\hat{\beta}]$ 是固定效应与随机效应模型中回归系数估计结果之差的方差。统计量 W 服从自由度为 k 的 χ^2 分布,k 为模型中解释变量的个数。通过比较 W 统计量与 χ^2 分布临界值来判断原假设是否成立。若统计量 $W > \chi^2_{\alpha}(k)$,则拒绝原假设,采用固定效应模型。反之则采用随机效应模型。

$$W = [\hat{b} - \hat{\beta}]' var [\hat{b}\hat{b}\hat{\beta}]^{b1} [\hat{b}-\hat{\beta}] \tag{4-8}$$

二、样本与数据来源

限于公积金数据的可得性,在研究公积金对房价的影响时,选取北京、广州、武汉、上海、杭州、南京、天津、重庆、郑州、西安等 10 个比较具有代表性的大中型城市为研究对象。由于天津市的公积金提取金额和贷款发放额数据起始于 2008 年,而重庆市的公积金提取金额和贷款发放额数据则起始于 2009 年,为此我们选取的数据时间范围为 2009 年至 2017 年。因此我们最终选取北京、广州等十个大中型城市 2009 年至 2017 年间的公积金数据和房价数据。

由于公积金数据都是由各市住房公积金管理中心搜集并公布,因此数据是以市为单位进行统计的。而商业贷款方面的数据都是以省或直辖市为口径统计的,因此,我们只能分别探讨公积金和商业贷款对房价变动的影响。为了使公积金和商业贷款对房价的影响具有可比性,我们选取公积金城市所对应的省和直辖市的房地产贷款数据,即研究对应省和直辖市房地产贷款对房价的影响。公积金数据来自各地住房公积金管理中心,商业贷款和房价数据来自国家统计局。

房地产税收涉及十多个具体税种,但由于数据的可得性,本书主要选取了其中以房地产为直接征税对象的房产税、耕地占用税、城镇土地使用税、土地增值税和契税等五个税种。研究时间段也是从 2009 年至 2017 年。税收数据来自财政部。

三、变量选取

(一)商品房平均销售价格

选取商品房平均销售价格作为被解释变量,该变量是指报告期内由各类商品房的销售总额除以销售总面积而计算得出的平均价格,反映了一个国家或地区一定时期内所有商品房销售价格的平均水平。本章选取北京、广州、武汉、上海、杭州、南京、天津、重庆、郑州、西安等 10 个重要城市的 2009—2017 年的房价作为研究对象。

(二)公积金

选取住房公积金提取金额以及住房公积金贷款发放金额两个指标作为影响房价变动的解释变量。

公积金提取金额。缴存职工提取公积金必须要满足一定条件,即在购买、建造、翻建、大修自住房及偿还住房贷款本息等情况下才能提取公积金。而上述行为中的购买、偿还住房贷款都直接增加了商品房需求。建造、翻建、大修自住房会增加或改善住房供给。但因购买和偿还住房贷款而提取的公积金金额会远高于翻建和大修自住房而提取的公积金金额,因此可以认为公积金提取金额越多,购房需求越大,在其他条件不变时房价上涨。

公积金贷款发放金额。公积金贷款是指缴存住房公积金的职工享受的贷款。国家规定,凡是缴存公积金的职工均可按公积金贷款的相关规定申请个人住房公积金贷款。公积金贷款可以缓解居民购房的资金压力,增加人们的购房需求。在其他条件不变的情况下购房需求增加导致房价上涨。

(三)商业贷款

选取房地产开发企业年资金来源中的国内贷款以及其他资金来源作为解释变量。(1)房地产开发企业资金来源:国内贷款。指报告期房地产开发企业为了房地产开发与经营的需要,向银行及非银行金融机构借入的各种国内借款。(2)房地产开发企业资金来源:其他资金。房地产开发企业资金来源中的其他资金主要包括定金及预收款和个人按揭贷款,二者合计通常占到其他资金总和的85%以上,有时甚至能占到其他资金总和的90%以上。

(四)房地产税收变量

在前期准备、建造、销售和持有等各个环节,房地产行业涉及十多个税种。其中有些税种如营业税、增值税、个人所得税、企业所得税等涉及的纳税主体和应税对象非常广泛,不能从中分离出房地产行业的税收。而房产税、耕地占用税、城镇土地使用税、土地增值税和契税等与房地产密切相关,因此选用上述五个税种作为房地产税收政策研究变量。

房产税是以房屋为征税对象,按房屋的计税余值或租金收入为计税依据,向产权所有人征收的一种财产税。房产税是属于保有环节的税收。

耕地占用税。耕地占用税是属于开发环节的税收。耕地占用税是国家对占用耕地建房或者从事其他非农业建设的单位和个人,依据实际占用耕地面积、按照规定税额一次性征收的一种税。

城镇土地使用税。城镇土地使用税是指在城市、县城、建制镇、工矿区范围内使用土地的单位和个人,以实际占用的土地面积为计税依据,依照规定由土地所在地的税务机关征收的一种税。

土地增值税。土地增值税是指转让国有土地使用权、地上的建筑物及其附着物并取得收入的单位和个人,以转让所取得的收入包括货币收入、实物收入和其他收入减去法定扣除项目金额后的增值额为计税依据向国家缴纳的一种税,不包括以继承、赠与方式无偿转让房地产的行为。

契税。契税则是以所有权发生转移变动的不动产为征税对象,向产权承受人征收的一种财产税。应缴税范围包括:土地使用权出售、赠与和交换、房屋买卖、房屋赠与等。

(五)控制变量

根据前人的研究可知,地区 GDP 与房价的变化息息相关。鉴于本章的面板数据个数并不多,且地区 GDP 与人均可支配收入、城市特征等有较强的相关性,因此将地区 GDP 或地区 GDP 增长率作为模型中的控制变量。

综上所述,各变量可归纳为表4-1。

表4-1 变量小结

	变量名称	变量符号
房价	商品房平均销售价格(城市)	hp
	商品房平均销售价格(省和直辖市)	hp^*
	房价增长率(城市)	pr
	房价增长率(省和直辖市)	pr^*
公积金	公积金提取金额	tqe
	公积金贷款发放金额	$ffje$
	公积金提取金额增长率	tr
	公积金贷款发放金额增长率	fr
	公积金提取金额占缴存额比率	tjb
	公积金贷款发放金额占缴存额比率	fjb
商业贷款	房地产开发企业资金来源:国内贷款	efl
	房地产开发企业资金来源:其他资金	efo
	房地产开发企业资金来源:国内贷款增长率	$eflr$
	房地产开发企业资金来源:其他资金增长率	$efor$
	国内贷款占资金来源比率	$eflb$
	其他资金占资金来源比率	$efob$

变量名称		变量符号
房地产税收	房产税	pt
	城镇土地使用税	ut
	土地增值税	lt
	耕地占用税	ct
	契税	dt
控制变量	国内生产总值(城市)	GDP
	国内生产总值(省和直辖市)	GDP^*
	国内生产总值增长率(城市)	gr
	国内生产总值增长率(省和直辖市)	gr^*

注:括号中的城市指前面提到的十个城市,省和直辖市指十个城市所在的省和直辖市,例如杭州对应浙江省。

第二节　公积金贷款对区域房价的影响

一、公积金对区域房价的影响(绝对值视角)

建立模型如下:

$$\ln(hp_{it}) = \alpha_i + \beta_{1i}\ln(tqe_{it}) + \beta_{2i}\ln(ffje_{it}) + \beta_{3i}\ln GDP_{it} + \varepsilon_{it} \qquad (4-9)$$

其中,α_i 为截距项,β_{1i}、β_{2i}、β_{3i} 为解释变量的系数,ε_{it} 表示随机误差项。该模型表明,房价受公积金提取金额、公积金贷款额、地区 GDP 的影响。需要通过 F 检验和 Hausman 检验来判断模型的设定形式。

(一)模型设定形式

我们分别对变系数、变截距和混合模型进行回归,得到 S_1、S_2、S_3 和 Hausman 检验值,其中 $S_1 = 0.167$,$S_2 = 0.334$,$S_3 = 6.310$,根据面板数据我们可得 $N = 10$,$K = 3$,$T = 7$。通过计算可得 $F_2 = 30.600$,查表可得 $F_{0.05}(36,30) = 1.808$。由于 $F_2 = 30.600 > 1.808$,所以拒绝原假设,该样本数据不是无个体影响的不变系数模型。我们继续计算出 $F_1 = 1.109$,通过查找 F 分布表可得 $F_{0.05}(27,30) = 1.862$,由于 $F_1 < 1.862$,

所以接受原假设,建立变截距模型(见表4-2)。

表4-2　公积金对房价影响模型的形式设定检验

检验统计量	数值	临界值	结论
F_2	30.600	1.808	样本数据不是无个体影响的不变系数模型
F_1	1.109	1.862	样本数据是变截距模型
Hausman 检验（W 统计量）	3.006（0.3908）	6.450	样本数据是固定效应变截距模型

在确定设定形式是变截距模型后,还需要使用 Hausman 检验来判断是随机效应变截距模型还是固定效应变截距模型。根据表4-2,该模型中 Hausman Test 统计量（W）是 $3.006 < \chi_{0.05}^2(3) = 7.815$, p 值 $0.3908 > 0.05$,所以接受原假设,即个体效应与解释变量不相关。故模型形式为随机效应变截距模型。

(二)模型估计结果

表4-3　公积金对地区房价的影响

变量	系数	t 值	p 值	显著性
公积金提取金额	0.013	3.152	0.000	显著
公积金贷款发放金额	0.079	2.780	0.000	显著
地区 GDP	0.657	6.877	0.000	显著
常数项 c	3.357	5.016	0.022	显著

表4-4　各地区随机效应偏离平均值的估计结果

地区	随机效应估计值	地区	随机效应估计值
北京	0.315	南京	0.251
广州	0.150	天津	-0.238
武汉	-0.172	重庆	-0.766
上海	0.502	郑州	-0.092
杭州	0.493	西安	0.008

表4-3给出了随机效应变截距模型的估计结果,该估计结果表明:(1)公积金提取金额每增加1%,将会推动房价上涨0.013%;(2)住房公积金贷款发放金额每增加1%,将会推动房价上涨0.079%;(3)地区GDP每增加1%,推动房价上涨0.657%。可见当地经济发展是推动房价上涨的主要推动力,公积金提取金额和公积金贷款发放金额都对房价有正向影响。

表4-4是各地区随机效应变截距模型的估计结果,其中上海、杭州、北京、南京、广州的截距项都为正数,而重庆、天津、武汉、郑州的截距项都为负数,郑州、西安的截距项的绝对值很小。

二、公积金对区域房价的影响(增长率视角)

前面验证了公积金提取金额、公积金贷款发放金额的绝对数量增加,能够促进房价上涨。那么公积金增长率对房价增长率有何影响呢?我们根据原始数据计算出房价增长率、公积金提取金额增长率、公积金贷款发放金额增长率、地区GDP增长率等数据,然后运用面板模型分析公积金增长率对房价增长率的影响。

(一)模型设定形式

建立模型如下:

$$pr_{it} = \alpha_i + \beta_{1i}tr_{it} + \beta_{2i}fr_{it} + \beta_{3i}gr_{it} + \varepsilon_{it} \qquad (4-10)$$

其中,α_i为截距项,β_{1i}、β_{2i}、β_{3i}为解释变量的系数,ε_{it}表示随机误差项。该模型表明,房价增长率受公积金提取金额增长率、公积金贷款发放金额增长率、地区GDP增长率的影响。我们需要通过F检验和Hausman检验来判断模型的设定形式。

我们分别对变系数、变截距和混合模型进行回归,得到三种模型形式的残差平方和S_1、S_2、S_3,并在此基础上计算出$F_2 = 0.513$。根据查表可得$F_{0.05}(36,30) = 1.808$,$F_2 < 1.808$,因此不能拒绝H_2原假设,应建立无个体影响的不变系数模型,即混合模型。

（二）模型估计结果

表4-5　公积金增长率对区域房价增长率的影响

变量	系数	t 值	p 值	显著性
公积金提取金额增长率	−0.025	−2.061	0.047	显著
公积金贷款发放金额增长率	0.008	3.387	0.000	显著
地区 GDP 增长率	0.775	2.969	0.004	显著
截距项	−0.013	−2.291	0.032	显著

F 检验表明模型形式应为无个体影响的不变系数模型即混合模型，因此我们可以对该模型进行估计，估计结果如表4-5所示。该估计结果表明：（1）公积金提取金额增长率每增加一个绝对单位，则房价增长率下降0.025个绝对单位；（2）公积金贷款发放金额增长率每提高一个绝对单位，房价增长率提高0.008个绝对单位；（3）地区 GDP 增长率每增加一个绝对单位，房价增长率提高0.775个绝对单位。可见，公积金贷款发放金额增长率和地区 GDP 增长率对房价增长率具有正向推动作用，但公积金提取金额增长率却对房价增长率有负向抑制作用。提取公积金的原因主要有偿还按揭贷款、大修和翻建自有房屋等，偿还按揭贷款意味着购房行为已经完成，后续购房需求乏力，导致房价增长率下降。而大修和翻建自有房屋是改善住房供给，会减少新房需求，因此导致房价增长率下降。

三、公积金对区域房价的影响（相对比率视角）

（一）模型设定形式

公积金提取金额和公积金贷款发放金额，其资金来源都是公积金缴存额。因此，分析二者在公积金缴存额中的相对比率，能够反映出公积金缴存额的不同用途。在此基础上，进一步研究公积金提取金额占缴存额比率、公积金贷款发放金额占缴存额比率对房价增长率的影响。建立模型如下：

$$pr_{it} = \alpha_i + \beta_{1i}tjb_{it} + \beta_{2i}fjb_{it} + \beta_{3i}gr_{it} + \varepsilon_{it} \tag{4-11}$$

其中，α_i 为截距项，β_{1i}、β_{2i}、β_{3i} 为解释变量的系数，ε_{it} 表示随机误

差项。该模型表明,房价增长率受公积金提取金额占缴存额比率、公积金贷款发放金额占缴存额比率、地区 GDP 增长率的影响。我们需要通过 F 检验和 Hausman 检验来判断模型的设定形式。

我们分别对变系数、变截距和无个体影响的不变系数模型进行回归,得到三种模型的残差平方和 S_1、S_2、S_3,并在此基础上计算出 $F_2 = 1.041$。根据查表可得 $F_{0.05}(36, 30) = 1.808$,$F_2 < 1.808$,因此接受原假设,建立无个体影响的不变系数模型即混合效应模型。

(二)模型估计结果

表 4-6　公积金相对比率对房价增长率的影响

变量	系数	t 值	p 值
公积金提取金额占缴存额比率	−0.085	−2.902	0.002
公积金贷款发放金额占缴存额比率	0.167	3.649	0.001
地区 GDP 增长率	0.623	2.067	0.049
截距项	−0.043	−2.43	0.045

表 4-6 的估计结果表明:(1)公积金提取金额占缴存额比率每提高一个绝对单位,则房价增长率下降 0.085 个绝对单位;(2)公积金贷款发放金额占缴存额比率每提高一个绝对单位,房价增长率比上一年提高 0.167 个绝对单位;(3)地区 GDP 增长率每提高一个绝对单位,房价增长率提高 0.623 个绝对单位。可见,公积金贷款发放金额占缴存额比率、国民生产总值增长率对房价增长率具有正向推动作用。相对比率视角下的实证结果,与增长率视角下的实证结果的方向一致。

第三节　商业贷款对区域房价的影响

一、商业贷款对区域房价的影响(绝对量视角)

(一)模型设定形式

建立模型如下:

$$\ln(hp_{it}^*) = a_i + \beta_{1i}\ln(efl_{it}) + \beta_{2i}\ln(efo_{it}) + \beta_{3i}\ln(GDP_{it}^*) + \varepsilon_{it}$$

$$(4-12)$$

其中,α_i 为截距项,β_{1i}、β_{2i}、β_{3i} 为解释变量的系数,u_{it} 表示随机误差项。该模型表明,房价受到房地产开发资金来源中的国内贷款 efl、房地产开发资金来源中的其他资金 efo、地区 GDP 等因素影响。我们需要通过 F 检验和 Hausman 检验来判断模型的设定形式。

我们分别对变系数、变截距和无个体影响的不变系数模型进行回归,得到三种模型形式的残差平方和 S_1、S_2、S_3,并在此基础上计算出 $F_2 = 2.326$。根据查表可得 $F_{0.05}(36,30) = 1.808$,$F_2 > 1.808$,拒绝原假设,即不是无个体影响的不变系数模型。进一步计算 $F_1 = 1.661$。根据查表可得 $F_{0.05}(27,30) = 1.862$,$F_1 < 1.862$,因此,接受 H_1 原假设,即为变截距模型。

在确定了面板模型的设定形式是变截距模型后,还需要用 Hausman 检验来判断是随机效应变截距模型还是固定效应变截距模型。从 Hausman Test 检验结果可以看出,W 统计量为 19.572,查表得 $\chi^2_{0.05}(3) = 7.815$,$19.572 > 7.815$,所以拒绝原假设,即个体效应与解释变量相关。故模型设定形式为固定效应变截距模型。

(二)模型估计结果

表 4-7　商业贷款对房价的影响

变量	系数	t 值	p 值
国内贷款	0.149	2.078	0.000
其他资金	0.033	1.866	0.002
地区 GDP	0.453	7.090	0.000
截距项	1.993	4.166	0.011

表 4-7 是商业贷款对房价影响的回归结果:(1)房地产开发资金来源中的国内贷款每增加 1%,将会推动房价上涨 0.149%;(2)房地产资金来源中的其他资金每增加 1%,将会推动房价上涨 0.033%;(3)地区 GDP

每增加 1%,推动房价上涨 0.453%。可见,地区经济发展是推动房价上涨的主要推动力,房地产开发贷款和其他资金都对房价有正向影响。

表 4-8　各地区个体固定效应偏离平均值的估计结果

地区	偏离值	地区	偏离值
北京	0.950	江苏	-0.648
广东	-0.410	天津	0.546
湖北	-0.355	重庆	-0.077
上海	0.824	河南	-0.743
浙江	0.032	陕西	-0.743

表 4-8 是各地区个体固定效应偏离平均值的估计结果,其中北京、上海、浙江、天津的截距项均为正值,而广东、湖北、江苏、河南、陕西的截距项均为负值,重庆也为负值但绝对值较小。通常,地区房价越高,地区个体固定效应偏离平均值就越高。

二、商业贷款对区域房价的影响(增长率视角)

(一)模型设定形式

前面验证了房地产开发资金来源中的国内贷款和其他资金能够促进房价上涨。那么国内贷款增长率、其他资金增长率对房价增长率有何影响呢? 根据原始数据计算出房价增长率、房地产开发资金来源中的国内贷款增长率、房地产开发资金来源中的其他资金增长率、地区 GDP 增长率等数据,然后运用面板模型分析商业贷款增长率对房价增长率的影响,建立模型如下:

$$pr_{it}^* = a_i + \beta_{1i}eflr_{it} + \beta_{2i}efor_{it} + \beta_{3i}gr_{it}^* + \varepsilon_{it} \qquad (4-13)$$

其中,α_i 为截距项,β_{1i}、β_{2i}、β_{3i} 为解释变量的系数,ε_{it} 表示随机误差项。pr^* 为各省房价增长率,以区别于 10 个城市的房价增长率 pr。该模型表明,房价增长率受到房地产开发资金来源中的国内贷款增长率、房地产开发资金来源中的其他资金增长率、地区 GDP 增长率等因素影响。我们需要通过 F 检验和 Hausman 检验来判断模型的设定形式。

在对变系数、变截距和无个体影响的不变系数模型进行回归后,分别得到三种模型的残差平方和 S_1、S_2、S_3,并在此基础上计算出 $F_2 = 1.087$。根据查表可得 $F_{0.05}(36,30) = 1.808$,$F_2 < 1.57$,因此接受原假设,建立混合模型。

(二)模型估计结果

表 4-9 商业贷款增长率对房价增长率的影响

变量	系数	t 值	p 值	显著性
国内贷款增长率	−0.061	−2.461	0.039	显著
其他资金增长率	0.195	4.930	0.000	显著
地区 GDP 增长率	0.524	2.793	0.007	显著
截距项	0.002	2.076	0.049	显著

表 4-9 是商业贷款增长率对房价增长率的回归结果,该结果表明:(1)房地产开发资金来源中的国内贷款增长率每提高一个绝对单位,房价增长率下降 0.061 个绝对单位;(2)房地产开发资金来源中的其他资金增长率每提高一个绝对单位,房价增长率提高 0.195 个绝对单位;(3)地区 GDP 增长率每提高一个绝对单位,房价增长率提高 0.524 个绝对单位。毋庸置疑,地区 GDP 增长是房价增长的重要推动力量。但其他资金来源增长也对房价增长起到了明显的推动作用,其他资金增长反映了房屋需求增长,房屋需求增长导致房价上涨。而房地产开发资金来源中的国内贷款增长对房价增长有轻微负向作用,这可能是因为国内贷款增加了房屋供给,在其他条件不变的情况下房价增长率下降。

三、商业贷款占比对区域房价增长率的影响(个体固定效应)

(一)模型设定形式

房地产开发资金来源有以下几个途径:国内贷款、利用外资、自筹资金和其他资金。通常在房地产政策比较宽松时,银行更愿意发放房地产开发贷款和个人按揭贷款,导致开发贷款和其他资金在房地产开发资金来源中的占比较高。因此,我们试图研究房地产开发贷款占开发资金来源的比率、其他资金占开发资金来源的比率对房价增长率的影响。建立模型如下:

$$pr_{it}^* = a_i + \beta_{1i}eflb_{it} + \beta_{2i}efob_{it} + \beta_{3i}gr_{it}^* + \varepsilon_{it} \qquad (4-14)$$

其中,α_i 为截距项,β_{1i}、β_{2i}、β_{3i} 为解释变量的系数,ε_{it} 表示随机误差项。该模型表明,房价增长率受到房地产开发资金来源中的国内贷款占开发资金来源的比率、其他资金占房地产开发资金来源的比率、地区 GDP 增长率等因素影响。我们需要通过 F 检验和 Hausman 检验来判断模型的设定形式。

在分别对变系数、变截距和混合模型进行回归后,得到三种模型的残差平方和 S_1、S_2、S_3,并在此基础上计算出 $F_2 = 2.567$。根据查表可得 $F_{0.05}(36,30) = 1.808$,$F_2 > 1.808$。因此,拒绝原假设,继续计算 F_1。$F_1 = 1.273$,$F(27,30) = 1.64$,$F_1 < 1.64$,所以接受原假设,即建立变截距模型。

在确定了面板模型的设定形式是变截距模型后,还需要使用 Hausman 检验来判断是随机效应变截距模型还是固定效应变截距模型。Hausman 检验结果表明,W 统计量的值为 46.666,查表得 $\chi_{0.05}^2(3) = 7.815$,$46.666 > 7.815$,所以模型设定形式为固定效应变截距模型。

(二)模型估计结果

表 4-10 是商业贷款占比对房价增长率的影响的估计结果,该结果表明:(1)房地产开发资金来源中的国内贷款占比每提高一个绝对单位,房价增长率上升 0.564 个绝对单位;(2)房地产开发资金来源中的其他资金占比每提高一个绝对单位,房价增长率提高 1.658 个绝对单位;(3)地区 GDP 增长率每提高一个绝对单位,房价增长率提高 0.322 个绝对单位。可见,其他资金占比上升将导致房价增长率大幅上升。

表4-10　商业贷款占比对房价增长率的影响的估计结果

变量	系数	t 值	p 值
房地产开发资金来源中的国内贷款占比	0.564	2.499	0.039
房地产开发资金来源中的其他资金占比	1.658	7.516	0.000
地区 GDP 增长率	0.322	1.792	0.078
截距项	−0.795	−5.766	0.000

四、商业贷款占比对区域房价增长率的影响(时间固定效应)

(一)模型设定形式

前面建立了个体固定效应变截距模型。但影响区域房地产市场的除了区域因素外,各类房地产调控政策也是影响区域房地产市场的重要因素。例如,2008 年下半年出台了一系列楼市刺激政策,而 2011 年和 2012 年的政策则明显偏紧,因此有必要来验证是否存在时间固定效应? 建立模型如下:

$$hpr_{it}^* = a_t + \beta_{1i}eflb_{it} + \beta_{2i}efob_{it} + \beta_{3i}gr_{it}^* + \varepsilon_{it} \qquad (4-15)$$

该模型表明,房价增长率除了受到房地产开发贷款占开发资金来源的比率、房地产开发资金来源中的其他资金占开发资金来源的比率、地区 GDP 增长率等因素影响,还受到时间的影响。我们需要通过 F 检验和 Hausman 检验来判断模型的设定形式。

我们分别对变系数、变截距和混合模型进行回归,得到三种模型形式的残差平方和 S_1、S_2、S_3,并在此基础上计算出 $F_2 = 2.038$,通过查表可得 $F(36,30) = 1.78$。由于 $F_2 = 2.038 > 1.78$,所以拒绝原假设,继续计算 $F_1 = 1.52$,根据查表可得 $F_{0.05}(27,30) = 1.862$,$F_1 < 1.862$。所以接受原假设,建立时间固定效应变截距模型。

在确定面板模型的设定形式是时间固定效应变截距模型后,还需要使用 Hausman 检验来判断是随机效应变截距模型还是固定效应变截距模型。

Hausman 检验结果表明，W 统计量的值为 23.485，查表得 $\chi^2_{0.05}(3) = 7.815$，23.485>7.815，所以将模型设定为时间固定效应变截距模型。

(二)模型估计结果

表 4-11 给出了固定效应变截距模型的估计结果，该结果表明：(1)房地产开发资金来源中的国内贷款占比每提高一个绝对单位，房价增长率下降 0.032 个绝对单位；(2)房地产开发资金来源中的其他资金占比每提高一个绝对单位，房价增长率提高 0.244 个绝对单位；(3)地区 GDP 增长率每提高一个绝对单位，房价增长率提高 0.191 个绝对单位；(4)不同年份的时间固定效应不同。如表 4-12 所示，2009 年和 2010 年的时间固定效应为正，这验证了 2008 年下半年实施的宽松楼市刺激政策，在 2009 年起到了促使房价快速上涨的明显效果。尽管从 2009 年年底 2010 年年初开始实施紧缩的房地产调控政策，但由于前期宽松楼市政策的惯性影响，2010 年的时间固定效应仍然为正数，但幅度较 2009 年明显下降。

表 4-11　商业贷款占比对房价增长率的影响(时间固定效应)

变量	系数	t 值	p 值
房地产开发资金来源中的国内贷款占比	-0.032	-1.198	0.044
房地产开发资金来源中的其他资金占比	0.244	2.592	0.017
地区 GDP 增长率	0.191	2.534	0.035
截距项	-0.028	-2.322	0.049

表 4-12　不同年份的时间固定效应偏离平均值的估计结果

年份	偏离值	年份	时间固定效应
2009	0.098	2014	-0.069
2010	0.056	2015	-0.004
2011	-0.008	2016	0.112
2012	-0.055	2017	0.061
2013	-0.018		

2011 年至 2015 年的时间固定效应均为负数:(1)由于始于 2010 年年初的紧缩调控政策逐渐起效,加之 2011 年限购政策从紧和限贷更加严格,因此 2011 年的时间固定效应为负数。(2)2012 年楼市政策仍然保持高压态势,时间固定效应仍然为负且绝对值在加大,表明紧缩调控政策效果明显。(3)2013 年的时间固定效应虽然还是负值但绝对值变小,这与当年春实施的"2013 年国五条"没能在全国广泛实施和没有进一步出台紧缩调控政策有关,在刚性和改善性购房需求带动下 2013 年一线城市房价快速上涨,致使时间固定效应虽然为负值但绝对值很小。(4)2014 年的时间固定效应为负数且绝对值最大,主要是由于刚性和改善性购房需求在 2013 年得到集中释放,加之 2014 年房地产信贷政策仍然紧缩,导致紧缩调控政策效果凸显。(5)2015 年的时间固定效应仍然为负数但绝对值已经很小了,这与"2014 年 930 新政""2015 年 330 新政""2015 年 930 新政"等系列楼市宽松政策以及同期的降息降准密不可分,2015 年深圳房价快速上涨,带动一线和部分二线城市房价上涨,2015 年全国楼市逐渐从低迷走向复苏。2009 年、2016 年和 2017 年的时间固定效应均为正,这与期间的货币政策信贷政策较为宽松密切相关。

第四节　房地产税收对房价的影响

一、房地产税收对全国房价的影响

(一)模型设定检验

构建房地产税收对房价影响的模型,如公式(4-16)所示。F 统计量和 LM 统计量的值均明显大于临界值(见表 4-13),因此拒绝不存在个体效应的原假设,应建立变截距模型。然后进行 Hausman 检验,W 统计量值明显大于临界值,为此选用固定效应变截距模型。

$$\ln(hp_{it}) = \alpha_i + \beta_{1i}\ln(pt_{it}) + \beta_{2i}\ln(ut_{it}) + \beta_{3i}\ln(lt_{it}) + \beta_{4i}\ln(ct_{it}) + \beta_{5i}\ln(dt_{it}) + \varepsilon_{it} \tag{4-16}$$

表4-13　房地产税收对房价影响模型的形式设定检验（全国视角）

检验统计量	数值	检验结果
F 统计量	114.980	样本数据不是混合模型
LM 统计量	1026.841	样本数据不是混合模型
Hausman 检验（W 统计量）	138.521	样本数据是固定效应模型

（二）模型估计结果

模型估计结果为：

$$\ln(hp_{it}) = 2.72 + 0.25\ln(pt_{it}) + 0.08\ln(ut_{it}) + 0.03\ln(lt_{it}) +$$
$$0.01\ln(ct_{it}) + 0.09(dt_{it}) + \varepsilon_{it} \tag{4-17}$$

公式（4-17）的估计结果表明，房产税、城镇土地使用税、土地增值税、耕地占用税、契税与房地产价格呈显著的正相关关系：（1）房产税税收每增加1%，房价将上升0.25%。（2）城镇土地使用税税收每增加1%，房价将上升0.08%。（3）土地增值税税收每增加1%，房价将上升0.03%。（4）耕地占用税税收每增加1%，房价将上升0.01%。（5）契税税收每增加1%，房价将上升0.09%。（6）按照对房价的影响力度从大到小排列依次为房产税、契税、城镇土地使用税、土地增值税和耕地占用税。

二、房地产税收对区域房价的影响

由于各地区所处的地理位置、经济社会发展水平及资源条件等各不相同，全国各地区税收征管情况有所差异，所以不同地区的房地产税收会对房价产生不同的影响，即具有区域性特征。为此，将全国划分为东、中、西部三个区域，从区域层面分别分析房地产税收对房价的影响。

根据各省级行政单位的地理位置以及经济发展水平，把30个省级样本划分为西、中、东部：其中广西、重庆、四川、贵州、云南、陕西、甘肃、青海、宁夏及新疆属于西部地区；河北、山西、内蒙古、吉林、黑龙江、安徽、江西、河南、湖北及湖南属于中部地区；北京、天津、辽宁、上海、江苏、浙江、福建、山东、广东、海南属于东部地区。分别对三个地区进行面板模型分析,以得出税收对区域房价的影响。

(一)模型设定检验

如表4-14所示,东、中、西部三个地区的 F 检验和 LM 检验均拒绝不存在个体效应的原假设,Hausman 检验中的 W 统计量值明显大于临界值,因此均设定为固定效应变截距模型。

表4-14　房地产税收对房价影响模型的形式设定检验(区域层面)

区域	Hausman 检验 (W 统计量)	临界值	结论
西部	138.996	11.071	样本数据是固定效应变截距模型
中部	95.842	11.071	样本数据是固定效应变截距模型
东部	60.846	11.071	样本数据是固定效应变截距模型

(二)模型估计结果

对面板固定效应变截距模型进行估计,估计结果如表4-15所示。

第一,房产税对房价具有显著正向影响,且影响效应具有区域差异,中部地区>东部地区>西部地区:在中部地区,房产税每增长1%,房地产价格将上升0.203%;在东部地区,房产税每增长1%,房地产价格将上升0.174%;在西部地区,房产税每增长1%,房地产价格将上升0.149%;房产税以房产的账面价值为计税依据,不随着房地产市场价格变化而调整,致使其不能真实反映房地产价值。在房地产市场快速发展的背景下,固定的房产税税基影响了房产税对房地产市场的调节能力。

表4-15　房地产税收对房价的影响(区域层面)

变量及参数	被解释变量(商品房平均售价)		
	西部	中部	东部
截距项	3.547*** (11.498)	2.871*** (11.336)	3.424*** (8.317)
房产税	0.149*** (3.082)	0.203*** (6.077)	0.174*** (3.651)

续表

被解释变量（商品房平均售价）			
变量及参数	西部	中部	东部
城镇土地使用税	0.078 *** （3.776）	0.038 ** （2.100）	0.088 *** （4.291）
土地增值税	0.015 （1.406）	0.029 ** （2.500）	0.094 *** （5.546）
耕地占用税	0.044 *** （3.012）	0.044 *** （3.188）	−0.018 （−1.065）
契税	0.108 *** （3.932）	0.115 *** （5.185）	0.071 ** （2.401）
R^2	0.956	0.977	0.965
调整 R^2	0.952	0.977	0.962
DW 值	0.726	0.862	0.764
F 统计量（p 值）	224.728 （0.000）	447.854 （0.000）	287.274 （0.000）
模型类型	个体固定效应	个体固定效应	个体固定效应

注：括号内的值表示 t 值；*** 、** 分别表示在 1%、5% 的显著水平下拒绝原假设。

第二，城镇土地使用税对房价具有显著正向影响，并且这种影响具有区域差异，东部地区最明显，西部地区次之，中部地区最小：在东部地区，城镇土地使用税每增长 1%，房地产价格将上升 0.088%；在西部地区，城镇土地使用税每增长 1%，房地产价格将上升 0.078%；在中部地区，城镇土地使用税每增长 1%，房地产价格将上升 0.038%。开发商需要从约定交付土地时间的次月起缴纳城镇土地使用税，工业、商业企业在使用房地产中，也要缴纳城镇土地使用税。城镇土地使用税的征收提高了土地使用成本，在一定程度上增加了房地产开发成本，开发商通过将城镇土地使用税的成本转嫁到房价中，来实现利润最大化目标。

第三，除西部地区外，土地增值税对房价具有显著正向影响：在中部地区，土地增值税每增长 1%，房地产价格将上升 0.029%；在东部地区土地增值税每增长 1%，房地产价格将上升 0.094%。表明土地增值税对东部地区房价影响最大。

第四,耕地占用税对房价的影响效应明显,并且这种效应具有区域差异。在中、西部地区,耕地占用税对房地产价格具有推动作用,在东部地区,耕地占用税对房价有抑制作用,但抑制效果并不显著。

第五,契税对房价具有显著正向影响,且影响效应具有区域差异:中部地区最明显,西部地区次之,东部地区排在最后:在中部地区,契税每增长1%,房地产价格将上升0.115%;在西部地区,契税每增长1%,房地产价格将上升0.108%;在东部地区,契税每增长1%,房地产价格将上升0.071%。

第五节　各类调控政策对房价影响的比较

一、公积金和商业贷款对房价的影响及其比较

本章分别从绝对量、增长率、相对量等角度研究了公积金和商业信贷对房价的影响。

在绝对量方面,地区GDP、房地产开发资金来源中的国内贷款、公积金贷款发放金额、房地产开发资金来源中的其他资金、公积金提取金额等分别每增长1%,将分别推动房价上升0.657%(0.453%)、0.149%、0.079%、0.033%和0.0126%。可得到以下结论:(1)地区GDP越高,房价越高。(2)相比于公积金贷款,房地产开发资金来源中的国内贷款对房价的推动力要大。可能的解释是由于商业贷款规模远高于公积金贷款规模,因此商业贷款对房价的推动力度要高于公积金贷款。(3)相比于公积金提取金额,公积金贷款发放金额对房价的推动力度更大。可能的解释是公积金贷款发放直接增加购房需求,因此导致房价上升。而公积金贷款提取金额通常是在购房之后才能提取公积金,即提取公积金时房价已经上升了,因此提取公积金对推升房价的力度有限。

在增长率方面,地区GDP增长率、其他资金增长率、公积金贷款发放金额等分别每增加一个绝对单位,导致房价增长率上升0.775(0.524)、0.196、0.008个绝对单位,三者均对房价增长率有正向影响。而公积金

提取金额增长率、房地产开发贷款增长率分别每上升一个绝对单位,导致房价增长率分别下降0.025个、0.06个绝对单位。可得到以下结论:(1)地区GDP增长率仍然是房价增长的最重要推动力。(2)除地区GDP增长率外,其他资金增长率对房价增长率的推动力度也很强。可能的解释是,其他资金主要由定金和预付款、个人按揭贷款等组成,因此其他资金反映了购房需求。购房需求增长率提高,将会导致房价增长率上升。(3)公积金提取金额增长率和房地产开发资金来源中的国内贷款增长率上升,导致房价增长率下降。前面提到,公积金提取是在购房之后的行为,因此公积金提取金额越多,表明前期房屋销售火爆,可能预示着后期房价上升乏力。房地产开发贷款增长率上升,开发商资金充沛,房屋供给增加,在其他条件不变的情况下,有助于平抑房价。

在相对量方面,公积金相对量指公积金提取金额占公积金缴存额的比率、公积金贷款发放金额占缴存额的比率。商业贷款相对量指开发贷款占房地产企业开发资金来源的比率、其他资金占房地产开发企业资金来源的比率。得到了以下结论:(1)公积金提取金额占缴存额的比率、公积金贷款发放金额占缴存额的比率等分别每提高一个绝对单位,则房价增长率分别下降0.085个绝对单位和提高0.166个绝对单位。对于没有动用公积金贷款的购房者,可在购房后提取公积金用于偿还银行贷款。公积金提取金额占比上升,反映前期购房金额增长较快,若后续购房需求不能跟上,房价增长率就可能下降。(2)房地产开发资金来源中的国内贷款占开发资金来源的比率、房地产开发资金来源中的其他资金占开发资金来源的比率等分别每提高一个绝对单位,房价增长率分别上升0.06个绝对单位和1.658个绝对单位。在房地产开发资金来源总量一定的情况下,不同方向的房地产调控政策对开发资金来源结构有一定影响,通常在宽松房地产调控政策中,获取房地产开发贷款和个人按揭贷款相对容易,并且银行通常更愿意发放个人按揭贷款,因此包含个人按揭贷款的其他资金占比上升,会导致房价快速上涨。

在相对量研究方面,个体固定效应模型与时间固定效应模型的结论有所差异。对于个体固定效应和时间固定效应,房地产开发资金来源中的国内贷款占比每提高一个绝对单位,房价增长率分别上升0.564个绝对单位和下降0.032个绝对单位。房地产开发资金来源中的其他资金占比每提高一个绝对单位,房价增长率分别提高1.658个绝对单位和0.244个绝对单位。但无论是个体固定效应模型还是时间固定效应模型,相比于房地产开发资金来源中的国内贷款,房地产开发资金来源中的其他资金更能促进房价上涨,这进一步说明房地产需求是推动房价上涨的重要力量,即银行个人按揭贷款在推动房价上涨中发挥了重要作用。

综上所述,对房价影响最大的是地区GDP,其次是商业贷款,最后是公积金贷款。在商业贷款中,房地产开发资金来源中的其他资金影响力度要大于房地产开发资金来源中的国内贷款。在公积金中,公积金贷款发放金额的影响力度要大于公积金提取金额。

二、税收对房价的影响及其比较

区域层面房地产各税种对房价的影响力度,大体按照房产税、契税、城镇土地使用税、土地增值税、耕地占用税的顺序排列,与全国层面房地产税收的影响力度排序相同。东、中、西部房产税的系数均大于其他税种的系数,表明无论是全国层面还是区域层面,房产税对房价的影响都是最大的。中部和西部的契税系数也高于除房产税以外其他税种的系数,但东部契税系数较小,表明契税对中西部的房价影响较大。东部地区耕地占用税的系数为负值,且是表4-15中唯一的负系数。正是由于该系数为负值,造成全国层面的耕地占用税对房价仅有微弱的正向影响。分地区来看,房产税无疑是对房价影响最大的税种。其他税种按影响力度从大到小排列,西部地区依次为契税、城镇土地使用税、耕地占用税和土地增值税,中部地区依次为契税、耕地占用税、城镇土地使用税和土地增值税,东部地区依次为土地增值税、城镇土地使用税、契税和耕地占用税。

第五章 从中国房地产市场看
调控政策的影响

  自 1998 年住房分配货币化改革至今,中国房地产市场已经走过了
20 个春秋。其间,开发商、购房者等参与主体数量不断增多,银行和影子
银行等向房地产主体提供的资金规模越来越大,居民在房地产上的杠杆
几经起落但最终不断走高,房地产投资、开发和库存等数据屡创新高,不
同城市的房价从同向变动到逐渐分化,房地产市场从以新房为主逐渐过
渡到存量房时代。因此,我们有必要对 20 年来中国房地产市场的历史和
现状进行客观描述,以探究政府为何多次对房地产进行调控? 房地产调
控的方向为何会发生变化? 房地产调控政策有何影响? 房价为何不断上
涨? 如何反思房地产调控?

  各参与主体的行为及其相互作用构成房地产市场,而主体又受到宏
观环境的影响,因此遵循先从环境入手、再到主体,最后到市场的分析思
路。思路具体如下:环境主要指影响房地产主体作出决策和行动的宏观
环境;地方政府、开发商、购房者、银行和影子银行等构成了房地产市场的
主体,其中政府和开发商分别是土地和房屋的供给者,购房者是房屋的需
求者,银行和影子银行则为各主体提供资金支持。尽管各主体的职能和
目标不同,但供求双方的资金杠杆对于判断房地产市场的发展与风险至
关重要;新建房屋的供给和需求决定新房市场的表现——价格和库存等;
随着历年累计销售新房数量的增多,二手房市场的规模越来越大。如图
5-1 所示,按照宏观环境、市场主体及其行为、新房市场、存量房市场的思
路进行研究。

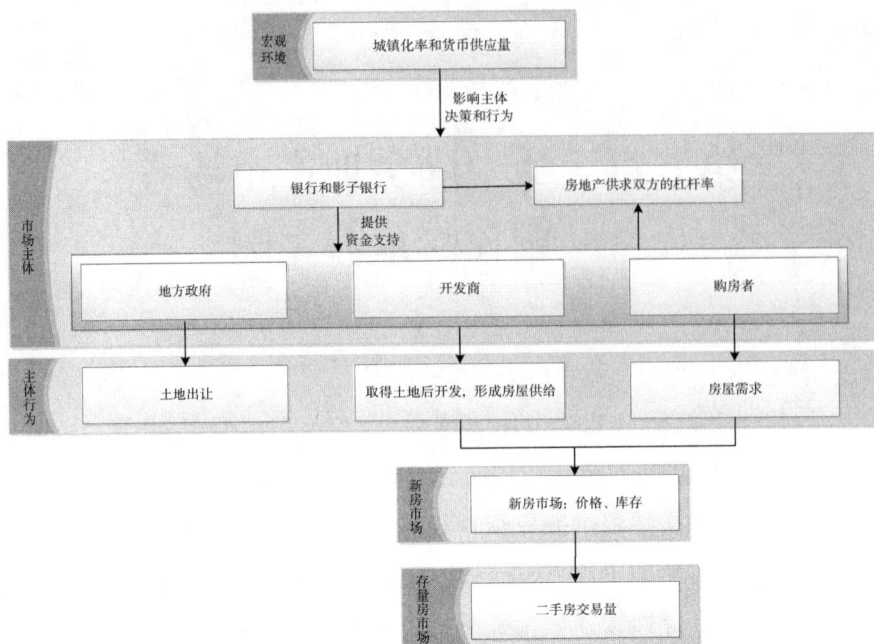

图 5-1　房地产市场历史和现状分析的基本思路

第一节　房地产市场面临的宏观环境

1998 年国务院 23 号文件提出停止住房实物分配,逐步实行住房分配货币化,自此开启了中国房地产市场化的大幕,宏观环境对房地产市场的影响逐渐显现。纵观 1998—2018 年的中国宏观环境,对房地产业有重要影响的因素主要有:城镇化率、居民收入和货币供应量。

商品房需求主要包括自住性需求和投机性需求。影响自住性需求的主要有两个因素:一是有多少人口希望在城市居住？二是想在城市居住的人口是否有能力买房？第一个因素与城市的人口数量正相关,城镇化率的提升为城市源源不断地输送着稳定的新增人口,促使希望在城市定居的人口数量不断增多。而城镇居民人均可支配收入的提高则会增强购房能力。因此,城镇化率和城镇居民人均可支配收入的增长,共同导致对商品房的居住需求增加。投机需求则主要与低利率和货币投放量有关,低利率有助于降低投机成本,高货币投放量有助于放大投机者的资金杠杆,使投机者能够博取更高的净资产收益率。

一、城镇化率

使用国家统计局关于城镇化率的计算标准,即城镇化率＝城镇人口/总人口,无论是城镇人口还是总人口均按常住人口来计算,即只要在本地区居住半年以上就统计为常住人口。从图 5-2 可以看出,在 1978 年改革开放之前,中国的城镇化率非常低,1949 年中华人民共和国成立时只有 10.64%,1960 年达到当时的历史最高值,随后一直稳定在 17%—18%的水平。1978—1995 年,城镇化率稳步提升,从 1978 年的 17.92%上升至 1995 年的 29.04%。1996—2017 年,城镇化进程加快,从 1996 年的 30.48%上升至 2018 年的 59.58%。在全国总人口不断增长的情况下,城镇化率提高带动了城镇人口数量的增加,1998 年实行住房分配货币化改革之初全国城镇人口只有 41608 万人,2002 年、2007 年、2012 年城镇人口分别突破 5 亿人、6 亿人、7 亿人等整数关口,2015—2018 年城镇人口分别达到 77116 万、79298 万人、81347 万人和 83137 万人,分别相当于 1998 年的 1.853 倍、1.906 倍、1.955 倍和 1.998 倍。可见,城镇化率的稳定提升和城镇化人口数量的不断增加,能在一定程度上解释 2003—2018 年的中国房价上涨。

二、货币供应量

城镇化率的不断提高,导致越来越多的人希望在城市购房安居,自住性需求的增长促使房价上涨。除了自住性购房需求外,还有投机性购房需求。当货币供应量增长率超过名义 GDP 增长率时,过量货币无法被实体经济完全吸收,就可能流向房地产等领域。当货币供应量增长率超过城镇居民人均可支配收入增长率时,房价上涨速度就可能会快于人均可支配收入增速。

从表 5-1 可以看出,在 1998—2003 年、2005 年、2009 年、2010 年、2012 年、2013 年至 2016 年,M_2 同比增速既高于名义 GDP 同比增速又高

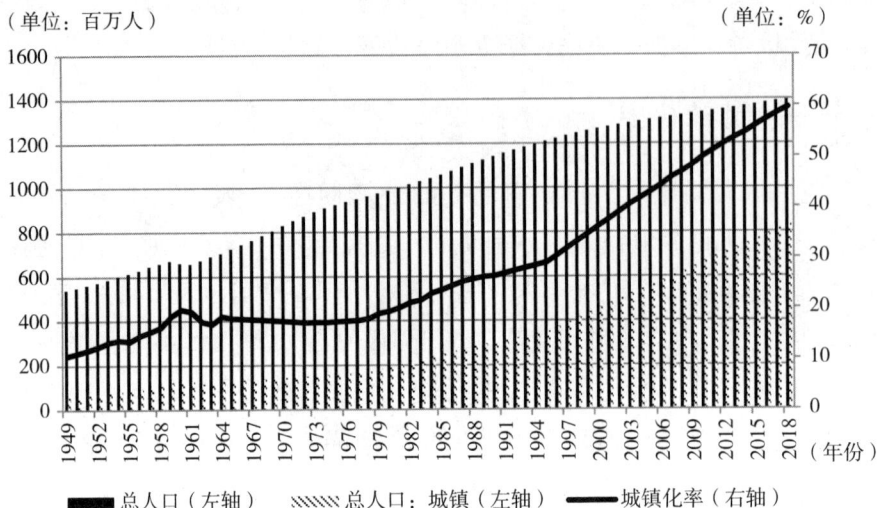

（单位：百万人）

（单位：%）

图 5-2　中国城镇人口、总人口和城镇化率

资料来源：国家统计局,Wind 资讯。

于城镇居民人均可支配收入同比增速,特别是 2009 年 M_2 同比增速为 27.68%,远远高于当年名义 GDP 同比增速 9.25%,更远高于当年城镇居民人均可支配收入同比增速 8.80%。在上述货币超发的 14 年中,2003 年、2005 年、2009 年、2010 年、2013 年、2015 年和 2016 年,全国房价都出现了快速上涨。1998—2002 年房价没有出现快速上涨,主要在于住房分配货币化改革时间较短,持续了三四十年的福利分房观念深深根植于人们的思想中,使人们购买商品房的积极性不高,且 1997 年亚洲金融危机进一步削弱了人们的购房能力。2014 年房价没有上涨,主要是紧缩房地产调控政策已经持续了 4 年多,直到 2014 年 9 月才完全转向。

表 5-1　M_2、名义 GDP 和城镇居民人均可支配收入同比增速（单位:%）

项目 年份	M_2 同比 增速（1）	名义 GDP 同比增速（2）	城镇居民人均 可支配收入 同比增速（3）	（1）-（2）	（1）-（3）
1998	14.80	6.88	5.10	7.92	9.70
1999	14.70	6.30	7.90	8.40	6.80

续表

项目 年份	M$_2$同比 增速(1)	名义GDP 同比增速(2)	城镇居民人均 可支配收入 同比增速(3)	(1)-(2)	(1)-(3)
2000	12.30	10.73	7.30	1.57	5.00
2001	14.40	10.55	9.20	3.85	5.20
2002	16.80	9.79	12.30	7.01	4.50
2003	19.58	12.90	10.00	6.68	9.58
2004	14.67	17.77	11.20	-3.10	3.47
2005	17.57	15.74	11.40	1.83	6.17
2006	16.95	17.15	12.10	-0.20	4.85
2007	16.74	23.15	17.20	-6.41	-0.46
2008	17.82	18.24	14.50	-0.42	3.32
2009	27.68	9.25	8.80	18.43	18.88
2010	19.72	18.32	11.30	1.40	8.42
2011	13.61	18.47	14.10	-4.86	-0.49
2012	13.84	10.44	12.60	3.40	1.24
2013	13.59	10.16	9.70	3.43	3.89
2014	12.20	8.19	9.00	4.01	3.20
2015	13.30	7.00	8.20	6.30	5.10
2016	11.30	7.91	7.80	3.39	3.50
2017	8.20	11.23	8.30	-3.03	-0.10

资料来源:国家统计局,Wind资讯。

在这20年中M$_2$同比增速小于名义GDP同比增速的年份只有6年,分别是2004年、2006年、2007年、2008年、2011年和2017年。这6年的房价表现各不相同:(1)尽管2004年、2006年和2007年货币政策并不宽松,但房价涨幅较大。即房价上涨更多是由经济增长推动的,并不是由货币超发引发的。(2)2008年和2011年房价是下跌的,紧缩货币政策起到了抑制房价的作用。(3)2017年是楼市明显分化的一年。在因城施策的调控总基调中,一线城市和部分二线城市的楼市在限购、限贷等系列紧缩政策下,房价停止上涨甚至出现小幅下跌,同时成交量萎缩。但在"去库存"的宽松政策刺激下,许多三四线城市的楼市却表现得非常靓丽。应该说,2017 年紧缩货币政策确实给一二线楼市降了温。

第二节 土地市场供应

一、全国各类国有建设用地供应

俗话说"巧妇难为无米之炊",房屋必须建造在土地之上,土地供给在一定程度上决定了房屋供给。因此只有厘清国有建设用地的供给数量和供给结构,才能从源头上对房地产供给作出分析。如图 5-3 所示,2011—2018 年,国有建设用地供应面积分别为 58.77 万公顷、69.04 万公顷、73.00 万公顷、61.00 万公顷、53.40 万公顷、51.80 万公顷、60.31 万公顷和 64.30 万公顷,2013 年国有建设用地供应面积达到最高值。国有建设用地供应面积同比最高值和最低值分别出现在 2010 年 6 月和 2015 年 6 月,分别为 87.68% 和 -21.40%。分项来看:从 2011 年 9 月开始基础设施用地一直稳居各类用地规模之首,2011 年和 2012 年基础设施用地快速增长,2012 年 3 月基础设施用地同比增长率达到最高点 159.84% 后开

（单位：万公顷）

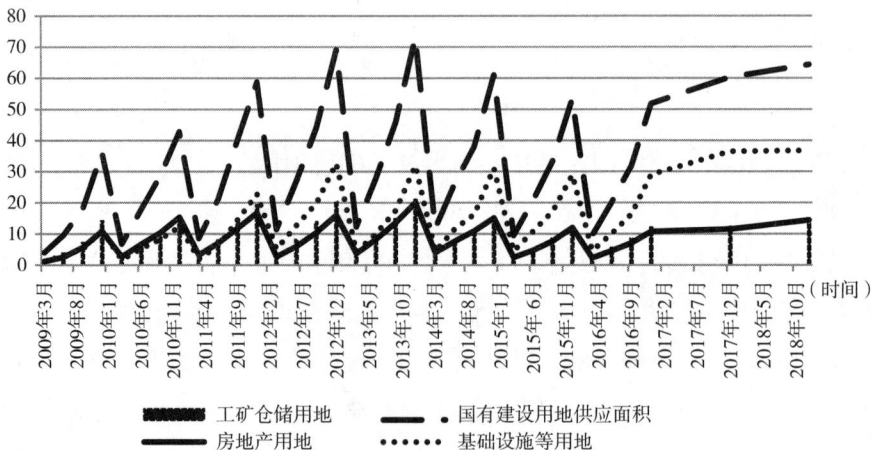

图 5-3 各类国有建设用地供应面积

注:图中数据为累计值,累计值为从年初到当年某个具体月份的所有数据加总。
资料来源:国家统计局,Wind 资讯。

始迅速下降,2013 年全年均为负增长。从 2013 年 6 月开始企稳回升,2014 年 6 月累计同比增长率为 15.20%。之后,基础设施用地同比增长率窄幅波动。2014—2016 年,基础设施用地供给数量超过房地产用地和工矿仓储用地之和。在工矿仓储用地方面,其最大涨幅明显低于房地产和基础设施用地,其最大跌幅小于房地产用地但略高于基础设施用地。

二、全国房地产用地供应

2010 年 6 月房地产用地同比增长率达到历史最高点 162.20% 后开始下降,2012 年全年在 -4.24% 至 -17.94% 之间波动,2013 年则迅速上升并在 26.80% 至 39.40% 之间波动。2013 年 3 月同比增长率为 39.40%,是一个局部高点。2014 年 9 月和 2014 年 12 月、2015 年 3 月、2015 年 6 月、2015 年 9 月和 2015 年 12 月,房地产用地同比增长率在低位徘徊,分别为 -19.40%、-25.50%、-38.70%、-38.20%、-30.00% 和 -20.90%。房地产用地供给大幅萎缩,导致房地产投资下降,进而影响我国经济增长,因此中央政府先后出台"2014 年 930 新政""2015 年 330 新政""2015 年 930 新政"来促进房地产发展,也就在情理之中了。尽管 2016 年同比增长率仍然为负值,但下降幅度已经明显收窄了。从绝对值来看,2009—2016 年房地产用地供应面积分别为 10.91 万公顷、15.31 万公顷、16.73 万公顷、10.40 万公顷、20.00 万公顷、15.10 万公顷、12.00 万公顷和 10.75 万公顷,即最高点出现在 2013 年。

从图 5-4 可以看出,全国住宅用地供应面积可分为四个阶段,第一阶段是 2002—2005 年,住宅用地供应面积在 55144.85 公顷至 65153.68 公顷之间波动,即围绕 60000 公顷波动。第二阶段是 2007—2009 年,住宅用地供应面积在 62030.09 公顷至 81548.17 公顷之间波动,其间由于受到美国次贷危机的冲击致使 2008 年住宅用地供应面积明显萎缩。第三阶段是 2010—2014 年,住宅用地供应面积在 104499.35 公顷至 141966.60 公顷之间变动,最高点出现在 2013 年。第四阶段是 2015—2016 年,住宅用地供应面积分别只有 83782.66 公顷和 72900 公顷。从住宅用地占房地产用地的比例来看,2009—2011 年维持在 75% 的高位,之

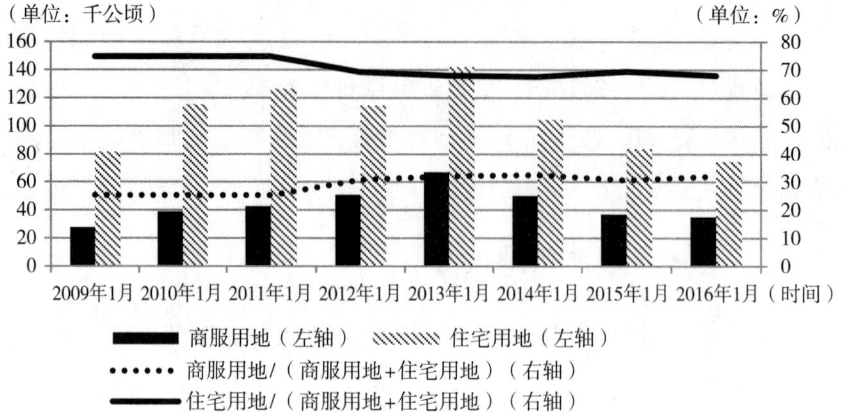

（单位：千公顷）   （单位：%）

■ 商服用地（左轴）　　▨▨ 住宅用地（左轴）
••••••• 商服用地/（商服用地+住宅用地）（右轴）
——— 住宅用地/（商服用地+住宅用地）（右轴）

图 5-4　全国房地产用地中的住宅用地和商服用地供应情况

资料来源：国家统计局，Wind 资讯。

后迅速下滑，2012—2016 年该比例在 68%—69% 之间波动。与之对应的是，2009—2016 年，商服用地占比从 25% 上升至 31%—32%。通过上述分析可知，2013 年国有建设用地供应面积、房地产用地供应面积、住宅用地供应面积同时达到最高点。2013 年新增土地供给，在 2014 年和 2015 年形成大量房屋供给，导致房屋供过于求，房价下跌。

三、北京国有建设用地及住宅用地供应

如图 5-5 所示，从各类型建设用地来看，2009—2016 年北京住宅用地供给分别为 686.16 公顷、786.19 公顷、917.80 公顷、613.60 公顷、961.00 公顷、622.27 公顷、575.36 公顷和 298.88 公顷。住宅用地占国有建设用地之比经历了先上升后下降的过程，从 2009 年的 29% 上升至 2013 年的 42%，随后开始下降，2014 年占比减少至 30%，2015 年更是锐减至 9%，2016 年占比为 23%。2012 年和 2013 年住宅用地占比和普通商品住房占比之差较大，该差值反映了这两年北京保障房供给的比例较高。商服用地占比经历了先下降后上升的过程。自 2009 年以来工矿仓储用地占比持续下降，从 2009 年的 38% 下降至 2016 年的 17%。

北京土地供给变化能在一定程度上解释北京房价的变化。2012 年

（单位：公顷）　　　　　　　　　　　　　　　　　　　　　　　（单位：公顷）

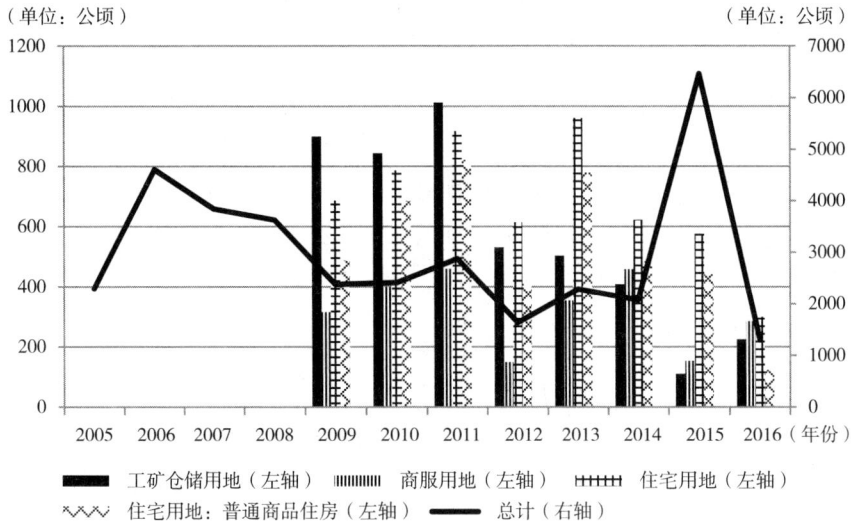

图 5-5　北京各类国有建设用地供应情况

资料来源：国土资源部，Wind 资讯。

北京住宅用地供给只有 613. 60 公顷，较 2011 年的 917. 80 公顷下降了近 1/3。尽管 2013 年仍然实施严格的限购和限贷政策，但土地供给不足与积累了近三年的刚性和改善性购房需求的集中释放，导致 2013 年北京房价快速上涨。由于 2013 年北京住宅用地的大量供给，刚性和改善性购房需求已经在 2013 年得到集中释放，且限购和限贷政策依然严格执行，2014 年北京房地产表现低迷。2015 年北京房价企稳回升，这与前期土地供给不足和宽松的信贷和税收政策有关。2016 年北京房价快速上升，除了与 2015 年相同因素外，大量投机需求的涌现对房价起到了推波助澜的作用。尽管"2017 年北京 317 新政"实施了最严格的调控政策，但由于 2016 年住宅用地供应较少，2017 年和 2018 年北京房价依然在高位震荡。

第三节　房地产各主体的资金来源及相关比率

房地产市场的主体主要涉及地方政府、开发商和购房者。地方政府在出让土地前需要投入大量资金做好土地收储工作，开发商从取得土地到开发再到销售等全过程都离不开巨额资金投入,普通购房者的收入通常难以支持全款买房。因此,地方政府、开发商和购房者都离不开金融支持。通常银行是房地产各主体的主要资金供给者,但各类影子银行也通过各种渠道和工具对房地产提供资金支持。银行和影子银行提供资金的前提是,各房地产主体要有一定的自有资金。房地产主体所获得的资金总额与自有资金之比就是财务杠杆,衡量的是各主体利用外部资金的程度。

目前,对地方政府债务的统计只有直接显性负债、直接隐性负债、或有显性负债、或有隐性负债等口径,没有针对地方政府在土地上的负债,因此我们只分析开发商的杠杆和购房者的杠杆。在开发商方面,房地产开发资金来源于四个方面:国内贷款、利用外资、自筹资金和其他资金。国内贷款包括银行贷款和非银行金融机构贷款,利用外资金额非常少,其他资金主要包括定金和预收款、个人按揭贷款等。自筹资金则比较复杂,涉及自有资金和除自有资金以外的其他自筹资金。本章主要研究房地产开发资金来源中的银行贷款即房地产开发贷款。此外,还通过房地产开发业全行业的一些财务比率来判断开发商的财务状况。在购房者杠杆方面,我们以个人购房贷款为基础,研究居民的存量杠杆率和增量杠杆率。

一、房地产开发资金来源

(一)国内贷款和利用外资

如图5-6所示,房地产开发资金来源有四类:国内贷款、利用外资、自筹资金和其他资金。在国内贷款方面,包括银行贷款和非银行金融机构贷款。从国内贷款绝对值来看,受宽松房地产政策刺激,房地产开发资金来源中的国内贷款迅速增加,2009年银行贷款达到10310.53亿元,非银行金融机构贷款为982.16亿元。2010年和2011年,尽管实施紧缩的房地产调控政策,但国内贷款仍然保持在2009年的高位。2013年则再上一个台阶,银行贷款达到17164.78亿元,非银行金融机构贷款达到2507.88亿元。2014—2016年银行贷款保持在1.8万亿元左右,2017年则跃升至20485.29亿元,在很多城市实施紧缩调控政策下,2018年银行贷款缩减至17443.27亿元。值得注意的是,非银行金融机构贷款在国内

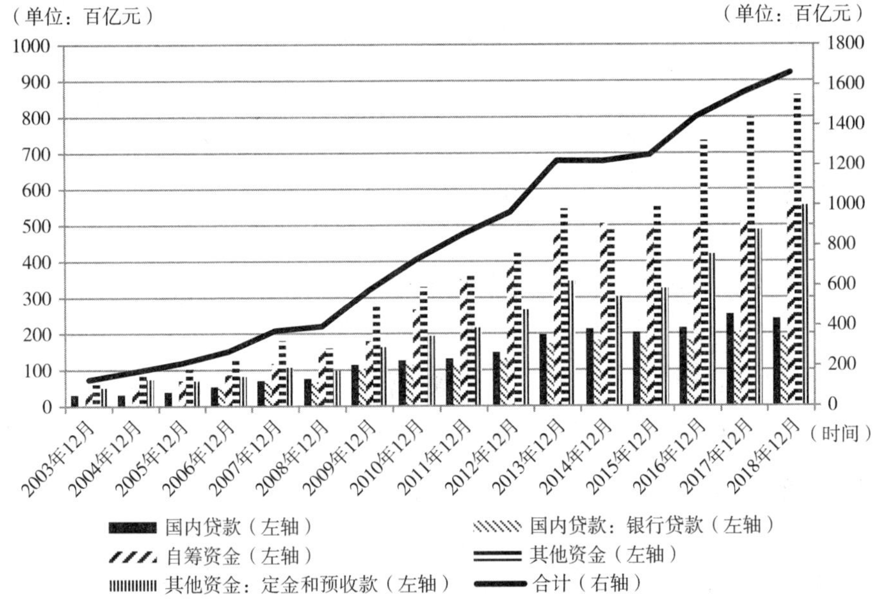

（单位：百亿元）

（单位：百亿元）

图 5-6 房地产开发资金来源

数据来源：国家统计局，Wind 资讯。

贷款中的占比持续上升，该比例在 2006 年年初仅为 5%，2008—2010 年小幅上升，2011 年上了一个台阶，2013 年再次上升。自 2013 年 6 月起，该比例一直在 12% 及以上高位运行，2014 年 12 月、2015 年 5 月、2016 年 9 月、2016 年 11 月，该比例高达 15%，2016 年 12 月和 2017 年 12 月则分别高达 15.59% 和 18.84%。从国内贷款占开发资金来源的比例来看，2005—2009 年在 18%—20% 之间波动，2010—2018 年在 14%—17% 之间波动。2007 年 12 月利用外资占比达到最高值 9% 后逐渐下降，2012 年 3 月及以后利用外资占比趋近于 0。

（二）自筹资金

2010—2014 年的紧缩调控阶段，自筹资金持续在高位运行，分别为 26637.21 亿元、35004.57 亿元、39081.96 亿元、47424.95 亿元和 50419.80 亿元。2015—2017 年，自筹资金水平与 2014 年差不多，没有出现明显增长。2018 年自筹资金上升至 55830.65 亿元。从自筹资金占开发资金的比例来看，2010—2014 年该比值持续在高位小幅波动，分别为

37%、41%、40%、40%和39%,表明在紧缩政策阶段,银行贷款受限的情况下,自筹资金成为开发商重要资金来源。2015—2017年,自筹资金占比持续下降,分别为39%、34%、33%。2018年该比例小幅上升至34%。

(三)其他资金

其他资金主要包括定金和预收款、个人按揭贷款。从2005年到2018年,其他资金整体是上涨的,只是在2008年和2014年出现过小幅下跌,这主要是因为2008年全球金融危机、2014年全国楼市价跌量缩所致。其他资金同比增长较快的年份有:2007年、2009年、2013年、2016年、2017年和2018年,这些年份的整体房价或局部房价涨幅较高。其中2007年和2013年属于紧缩调控政策阶段,2009年、2016年和2017年则属于宽松调控政策阶段。2016—2018年其他资金分别为73428.37亿元、79770.46亿元、86019.74亿元。从其他资金占开发资金来源合计值来看,2005—2018年该比例在40%—51%的区间内波动,其中最低和次低的年份分别发生在2008年和2014年,该比例分别为40%和41%,在紧缩调控阶段的2011年和2012年的比例也较低。2016—2018年该比值高达51%—52%,且呈逐年走高态势,表明这三年定金和预收款、个人按揭贷款是房地产开发商的主要资金来源。

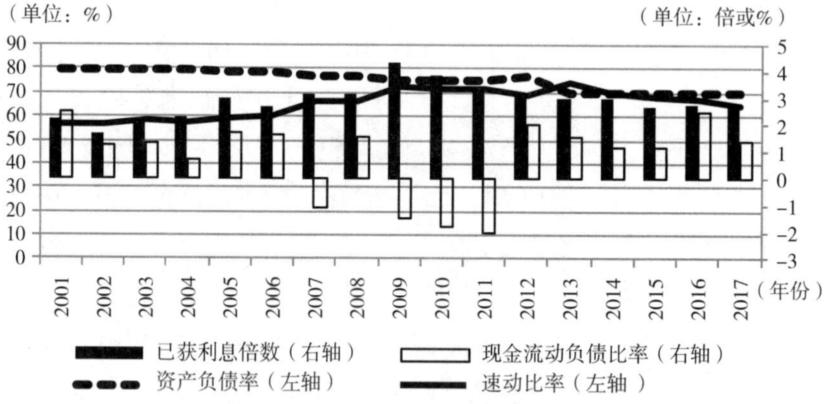

图5-7 房地产开发业的财务比率

数据来源:国家统计局,Wind资讯。

二、房地产开发业的财务比率

本章使用资产负债率、速动比率、已获利息倍数、现金流动负债比例等来考察房地产开发业的财务比率。从图 5-7 可以看出,房地产开发业的资产负债率呈小幅下降态势:2001—2004 年,资产负债率在 79%—79.60% 的区间内窄幅波动;2005—2012 年,资产负债率在 75%—78.80% 的区间内波动;从 2013 年开始,资产负债率出现明显下降,2013—2017 年连续四年保持在 70% 的历史低位。不过从绝对值来看,房地产开发业的资产负债率仍然较高。资产负债率整体呈下降趋势,对此可能的解释有:(1)2013 年房地产销售火爆,导致房企资产增加。在负债比较稳定的情况下,资产负债率降低;(2)2014 年和 2015 年,房地产投资下降,导致房企负债减少和资产负债率下降;(3)2016 年和 2017 年,房企销售增速超过投资增速,导致资产负债率下降。2013—2016 年房地产开发业资产负债率下降,表明房地产开发业在降杠杆方面取得了一定成效。

房地产开发业速动比率呈现先上升后下降趋势,在 2013 年达到最高点。速动比率=(流动资产-存货)/流动负债,对于一般行业来说该比例小于 1 说明剔除存货后的流动资产不足以偿还流动负债,但房地产存货具有价值较为稳定不易贬值的特点,因此速动比率小于 1 并不必然意味着流动性风险。2001—2017 年速动比率在 56.60%—74% 之间波动。2001—2013 年,速动比率整体呈上升趋势,2013 年速动比例达到最高点 74%,表明开发商的短期偿债能力明显改善,这可能与 2013 年销售火爆使现金等流动资产增加有关。2014—2017 年,速动比率有所下降,分别为 70%、68%、67% 和 64%。

宽松调控政策阶段已获利息倍数上升,紧缩调控政策阶段已获利息倍数下降。已获利息倍数=息税前利润/债务利息,反映经营收益支付债务利息的能力。该比率越高,公司偿债能力越强。2002—2009 年,已获利息倍数呈逐年上升趋势,从 2002 年的 1.7 倍上升到 2009 年的 4.3 倍。2010—2015 年,已获利息倍数呈逐年下降趋势,从 3.9 倍下降到 2.7 倍,2016 年和 2017 年,该比率分别为 2.8 倍和 2.7 倍。以上数据表明,2009

年房地产开发业的偿债能力最强。2010—2015 年该比率有所下降,可能的解释是:从 2010 年年初至 2014 年 9 月的持续紧缩调控政策,使房企销售遇冷,难以获得大量无成本的定金和预收款,难以从银行获取大量低成本的贷款,房企转而借助于影子银行来融资,造成债务利息增加。此外,紧缩调控政策下房屋销售收入增长缓慢甚至下滑,在成本刚性情况下导致息税前利润减少。因此,息税前利润减少,债务利息增加,二者共同导致已获利息倍数下降。那么为何 2015 年已获利息倍数还在下降呢?可能的解释是:尽管在宽松楼市政策刺激下,2015 年房地产业销售明显好转,但前期债务利息仍需要偿还,且持续的紧缩政策使房企债务规模越来越大,债务利息越来越重,即债务利息增速超过息税前利润增速,造成 2015 年已获利息倍数最低。从已获利息倍数的变化来看,2010 年至 2014 年 9 月底的紧缩房地产调控政策,减少了房企的销售收入和息税前利润,增大了房企的融资成本,导致房企的已获利息倍数下降。

　　紧缩调控政策阶段现金流动负债比率为负值。现金流动负债比率=经营性现金流量/流动负债,该比率为负值表明经营性现金流量为负值,即经营性现金流入小于经营性现金流出。2001—2017 年现金流动负债比率在-2.10%—2.50%之间波动,其中 2007 年、2009 年、2010 年和 2011 年该比例均为负值且分别为-1.10%、-1.50%、-1.80%和-2.10%。2007 年、2010 年和 2011 年都是紧缩调控之年,"2007 年 927 新政"将二套房首付比例提高至 40%,"2010 年国十条"进一步提高至 50%,"2011 年国八条"更进一步提高至 60%,这些政策都抑制了购房需求,加之这几年货币政策也是紧缩的,因此购房需求受到抑制,经营性现金流入明显减少。而由于开发商对楼市的乐观预期和前期项目的后续投入,造成经营性现金流出增加,最终导致经营性现金流为负值。2009 年经营性现金流量为负值,可能与 2009 年上半年销售低迷有关,尽管下半年销售火爆,但全年销售收入仍然受到影响。且开发商对楼市乐观预期加大投资,导致经营性现金流出增加,因此造成经营性现金流为负值。因此,通过 2007 年、2010 年和 2011 年的房地产开发业的经营性现金流量为负值,可以认为紧缩调控政策确实起到了降低房企经营性现金流入的作用。

综合来看,可得出以下结论:(1)开发商的整体资产负债率较高。(2)从 2013 年以后,反映短期偿债能力的速动比率下降,表明开发商短期偿债风险增大。(3)2010—2015 年已获利息倍数下降,表明 2010 年年初至 2014 年 9 月底的紧缩调控政策,降低了开发商的息税前利润,增加了开发商的债务利息。(4)2007 年、2010 年和 2011 年房地产开发业的经营性现金流量为负值,表明 2005 年至 2008 年 9 月初、2010 年年初至 2014 年 9 月底的这两轮紧缩调控政策,至少在部分年份中起到了抑制投资投机性购房需求、减缓开发商销售收入的作用。(5)2010—2014 年带息负债比率上升,反映出房企通过开发贷款、定金和预收款等渠道获得的资金受限,转而寻求影子银行等高成本资金,表明紧缩调控政策确实起到了改变房地产开发资金来源结构,增加房企融资成本的作用。

三、居民在房地产上的存量杠杆率:个人购房贷款余额/GDP

除自有资金外,银行按揭贷款是居民购房的主要资金来源,因此有必要全面、客观地衡量个人购房杠杆率。分别采用存量杠杆率和边际杠杆率两种形式,使用个人购房贷款余额/GDP 作为存量杠杆率,使用新增个人购房贷款/新增商品房销售金额作为边际杠杆率。

图 5-8 为个人购房贷款余额/GDP,其中 GDP 指现价 GDP。2012—2018 年,个人购房贷款余额分别为 81000 亿元、98000 亿元、115200 亿元、141800 亿元、191400 亿元、219000 亿元和 257500 亿元,2013—2018 年的个人购房贷款余额同比增长率分别为 20.99%、17.56%、23.09%、34.98%、14.42% 和 17.58%,远高于同期 GDP 增长率。2012—2018 年,个人购房贷款余额/GDP 整体呈上升趋势,从 2012 年的 15.04% 迅速上升至 2018 年的 28.60%,尤其是在 2015 年和 2016 年呈加速上升态势,2017 年和 2018 年该比值仍有小幅上升但增速已经放缓,表明始于 2016 年 9 月底和 10 月初的新一轮针对热点城市的限购和限贷等措施,正在逐步发挥作用。

除了从商业银行获取购房贷款外,居民还可申请住房公积金贷款。

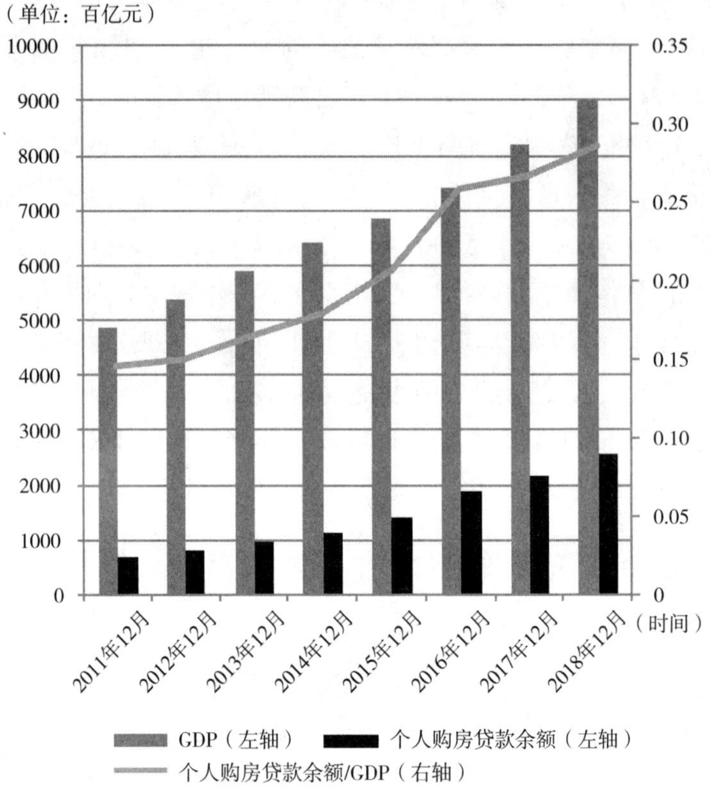

（单位：百亿元）

图 5-8　个人购房贷款余额/GDP

资料来源：国家统计局，Wind 资讯。

2016 年年末我国公积金贷款余额 40535.23 亿元,在同时考虑商业购房贷款和公积金购房贷款的情况下,2016 年购房贷款占当年现价 GDP 的比重＝(40535.23＋191400)/740060.80×100%＝31.34%。可见,2015 年和 2016 年的居民存量杠杆率上升,意味着始于 2014 年 9 月底的新一轮楼市刺激政策中,商业银行和各地公积金管理中心积极响应国家政策,共同为居民购房提供了巨额信贷支持。

四、居民在房地产上的边际杠杆率:新增个人购房贷款/新增商品房销售额

图 5-9 中新增个人购房贷款与商品房销售额的比值可以分为三个

阶段:第一阶段是 2011—2012 年,在一系列限购限贷等紧缩调控政策下,个人购房贷款条件日趋严格,居民借助银行资金进行购房的难度日益增加,该比值从 2010 年的 27% 迅速下降,2011 年和 2012 年该比值分别为14% 和 15%;第二阶段是 2013—2014 年,该比值分别为 21% 和 23%,呈现稳步增长态势;第四阶段是 2015—2016 年,受 2014 年 9 月底以来一系列利好政策刺激,该比值分别为 30% 和 42%,表明个人购房贷款是推动2015 年楼市复苏的重要力量,也是导致 2016 年 3 月及其后楼市过热的重要因素。宽松调控政策增加了居民在房地产上的边际杠杆率,紧缩调控政策降低了居民在房地产上的边际杠杆率。

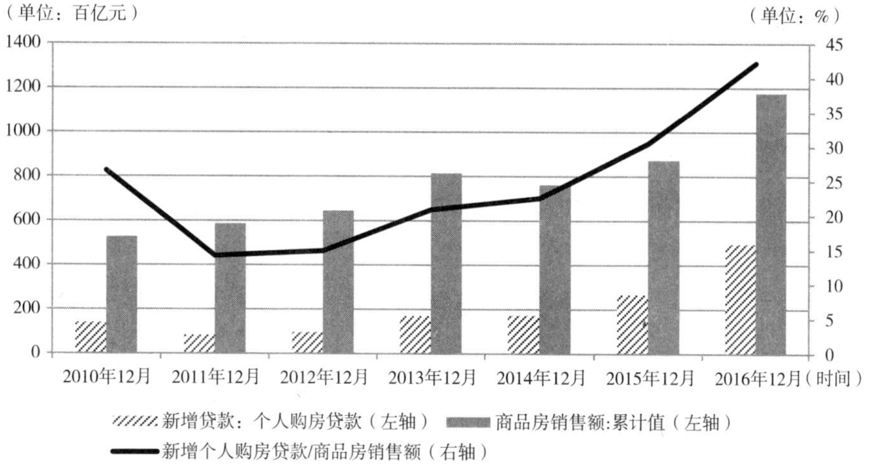

图 5-9　新增个人购房贷款与商品房销售额的比例

资料来源:国家统计局,Wind 资讯。

从上面的分析可知,2015 年和 2016 年无论是存量杠杆率还是边际杠杆率都上升得很快。2016 年同时考虑公积金和商业贷款的存量杠杆率已经高达 31.34%,边际杠杆率在 50% 左右。由于目前房地产信贷政策是因城施策:北京、上海、深圳等大城市小幅提高了首套房首付比例,大幅提高了二套房首付比例;南京、杭州、天津等多数二线城市和少数三线城市将二套房细化为有房无贷、有贷无房和有房有贷等多种情形,并适当将二套房的首付比例提高至 40% 左右;但大部分三四线城市的首付比例仍然是 20%—30%。以目前 50% 左右的边际杠杆率来看，如果新增个人购房贷款全部为限购、限贷城市的二套房贷，即使按 40% 的首付比例，边际杠杆率最高为 60%。若考虑北京、上海等城市的更高二套房首付比例以及这些城市在新增贷款中的较高权重，估计边际杠杆率最高也就是 50%。即目前 50% 的边际杠杆率，意味着居民已经充分利用了银行贷款，基本没有可利用空间了。如果全是三四线城市的首套房贷，理论上可以达到 70% 左右的边际杠杆率，则个人购房贷款还有一定的增长空间。现实中新增个人购房贷款是所有地区的新增贷款总和，既有限购、限贷城市又有政策较为宽松的城市，假设两类城市的新增贷款各半，则边际杠杆率 =（50%+70%）/2×100% = 60%，即理论上边际杠杆率还有 10% 的上升空间。但考虑到三四线城市的楼市变现能力差，一线和二线房价高，再加上严控系统性金融风险和降杠杆的大背景，推测居民在房地产上的边际杠杆率上升的空间有限。

五、大部分时间个人住房贷款增速远超房地产开发贷款增速

前面分析了开发商杠杆和个人购房杠杆，我们试图对个人和开发商的杠杆做一比较。由于二者都能从银行获得贷款，因此我们从房地产开发贷款和个人住房贷款角度进行比较。如图 5-10 所示，2004 年 12 月至 2018 年 12 月，房地产开发贷款余额从 0.78 万亿元增长到 10.19 万亿元，而同期个人住房贷款余额则从 1.6 万亿元增长到 25.8 万亿元。从图 5-10 可以看出，个人住房贷款余额可以分成四个阶段：第一阶段是 2004—2008 年，个人住房贷款余额在 1.6 万亿元—3.3 万亿元的区间波动；第二阶段是 2009—2012 年，个人住房贷款余额在 3.5 万亿元—7.5 万亿元的区间波动；第三阶段是 2013—2014 年，个人住房贷款余额在 8.3 万亿元—10.6 万亿元的区间波动；第四阶段是 2015—2018 年，个人住房贷款余额在 11.2 万亿元—25.8 万亿元的区间波动。以 2014 年年底的 10.6 万亿元作为基期，2015—2018 年仅用 4 年的时间，个人住房贷款余额增长率 =（25.8-10.6）/10.6×100% = 143.40%。即仅用 4 年时间个人

住房贷款余额增长了143.40%。

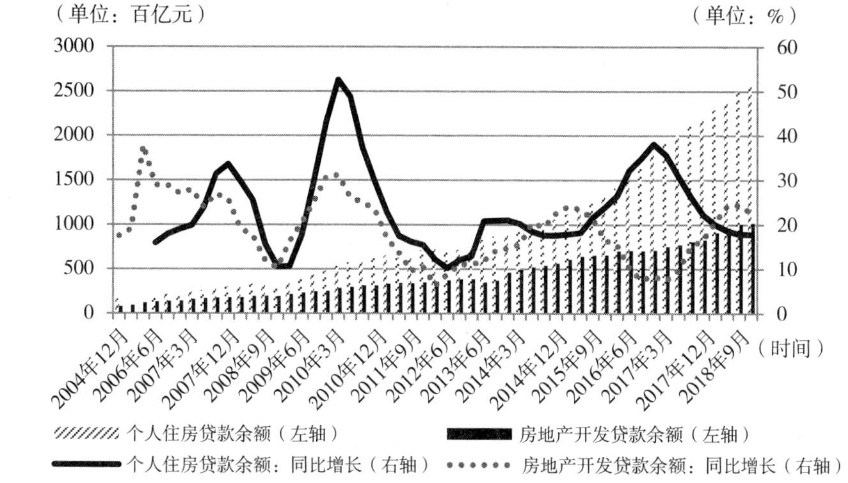

（单位：百亿元）

（单位：%）

图 5-10 个人住房贷款余额和房地产开发贷款余额

资料来源：国家统计局，Wind 资讯。

房地产开发贷款余额同比增长率与个人住房贷款余额的同比增长率在大部分时间段是同方向变动的,但有些时间段二者的变化方向却相反。2004 年 12 月至 2006 年 6 月,房地产开发贷款余额同比增长率不断上升,而个人住房贷款余额同比增长率却在下降。2015 年 3 月至 2016 年 9 月,个人住房贷款余额同比增长率不断上升,而房地产开发贷款余额同比增长率却在下降。房地产开发贷款余额同比增长率与个人住房贷款余额的同比增长率之差曾经出现过几次较大缺口,2010 年 3 月和 6 月、2016 年 6 月至 2017 年 6 月,个人住房贷款余额同比增长率远超开发贷款余额同比增长率,在旺盛的购房需求背后是前期和当期宽松政策刺激的结果,具体分析见表 5-2。这些时点需求远远大于供给,导致房价暴涨,同时又为下一轮紧缩调控政策埋下伏笔。此外,2007 年 12 月和 2013 年 12 月,个人住房贷款余额同比增长率也达到一个局部高点,分别为 33.60%和 21%,但由于同期房地产开发贷款余额同比增长率也较高,二者之差并不大。

表 5-2　房地产开发贷款余额同比增速与个人住房贷款余额同比增速之差

（单位:%）

项目 时间	房地产开发贷款增速（1）	个人住房贷款增速（2）	（1）-（2）	原因解释
2006 年 6 月	28.90	15.90	13	"2005 年新旧国八条""2006 年国六条"等系列紧缩调控政策,都要求合理控制城市拆迁规模,减缓被动性住房需求增长,正确引导居民住房等措施来促进供求平衡,导致个人住房贷款增速下降
2010 年 3 月	31.15	52.60	-21.45	2008 年 9 月至 2009 年年底的系列宽松政策,导致 2009 年下半年和 2010 年上半年楼市异常火爆,房地产开发贷款和个人住房贷款都大幅增长。但由于房地产供给有一定时滞,而房地产需求却可以瞬间爆发,导致个人住房贷款余额同比增长率远高于房地产开发贷款余额同比增长率
2010 年 6 月	26.10	48.80	-22.70	
2016 年 6 月	10.12	32.20	-22.08	"2014 年 930 新政""2015 年 330 新政"等楼市刺激政策,拉开了 2015 年深圳房价暴涨的序幕,并进一步带动一线和部分二线城市房价上涨。"2015 年 930 新政"和"2016 年 2 月新政",使人们彻底摆脱观望和犹豫,开始买入和加杠杆买入,个人住房贷款余额增速加快。但在高库存压力下开发商态度相对保守,加之 2016 年 9 月后对开发商资金来源的种种限制,造成开发贷款余额增速并不高。因此,二者同比增长率之差为负值且绝对值较大。尽管 2016 年 10 月和 2017 年春部分城市推出限购限贷等紧缩调控政策,但 2017 年三四线城市房地产依然火爆,个人住房贷款增速仍然远高于房地产开发贷款增速
2016 年 9 月	7.65	34.90	-27.25	
2016 年 12 月	8.38	38.10	-29.72	
2017 年 3 月	7.41	35.60	-28.19	
2017 年 6 月	9.76	30.80	-21.04	
2017 年 9 月	15.06	26.20	-11.14	

资料来源:国家统计局,Wind 资讯。

第四节　房地产市场的供求

通常对某一市场进行研究,都离不开供求关系分析。我们试图从五个方面分析房地产市场的供求情况:一是新开工面积。二是当年新增库存。某时点的新开工面积构成房屋供给,而同一时点的商品房销售面积则构成房屋需求。当年新开工面积累计值减去当年商品房销售面积累计值即为当年新增库存,该指标反映了当年房地产市场的供求情况。三是待售面积,该指标同时反映了当年和历年的供求情况。四是房地产广义库存,是比待售面积更为科学地反映库存的一个指标。五是空置率,表明已竣工交付的房屋中有多少是用于居住的。五个指标既反映当年的供求,又反映总供求,还反映有多少需求是用于居住和有多少需求是用于投机。

一、房地产新开工面积

如图 5-11 所示,2012 年、2014 年和 2015 年住宅新开工面积较少。按房屋类型划分,可分为住宅、办公用房和商业营业用房。而房地产调控政策主要针对住宅。因此选取与住宅有关的各种指标。从图 5-11 可以看出,2005—2011 年,住宅新开工面积不断增长。即使是在金融危机最严重的 2008 年,住宅新开工面积也比 2007 年略高。2011 年年底住宅新开工面积为 146034.57 万平方米。受紧缩调控政策影响,2012 年住宅新开工面积回落,在房价上涨带动下 2013 年住宅新开工面积回升,2013 年年底新开工面积为 145844.80 万平方米,与 2011 年的最高点只差一步之遥。但 2014 年和 2015 年新开工面积持续回落,2015 年年底新开工面积只有 106651.30 万平方米,距 2011 年最高点下降 26.97%。2016—2017 年新开工面积小幅回升,分别为 115910.60 万平方米、128097.78 万平方米。2018 年新开工面积为 153352.57 万平方米,即历经 7 年后新开工面积再次创出新高。

2015—2016 年,新开工面积增速远小于居民房地产杠杆增速。2014 年和 2015 年住宅新开工面积下降,同时我国经济增长下降,而房地产及其相关产业一直是经济增长的重要引擎,因此为了保持经济持续稳定增长,中央政府自 2014 年 9 月底至 2016 年 2 月连续出台楼市刺激政策。但刺激政策对房地产新开工面积和居民房地产杠杆率的影响并不相同。2015 年新开工面积继续下降,2016 年和 2017 年新开工面积同比增长分

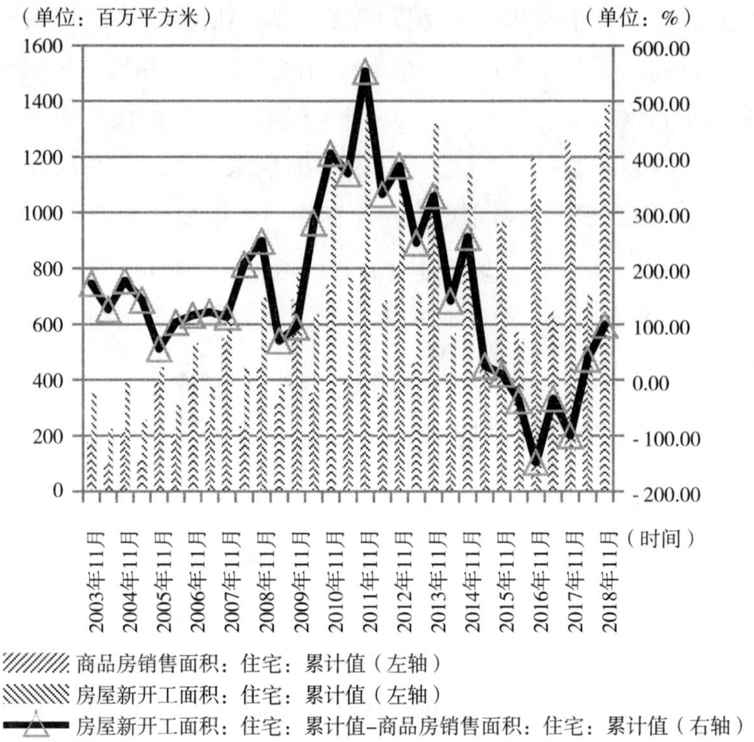

（单位：百万平方米）　　　　　　　　　　　　（单位：%）

图 5-11　商品房销售面积和房屋新开工面积

资料来源：国家统计局,Wind 资讯。

别仅为 8.68%和 10.51%,远低于 2011 年的最高值。而个人购房贷款余额/GDP 则从 2014 年的不足 18%上升至 2015 年的 20%,并进一步跃升至 2016 年的 26%。新增个人购房贷款/新增商品房销售额的跃升速度更快,2015 年 3 月、2016 年 3 月、2016 年 6 月、2016 年 9 月该比值分别为 47%、54%、48%和 47%,超过 2013—2014 年的 23%—37%,更超过 2012 年的 15%—18%,远超过 2011 年 12 月的最低值 14%。因此,同样的楼市刺激政策,尽管同时促进了房地产供求增加,但增加力度却相差甚远。由于在宽松调控政策刺激下,需求大幅增加,而供给却没有同步,导致 2015—2017 年房价大幅上涨。

二、当年新增库存

我们将每年 12 月的住宅新开工面积累计值减去商品住宅销售面积

累计值,得到当年新增库存。同理,某一特定月份的新增库存是指当年该月新开工面积累计值减去该月商品住宅销售面积累计值。因此通过计算每年及特定月份的新增库存,可以初步判断房屋供求情况。若新增库存在横轴下方,则表明当年商品住宅销售面积大于住宅新开工面积,即意味着住宅供不应求。如图 5-11 所示,2000—2008 年新增库存的最高点出现在 2008 年 11 月,由于受全球金融危机的影响,2008 年 11 月新增库存高达 24892.24 万平方米。而 2009 年在旺盛的房地产需求作用下,新增库存非常小。由于从 2010 年开始实施紧缩房地产调控政策,新增库存自 2010 年开始上升,2010 年 6 月新增库存超过 2008 年 11 月的局部高点,并持续上升至 2010 年 11 月的 40665.01 万平方米。2011 年 7 月新增库存超过 2010 年 11 月的局部高点后继续攀升,2011 年 11 月新增库存高达 55300.61 万平方米,创下历史新高。新增库存占新开工面积的比率 = 55300.61/134939.76×100% = 40.98%。2012 年新增库存仍然维持在高位,2012 年 8 月新增库存为 39769.76 万平方米,为全年最高,但已远低于 2011 年 11 月的历史高位了。2013 年新增库存有所下降,2013 年 11 月新增库存为 32977.30 万平方米,为全年最高值。受新开工面积同比增速下降等因素影响,2014 年新增库存明显下降,全年最高点出现在 2014 年 11 月,为 25622.74 万平方米。在"2014 年 930 新政""2015 年 330 新政""2015 年 930 新政"等一系列宽松政策刺激下,2015 年购房需求明显改善,2015 年 11 月新增库存只有几千万平方米,2015 年 12 月新增库存为 -5754.38万平方米。自 2016 年 3 月至 2017 年 12 月,新增库存全部为负值。反映出商品住宅销售火爆,若没有历史库存,新开楼盘就不能满足当期购房需求。2018 年,尽管新增库存由负转正,但绝对值并不大。

从新增库存及其变化可以看出,紧缩调控政策期间新增库存明显增加,宽松调控政策期间新增库存减少甚至变为负值。2010—2012 年,受"2010 年国十条""2011 年国八条"等紧缩房地产调整政策和紧缩货币政策的共同影响,投资投机性需求得到有效遏制,商品住宅销售受阻,致使新增库存持续保持在高位。在 2014 年 9 月底至 2016 年 2 月等一系列楼市利好政策和宽松货币政策共同刺激下,房地产销售回暖,2015 年新增库存由正转负,2016 年和 2017 年新增库存持续为负,楼市去库存成效显著。

在综合考虑销售数据滞后和去周期化等因素后,2017 年年底总库存处于较为合理的水平。2010—2014 年的总新增库存 = 36091.33 + 49004.31+32227.91+30122.11+19695.21 = 167140.87 万平方米,2015—2018 的总新增库存 = − 5754.38 − 21629.33 − 16690.99 + 5423.15 = −38651.55 万平方米。在不考虑 2010 年之前房地产库存情况下,房地产总新增库存 = 167140.9−38651.6 = 128489.3 万平方米。但这个数据可能会存在一些问题:(1)新增库存是按照当月累计新开工面积−当月累计销售面积计算出来的。由于从新开工到销售需要一段时间,6—12 个月的去化周期在房地产业被认为是合理的。(2)按照 2017 年商品住宅销售面积 147929.42 万平方米,即使真实存在 128489.3 万平方米的库存,也能在不到一年的时间内被消化掉。(3)由于 2016 年第四季度房地产调控政策趋紧且在随后两年不断加码,一些房屋已经卖出去但由于购房人暂时无购房资格,例如需要等购房人在当地缴纳社保或完税达到规定年限后,才能进行网签,网签后才能在商品住宅销售数据中体现出来。因此,即使在 2017 年年底真有 128489.3 万平方米的总库存,在考虑去化周期和销售数据滞后等多重因素后,这个总库存数据也在合理范围之内。

三、商品住宅销售面积和住宅新开工面积的增速之差

在研究过住宅新开工面积和商品住宅销售面积的绝对值后,我们进而关注二者的同比增长率及其差值。如图 5-11 所示,2005 年、2009 年、2013 年、2015 年、2016 年的任意一个月份,商品住宅销售面积同比增速始终高于住宅新开工面积累计同比增速,反映出这 5 年的商品住宅需求旺盛。2007 年的 6 月至 12 月,商品住宅销售面积同比增速也高于住宅新开工面积同比增速。而在 2006 年、2008 年、2010 年和 2011 年的情况则相反,在这 4 年中的任何一个月份,住宅新开工面积同比增速都高于商品住宅销售面积同比增速。

表5-3　商品房销售面积累计同比增速和房屋新开工面积累计同比增速之差

（单位：%）

时间	指标1	指标2	指标3	可能的原因
1999年2月	93.10	11.20	81.90	1. 1998年国务院23号文件取消了福利分房，实施住房分配货币化改革；2. 受亚洲金融危机影响，住房消费需求增长缓慢；3. 供给大幅增加而需求却减少，导致供过于求
2002年2月	27.90	4.60	23.30	
2003年2月	50.70	67.70	-17.00	1. 中国经济走出亚洲经济危机阴影，居民收入快速增加，对房地产需求大幅增加；2. 需求增加幅度大于供给增加幅度，导致供小于求
2004年3月	18.10	36.30	-18.20	
2006年2月	28.20	5.70	22.50	"2005年新旧国八条"和"2006年国六条"等一系列紧缩政策，抑制了房地产需求，导致供大于求
2008年2月	24.90	-3.60	28.50	在持续紧缩调控政策和2008年全球金融危机的共同影响下，商品房销售面积出现负增长，导致供大于求
2009年8月	-8.90	44.50	-53.40	1. 20%首付和低利率等宽松信贷政策刺激刚性、改善性、投资和投机性购房需求；2. 营业税2年免征进一步刺激投资投机性购房需求；3. 劳动力人口占比仍然在上升；4. 城镇化进程加快；5. 由于2008年和2009年年初的悲观预期，导致新开工面积同比仍为负值；6. 以上因素共同促使购房需求大幅增加，造成供小于求
2010年8月	64.50	4.10	60.40	1. 前期对房地产的乐观预期，导致新开工面积大幅增加；2. "2010年国十条"等紧缩政策使住宅销售迅速下滑；3. 供给大幅增加而需求却减少，导致供大于求
2012年2月	0.00	-16.00	16.00	1. 始于2010年年初的紧缩房地产信贷政策明显抑制了房地产需求；2. 限购政策使许多人没有购房资格，进一步抑制了房地产需求；3. 在需求受到明显抑制的情况下，造成供大于求
2013年3月	-0.80	41.20	-42.00	1. 2012年土地供给较少；2. 党的十八大报告中没有出现对房地产调控的严厉表述，投机性需求开始活跃；3. 压抑3年多的刚性和改善性需求集中爆发；4. 供给小幅下降而需求却大幅上升，导致供小于求

续表

时间	指标1	指标2	指标3	可能的原因
2015年8月	-17.90	8.00	-25.90	1. 由于库存压力大,房屋新开工面积同比大幅下降;2. 在"2014年930新政""2015年330新政"等一系列宽松政策刺激下,房地产销售面积稳步增长;3. 从悲观的供不应求转向乐观的供不应求①,商品房销售面积开始快速增长
2016年8月	6.70	27.10	-20.40	1. 一系列楼市刺激政策,使购房需求出现井喷式增长;2. 由于库存尚需消化,新开工面积增长缓慢;3. 需求快速增加而供给却增长缓慢,导致供小于求

注:指标1=住宅新开工面积累计同比;

　　指标2=商品住宅销售面积累计同比;

　　指标3=住宅新开工面积累计同比-商品住宅销售面积累计同比。

资料来源:国家统计局,Wind资讯。

　　商品住宅新开工面积同比增速反映房屋供给的变化,而商品住宅销售面积的同比增速反映房屋需求的变化,二者之差大于零,表示供给增速大于需求增速,表明供过于求;反之,则表明供小于求。表5-3列出了二者同比增速之差出现较大缺口的时点,通过原因分析可知:(1)"2005年新旧国八条""2006年国六条"等紧缩调控政策,使2006年商品住宅销售明显减缓。(2)前期紧缩政策和全球金融危机的共同作用,导致2008年和2009年前几个月的商品住宅销售低迷。(3)2008年下半年和2009年的一系列宽松政策,造成2009年下半年商品住宅销售迅速增长。2010年出台的限购、限贷等紧缩政策,快速抑制了购房需求,使2010年下半年商品住宅销售迅速下降。但同样政策对房屋供给的起效时间却要慢一些,例如2008年年底和2009年的宽松政策,并没有导致住宅新开工面积大幅增加,2010年的紧缩政策也没有能够显著降低住宅新开工面积。同样政策对房屋供求的影响并不相同,对此可能的解释是:居民通常在很短

---

　　① 悲观的供不应求是指由于开发商主动大幅缩减房屋新开工面积,导致商品房销售面积同比增速高于房屋新开工面积同比增速。乐观的供不应求是指开发商在保持房屋新开工面积稳定增长的同时,在旺盛购房需求推动下商品房销售面积大幅增加,导致商品房销售面积同比增速高于房屋新开工面积同比增速。

时间内就能作出购房决策。而开发商增加新开工面积则需要诸多前置条件——通过招拍挂等形式取得土地、筹集建设资金、组建项目公司、取得土地使用权证、土地规划许可证、建筑规划许可证、施工许可证等。开发商要满足这些前置条件,需要一段时间。因此宽松政策能迅速增加购房需求,而房屋供给增加则会滞后一段时间。

四、房地产销售与宽松货币政策和信贷政策

自 2009 年至今,出现过四个房地产销售增速较快的阶段。图 5-12 是房地产销售增速与宽松货币政策和信贷政策的关系图,使用商品住宅销售额累计同比来表示房地产销售增速。可以看出,这两种增速的变动趋势大体一致,但绝大部分时间里销售额增速都高于销售面积增速,销售额增速与销售面积增速之差越大,房价上涨越快。从图 5-12 可以看出,房地产销售额增速较快有四个阶段:第一阶段是从 2005 年 8 月至 12 月,商品住宅销售金额累计增速分别为 141.81%、129.37%、129.16%、121.90% 和 68.97%;第二阶段是从 2009 年 4 月至 2010 年 5 月,商品住宅销售额累计增速在 38.60%—91.50% 之间波动,从 2009 年 4 月的 38.60% 一直跃升至 11 月的最高点 91.50%,然后开始小幅下降;第三阶段是 2013 年全年,从 2 月的 87.20% 缓慢下降至 12 月的 26.60%;第四阶段是从 2016 年 2 月至 12 月,商品住宅销售额累计同比增速在 36.10%—61.40% 的区间波动。

可以看出,除第一阶段外,其他各阶段都伴随着宽松的货币政策和信贷政策。(1)在第一阶段中,2005 年 8 月至 12 月期间的货币政策和信贷政策都是紧缩的,为何房地产销售迅猛增长呢?笔者认为,这与人民币汇率改革密切相关,2005 年 7 月 21 日央行宣布要形成更富弹性的人民币汇率机制,并在当日上调人民币汇率至 1 美元兑 8.11 元人民币。强烈的人民币升值预期吸引大量热钱购买我国房地产,国外热钱流入带动国内房地产投资热情。在国内外资金的共同推动下,导致房地产销售爆发性增长。(2)第二阶段是与 2008 年全球金融危机后我国采用宽松货币政策和宽松信贷政策刺激经济和房地产分不开的。2008 年 9 月、10 月、11

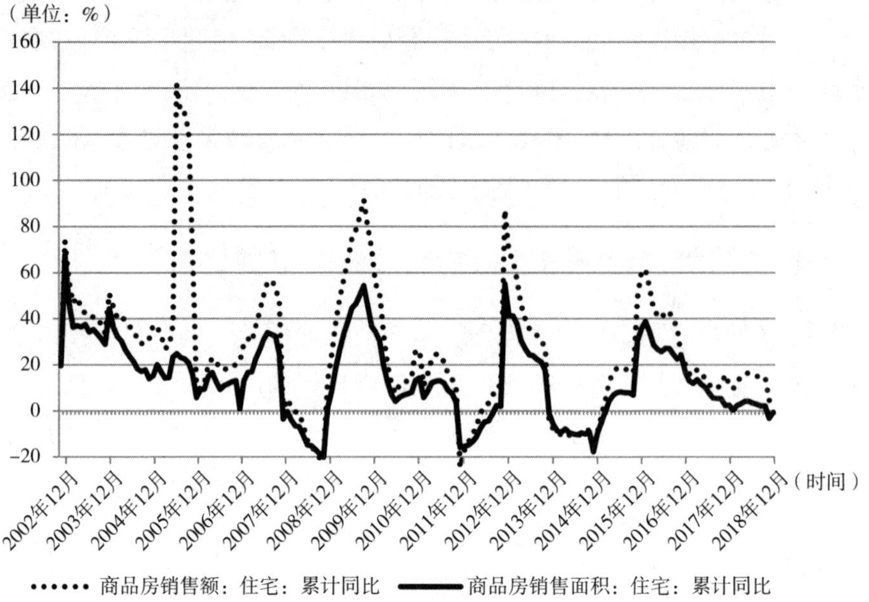

（单位：%）

...... 商品房销售额：住宅：累计同比　——商品房销售面积：住宅：累计同比

图 5-12　房地产销售增速回升多伴随着宽松货币和信贷政策

资料来源：国家统计局，Wind 资讯。

月和 12 月，中小金融机构存款准备金率分别降至 16.50%、16.00%、16.00% 和 13.50%，并保持在 13.50% 水平至 2009 年 12 月。2008 年 9 月 16 日，一年期贷款基准利率下调至 7.20%，其间经过 10 月的 2 次降息和 11 月的 1 次降息，最终在 2008 年 12 月 23 日将一年期贷款基准利率降至 5.31%，并将该利率保持至 2010 年 10 月 19 日。且在 2008 年年底和 2009 年，对首套房贷款执行 20% 的低首付比例，因此宽松货币政策和宽松信贷政策是导致第二阶段房屋销售增速大幅上升的重要原因。（3）第三阶段尽管没有大幅降低存款准备金率和利率，但同期央行开始实施新型货币政策工具，如常备借贷便利 SLF、中期借贷便利 MLF、抵押补充贷款 PSL、短期流动性调节工具 SLO 等等，这些创新型货币政策工具增加了市场流动性，加之压抑 3 年的刚性和改善性购房需求集中释放等因素，导致 2013 年房地产销售大幅增长。（4）在第四阶段，央行从 2014 年 11 月 22 日开始降息，2015 年 3 月、5 月、6 月、8 月和 10 月又多次降息，2015 年 10 月 24 日一年期贷款基准利率降至 4.35% 后持续维持在该低利率水平。2015年2月、4月、9月、10月和2016年3月，多次降低存款准备金率，2016年3月1日中小存款类金融机构的存款准备金率已经降至15%，并持续保持在该比率。同期的信贷政策和税收政策也很宽松："2014年930新政"放宽了首套房贷款条件，"2015年330新政"进一步放宽了二套房贷款条件，"2015年930新政"再次降低首付比例，"2016年2月新政"既降低了首付比例又减免了税收。因此，宽松货币政策、宽松信贷政策和宽松税收政策共同作用，促成了2016年房地产销售的大幅增长。可见，在房地产销售增速较快的第二阶段至第四阶段，都离不开宽松货币政策和信贷政策的大力支持，即进一步验证了本章第一节中提到的观点，即当M_2同比增速超过GDP同比增速和城镇居民人均可支配收入同比增速时，在过剩货币驱动下房价会出现快速上涨。

五、待售面积

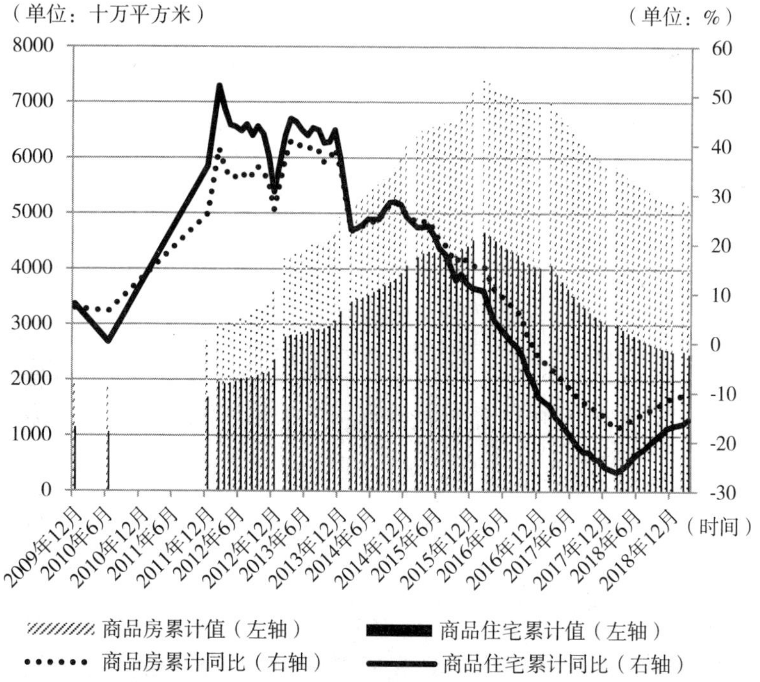

图5-13　商品房、商品住宅待售面积及累计同比

如图 5-13 所示,在紧缩调控政策期间,商品房和商品住宅的待售面积持续维持在高位。在宽松调控政策期间,商品房和商品住宅待售面积快速下降。待售面积是指截至报告期已竣工商品房中还没有出售或出租的面积。(1)商品住宅待售面积在 2016 年 2 月达到 46635 万平方米的最高点后开始下降,2016 年 12 月商品住宅待售面积已经降至 40257 万平方米,较最高点已经下降 13.68%。2017 年年底和 2018 年年底商品住宅待售面积进一步分别降至 30163 万平方米和 25091 万平方米。(2)商品住宅待售面积同比增长率的几个高点分别出现在 2008 年 12 月(55.50%)、2012 年 2 月(52.00%)、2013 年 3 月(45.40%)。2011 年 12 月至 2013 年 12 月,商品住宅待售面积同比增长率持续维持在 30.60%—52.00%的高位。(3)2014 年 10 月至 2017 年 2 月,商品住宅待售面积同比增长率持续下降,2014 年 10 月为 28.60%,2015 年 6 月跌破 20%关口,2016 年 3 月跌破 10%关口,2016 年 8 月转为负值,2016 年 12 月向下跌破-10%,2017 年 12 月为-25.10%,2018 年 2 月为-26.00%。(4)商品房待售面积变化趋势与商品住宅大体相同,但波动率较低。2011 年 12 月至 2014 年 11 月,商品住宅待售面积累计同比增长率始终高于商品房待售面积同比增长率,这是由于紧缩调控政策主要针对商品住宅,使商品住宅销售放缓,导致商品住宅待售面积较快增长。而 2014 年 12 月至 2019 年 3 月,商品住宅待售面积累计同比增长率始终低于商品房,反映出宽松楼市调控政策明显地刺激了商品住宅需求,使商品住宅待售面积能够更快速地下降。总之,在紧缩调控阶段,商品住宅待售面积同比增长率持续维持在高位,且高于商品房待售面积同比增长率。而在宽松调控和因城施策阶段,商品住宅待售面积同比增长率先下降再转为负数,且负数的绝对值不断增大,造成商品住宅待售面积同比增长率持续小于商品房待售面积同比增长率且二者缺口在不断扩大。

六、空置面积和空置率

空置面积指房屋在售出后处在闲置无人居住的状态,衡量的是已售出房子中有多少是闲置和浪费的。空置率是指空置面积与已售出面积之比。目前官方没有房屋空置率的统计指标,但从几个侧面可以在一定程度上反映出中国房屋的空置率:(1)2012 年北京市公安局开展了实有人口基础信息大调查专项工作,核对流动人口信息 725.5 万人,标注出租房屋 139 万套,核对空置房屋 381.2 万套。① (2)时任 IMF 副总裁朱民在 IMF2015 春季年会期间表示,中国楼市的空置面积达 10 亿平方米。② (3)西南财经大学调研报告指出,2013 年我国城镇住宅的空置率达 22.4%,其中六大城市空置率分别为:重庆 25.6%、上海 18.5%、成都 24.7%、武汉 23.5%、天津 22.5%、北京 19.5%。在一二三线城市中,三线城市住房空置率最高,为 23.2%。③ (4)中央党校周天勇教授估计 2015 年年底我国城镇已经被购买和竣工住宅的空置率在 20%—25% 之间,城镇地区空置住房约为 6500 万到 8800 万套之间。④ 以一年一户用电量不超过 20 度作为"空置"标准,根据国家电网的调查结果,2017 年大中城市房屋空置率是 11.9%,小城市房屋空置率是 13.9%,农村房屋空置率是 14%。

表 5-4 为 2014—2016 年一二线典型城市商铺市场平均空置率,其中沈阳的空置率一直是最高的,2015 年大连空置率较高,反映出东北经济增速下降后对商铺需求减少。北京、天津、厦门、深圳的空置率普遍较低,表明这些城市经济充满活力,对商铺需求相对旺盛。

纵观全球,不同国家的空置率差异较大。据腾讯大楚网报道:(1)美国人口普查局数据显示 2016 年第三季度全美的出租空置率为 6.8%,纽约大都市圈的出租空置率为 4.2%,此外洛杉矶、西雅图的出租空置率更是等于或低于 3%。 (2)2015 年,加拿大抵押和住房公司(Canada

---

① 汤旸:《北京空置房之惑》,凤凰网房产频道,http://house.ifeng.com/column/redian/kongzhifang/index.shtml。

② 董映颉:《10 亿平方米空置房疑云:造城运动致供应严重过剩》,《华夏时报》2015 年 4 月 22 日。

③ 董映颉:《10 亿平方米空置房疑云:造城运动致供应严重过剩》,《华夏时报》2015 年 4 月 22 日。

④ 周天勇:《全球大城市房屋空置率对比,北上广有多严重!》,和讯网房产频道,http://house.hexun.com/2017-06-16/189664346.html,20170616。

Mortgage and Housing Corporation)对 35 个主要城市的调查结果显示,加拿大全国出租空置率为 3.5%,其中多伦多、温哥华和维多利亚的公寓空置率最低,分别为 1.6%、0.8% 和 0.6%。(3)澳大利亚研究机构 SQMResearch 的数据显示,2016 年 10 月澳大利亚全国范围内的住房空置率为 2.3%。(4)英国人口普查局的数据表明,2016 年第一季度英国住房的自住空置率为 1.7%,而同期出租空置率为 7%。(5)根据新加坡城市发展局的报告,2016 年第二季度当地私人住宅(除政府组屋外)的空置率为 8.9%。① 按照常用的判断标准,5%—10%的空置率较为合理,表明商品房供求平衡。10%—20%的空置率则有一定的危险性。超过 20%的空置率则预示着库存积压严重或投机炒房盛行。与上述这些国家相比,我国空置率明显处于高位。较高的空置率表明很多房屋处于闲置状态,未能充分发挥出房屋的使用价值——"房子是用来住的"。

表 5-4   一二线典型城市商铺市场平均空置率   (单位:%)

年份	北京	上海	广州	深圳	杭州	苏州	南京	武汉	厦门	成都	青岛	大连	沈阳	天津
2014	5.2	10.7	9.4	7.1	6.6	8.0	5.4	6.9	6.7	7.1	5.8	4.7	18.2	5.3
2015	5.1	12.4	8.8	6.2	8.8	10.3	4.1	7.6	5.6	8.1	9.7	11	18.5	7.6
2016	6.3	15.0	9.3	7.2	8.9	13.1	9.3	8.8	5.6	10.0	10.5	9.1	19.0	8.2

资料来源:赢商网大数据中心,http://down.winshang.com/ghshow-1813.html。2016 年为预估数据。

七、保障性安居工程供给

保障性安居工程包括保障性住房和棚改房,其中保障性住房包括经济适用房、廉租房、公租房和限价商品房。保障性安居工程发展大体经历了三个阶段:(1)快速发展阶段(1998—2002 年),在 1998 年国务院 23 号文件的指引下,经济适用房和廉租房成为解决中低收入居民家庭住房需求的重要途径。据 CEIC 和瑞银证券估算,2000—2002 年经济适用房投资占城镇住宅投资的比重和竣工面积占城镇住宅竣工面积的比重双双接

---

① 《全球哪些大城市的住房空置率最低?》,腾讯大楚网,http://hb.qq.com/a/20161215/005122.htm。

近或达到 10% 的历史高位。充足的经济适用房供给、人们普遍缺乏购买商品房意识和 1997 年亚洲金融危机等多重因素共同作用,导致当时房价比较平稳。(2)保障房发展的停滞期(2003—2008 年)。2003 年国务院 18 号文件提出要坚持住房市场化的基本方向,逐步实现多数家庭购买或承租普通商品住房,该阶段由于过度强调住房市场化而在一定程度上忽略了保障房的建设。2005—2008 年期间仅竣工 200 万套保障性住房。经济高速增长、居民收入迅速增高、劳动力人口占比不断上升、人民币升值背景下的热钱持续流入、M_2/GDP 不断攀升、投机需求旺盛,加之保障房供给不足等多重因素,共同推动全国房价快速上涨。(3)重新重视保障性住房和棚户区改造阶段(2008 年年底至今)。2008 年第四季度,为应对金融危机造成的房地产市场滑坡,中央政府宣布将在 2009—2011 年间新增逾 1100 万套保障房供给,其中每年新建经济适用房 130 万套,三年共计新增廉租房和限价房 750 万套。从棚户区改造来看,2014—2017 年的建设计划分别为 470 万套、580 万套、600 万套和 600 万套,同期执行情况分别为 470 万套、601 万套、606 万套和 609 万套,即圆满地完成了建设计划。2009—2011 年实际执行保障性安居工程分别为 333 万套、590 万套和 1043 万套,2013—2015 年分别为 666 万套、740 万套和 783 万套。2012 年、2016 年和 2017 年的保障性安居工程数据缺失。

第五节　房地产价格

目前我国发布房价的主要机构有国家统计局、国家发展改革委、中国指数研究院和中原集团,其中后两家是民营机构。(1)国家统计局发布的房价指数是针对 70 个大中城市的,包括新建住宅价格指数、新建商品住宅价格指数、按建筑面积划分的新建商品住宅价格指数和二手住宅价格指数、一二三线城市的各类房价指数。这些指数既包括全国还包括各地区,数据涉及环比、当月同比和定基比。其中新建住宅价格指数和二手住宅价格指数从 2005 年 7 月开始,其他数据则从 2011 年 1 月开始。(2)国家发展改革委也公布 70 个大中城市房地产价格指数,包括新建住宅销售价格指数和二手住宅销售价格指数,数据分别从2005年1月和2005年7月开始,为季度数据,该数据只有指数,没有同比、环比和定基比等指标。(3)中国指数研究院发布的百城价格指数包括平均价格、环比和同比数据,既有全国数据也有各地区的数据,数据分别从2010年6月和2010年7月开始。(4)中原地产发布的指数主要有二手住宅价格指数、二手住宅租金指数、中原报价指数、中原经理指数和写字楼租金指数。其中二手住宅价格指数仅覆盖北京、上海、广州、深圳、天津、成都、重庆和南京8个城市。二手住宅租金指数仅覆盖上述除南京以外的其他7个城市。中原二手住宅价格指数和中原二手住宅租金指数以2004年5月为基期,基期为100,两个指数均为月度数据。中原报价指数和中原经理指数反映了业主和中原门店经理对未来房价的预期,属于先导性指标。

一、全国新建商品住宅价格

图5-14是国家统计局和中国指数研究院对房屋价格及其指数的统计。国家统计局数据方面,根据商品房销售额除以商品房销售面积计算出商品房价格,根据商品住宅销售额除以商品住宅销售面积计算出商品住宅价格,这两种数据都是月度数据。中国指数研究院的数据有百城住宅平均价格。房价指数方面,国家统计局的数据是70个大中城市新建商品住宅价格指数,中国指数研究院的数据为百城住宅价格指数。

从房价绝对值来看,2010—2018年房价不断上涨,商品房价格略高于商品住宅价格,百城样本住宅平均价格明显高于国家统计局的商品住宅价格。从2010年6月至2018年12月的房价绝对值来看,中国指数研究院的百城样本住宅平均价格明显高于国家统计局的商品住宅平均销售价格。2018年12月,商品住宅平均销售价格为8736.90元/平方米,而百城样本住宅平均价格则为14678.00元/平方米,商品住宅平均销售价格仅为百城样本住宅平均价格的59.52%。

从图5-14可以看出,国家统计局的70个大中城市新建商品住宅价格指数同比增长率和中国指数研究院的百城住宅价格指数同比增长率的走势基本相同,二者同比增速的高低点出现的时间相同或相近:(1)高点

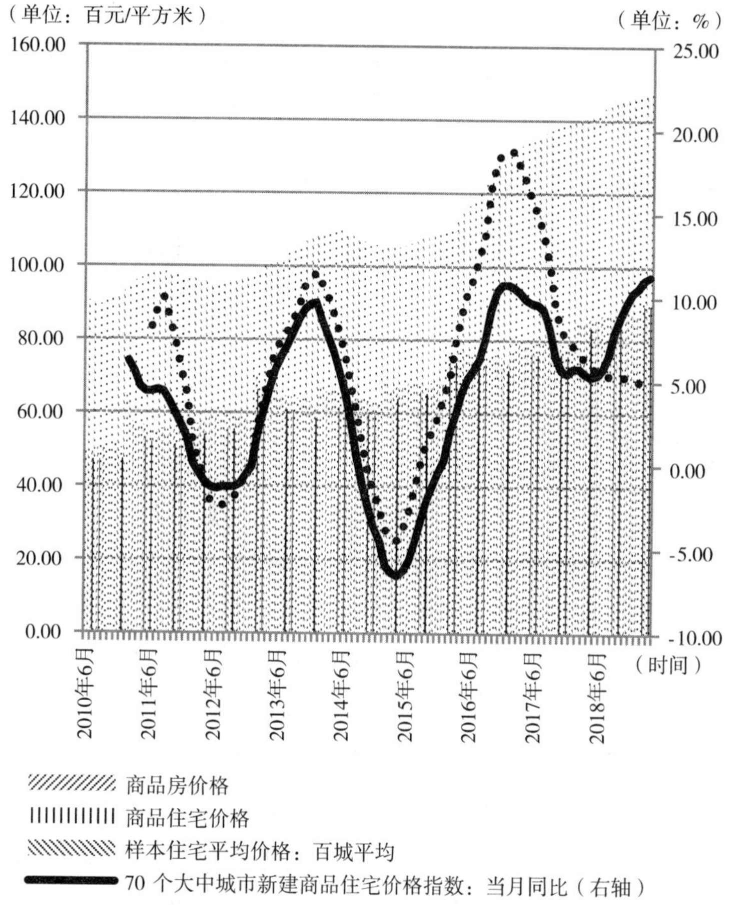

（单位：百元/平方米）　　　　　　　　　　　　　　　（单位：%）

图 5-14　新建住房价格及其指数

方面:2013 年 12 月,二者同时达到局部高点,分别为 9. 70% 和 11. 51%;
2016 年 11 月和 12 月,70 个大中城市新建商品住宅价格指数同比增长率
与百城住宅价格指数同比增长率同时达到最高点 10. 80%。2017 年 2
月,百城住宅价格指数同比增长率达到最高点 18. 75%。(2)低点方面:
2012 年 6 月,70 个大中城市新建商品住宅价格指数同比增速为-1. 40%,
2012 年 7 月,百城住宅价格指数同比增速为-2. 42%;2015 年 4 月二者同
比增速同时达到最低点,分别为-6. 60% 和-4. 46%。(3)可见,百城住宅
价格指数的同比增速高点明显大于 70 个大中城市新建商品住宅指数的

同比增速高点。同比增速低点则表现并不一致,2012 年 7 月,百城住宅价格指数同比增速更低,而 2015 年 4 月,70 个大中城市新建商品住宅价格指数同比增速更低。总之,国家统计局和中国指数研究院的房价指数均表明,在紧缩调控阶段房价指数同比增速较低,而在宽松阶段房价指数同比增速则较高。

二、一二三线城市新建商品住宅价格指数

如图 5-15 所示,一线城市的住宅绝对价格明显高于二线和三线城市:(1)中国指数研究院数据显示,2018 年 12 月,一二三线城市住宅平均价格分别为 41368.00 元/平方米、13582.00 元/平方米和 9061.12 元/平方米,一线城市住宅价格分别是二线和三线城市的 3.05 倍和 4.57 倍,2017 年该比例曾经高达 3.25 倍和 4.94 倍,2017 年和 2018 年二线城市住宅价格分别是三线城市的 1.52 倍和 1.50 倍。(2)2010 年 6 月,一二三线城市住宅价格分别为 20799.50 元/平方米、8637.86 元/平方米和 6396.15 元/平方米,一线城市住宅价格分别是二线和三线城市的 2.41 倍和 3.25 倍,二线城市住宅价格是三线城市的 1.35 倍。(3)上述数据表明,从 2010 年 6 月到 2018 年年底,一线城市住宅价格涨幅要高于二线和三线城市,二线城市住宅价格涨幅要高于三线城市。

从 2010 年 6 月至 2018 年年底,住宅价格经过了两轮快速上涨,分别发生在 2013 年全年和 2015 年 5 月至 2016 年 9 月,其间房价同比增长率不断升高。国家统计局和中国指数研究院数据均显示,在这两轮上涨中,一线城市住宅价格涨幅高于二线城市,二线城市高于三线城市。但这两轮上涨也有一些差异:(1)第二轮上涨的力度更强。中国指数研究院数据显示,2013 年 12 月,一线城市住宅价格指数同比增长 23.44%,2016 年 9 月,同比增长 26.72%。此外,第二轮上涨中二线和三线城市的住宅价格涨幅均高于第一轮涨幅。(2)第二轮上涨持续的时间更长。第一轮住宅价格同比增速上涨只持续了 2013 年全年,从 2014 年年初房价指数同比增速就开始快速回落,至 2014 年 9 月回落至 0 附近后仍然继续下跌,2015 年年初二三线城市最低增速均在-5%以下。而第二轮上涨中,从

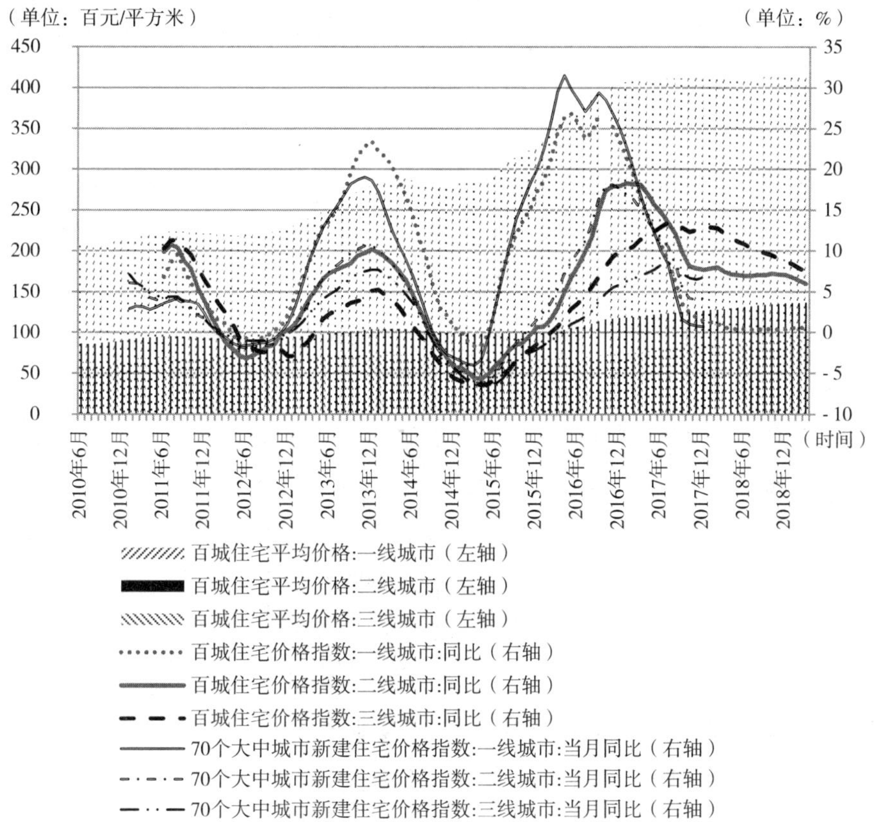

（单位：百元/平方米）

（单位：%）

图 5-15　一二三线城市新建住宅价格及价格指数同比增长率

2015 年 5 月至 2016 年 9 月,一二三线城市同比增速都在不断上涨,持续了 17 个月,长于第一轮上涨时间。直到 2017 年 12 月,一二三线城市住宅价格同比涨幅仍然全部为正数,且二三线城市特别是三线城市房价涨幅仍然较大。(3)第二轮上涨中,一二三线城市住宅价格体现出明显的轮动效应。在第一轮上涨中,二三线城市住宅价格跟随一线城市同涨同跌。在第二轮上涨中,2015 年 5 月至 2016 年 5 月,二三线城市住宅价格同样跟随一线城市住宅价格上涨,但之后二三线城市住宅走出独立行情并轮流领涨楼市,这与一线城市的紧缩调控政策有关。2016 年春,深圳、上海等一线城市推出适度紧缩政策,2016 年 6 月和 7 月,一线城市住宅价格出现调整,随后又在 8 月和 9 月反弹。2016 年 9 月底,北京出台严厉的楼市调控政策,自 2016 年 10 月起一线城市住宅价格同比增速开始下降,2018 年 3 月起至同年年底,一线城市住房价格同比增速已降至 1% 以下。由于只有部分二线城市在 2016 年 10 月出台了适度紧缩的调控政策,二线城市整体受紧缩政策的影响相对较小,因此自 2016 年 5 月起二线城市房价走势并没有完全跟随一线城市,二线城市住宅价格同比增速上升一直持续到 2016 年 9 月,2016 年 10 月至 2017 年 3 月,同比增速仍然维持在高位,从 2017 年 4 月起同比增速才开始出现下降,且下降幅度远小于一线城市。在第二轮上涨中,由于国家对三线城市房地产始终是鼓励和扶持态度,因此 2015 年 5 月至 2017 年 7 月,三线城市住宅价格同比增速持续上升,从 2017 年 8 月才开始下降且降幅很小。纵观第二轮房价上涨,先是一线城市领涨全国楼市,2016 年 5 月至 2017 年 1 月,二线城市接力一线城市成为房价上涨领头羊,2017 年 2 月至 7 月,三线城市楼市异军突起。(4)两轮房价上涨的原因不同,第一轮上涨仍然处在紧缩调控政策环境中,沉寂 3 年的刚性和改善性需求集中释放,主要表现为一线城市等人口净流入地区的住宅价格快速上涨,是市场力量自发引起的房价上涨。第二轮则是在宽松政策刺激下引发的房价上涨,除了刚性和改善性需求外,不排除有大量的投机性需求充斥房地产市场并推高房价。

三、二手住宅价格指数

如图 5-16 所示,二手住宅价格指数与新建商品住宅价格指数走势相似,也存在两轮明显的上涨阶段,且对于某一类城市二者同比增速高点和低点出现的时间非常接近,但二手住宅和新建商品住宅价格的同比增速并不完全相同。例如,在 2013 年第一轮上涨中,一线城市二手住宅价格同比涨幅明显低于新建商品住宅价格涨幅。2013 年 11 月,一线城市新建商品住宅价格指数同比增速为 21.20%,12 月,一线城市二手住宅价格指数同比增速为 15.20%,前者高于后者 6%。在第一轮上涨中,按房价指数同比增速排序,分别是一线城市新建商品住宅、一线城市二手住宅、二线城市新建商品住宅、三线城市新建商品住宅、二线城市二手住宅、三线城市二手住宅。相比于一线城市新建商品住宅价格指数同比最高增速为 21.20%,二线城市和三线城市的二手住宅价格指数同比最高增速分别仅有 5.40% 和 3.90%。在第二轮上涨中,一线城市二手住宅价格指数同比增速持续高于新建商品住宅价格指数同比增速。其中缺口较大的时点有 2015 年 2 月、2016 年 4 月、2017 年 9 月,二手住宅价格同比增速比新建商品住宅价格同比增速分别高 2.30%、1.90% 和 2.30%。一线城市二手住宅价格增速持续高于新建商品住宅价格增速,主要有以下几点原因:(1)在第二轮上涨初期,由于二手住宅单价和总价通常低于可比新建商品住宅,在楼市低迷期,一线城市低价二手住宅可能会率先止跌。(2)自 2016 年年底起,一线城市开始对新房网签实施限价政策,而对二手房交易并不限制,可能造成新房与二手房的价差缩小甚至价格倒挂,导致一线城市二手房价格增长快于新房。(3)一线城市的二手住宅交易占比较高,二手住宅价格能在一定程度上引领新建商品住宅价格。值得注意的是,自 2018 年 10 月起,一线城市新建商品住宅价格指数同比增速持续高于二手住宅价格指数同比增速。

（单位：%）

70个大中城市二手住宅价格指数:一线城市:当月同比
70个大中城市二手住宅价格指数:二线城市:当月同比
70个大中城市二手住宅价格指数:三线城市:当月同比
70个大中城市新建商品住宅价格指数:一线城市:当月同比
70个大中城市新建商品住宅价格指数:二线城市:当月同比
70个大中城市新建商品住宅价格指数:三线城市:当月同比

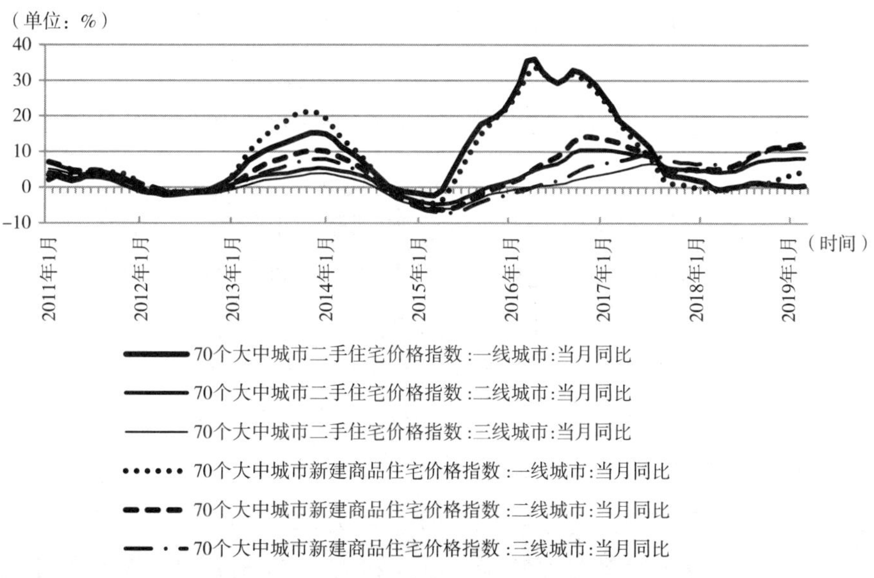

图 5-16　一二三线城市的二手住宅价格指数

在第二轮上涨中,二三线城市住宅价格呈现以下特点:(1)从 2016 年 5 月至 2018 年年底,三线城市新建商品住宅价格指数同比增速持续高于二手住宅价格指数同比增速,同期二线城市也出现类似情况,只是在 2017 年下半年受紧缩调控政策影响。曾经有几个月新建商品住宅价格同比增速略低于二手住宅价格同比增速。(2)由于二线城市房价增速放缓,2018 年呈现出二三线城市新建商品住宅同比增速基本一致、二三线城市二手住宅价格指数同比增速基本一致的局面,即二三线城市新房价格增速同步和二手住宅价格同步,二三线城市房价增速差异基本消失。

四、房价收入比

前面提到 2013 年、2015—2017 年房价出现快速上涨,但如何衡量房价高低呢?衡量房价高低的一个重要指标是房价收入比,是指一套房屋的总价与居民家庭年可支配收入的比值,即一户居民家庭需要花多少年才能购买一套住房。国际上通常认为 3—6 倍的房价收入比是合理的。

表 5-5 是 2010—2017 年一二三线城市的房价收入比。(1)所有年份中,一线城市的房价收入比均远远高于二三线城市。2017 年一线城市的房价收入比是 24.98 倍,即意味着一户家庭在没有任何其他生活支出的情况下,将 24.98 年的全部可支配收入积攒起来才能购买一套房屋。假设一个人的工作年限在 30 年左右,意味着在扣除掉必要的生活支出后,一线城市的家庭成员可能需要花费其职业生涯中的绝大多数甚至全部收入来购买房屋,直到退休也许还不能完全还清房贷。一线城市的房价收入比远远高于国际上公认的 3—6 倍标准,表明我国一线城市居民购房负担较重。(2)2010—2015 年,二三线城市的房价收入比呈下降趋势,2015 年二三线城市的房价收入比分别为 9.04 倍和 8.16 倍,考虑到中国作为发展中国家的旺盛住房需求,该比值较为合理。(3)2010—2012 年,一线城市房价收入比也有所下降,这从一个侧面说明其间的紧缩调控政策确实起到了抑制房价的作用。(4)与 2015 年相比,2016 年和 2017 年

一二三线城市房价收入比均出现快速上升。

表 5-5　一二三线城市房价收入比

城市类型 年份	50 大中城市： 一线城市	50 大中城市： 二线城市	50 大中城市： 三线城市
2010	20.03	11.38	11.31
2011	19.46	11.12	11.25
2012	17.72	9.82	9.97
2013	19.63	9.88	9.26
2014	20.57	9.75	9.06
2015	20.60	9.04	8.16
2016	24.17	9.46	8.19
2017	24.98	10.15	8.81

资料来源：Wind 资讯。

　　我们还可以观察到来自草根层面的房价收入比数据（见表 5-6）。2016 年 12 月,云房资讯数据给出了加班时间最长的 12 家 IT 公司周边房价排行榜和房价收入比数据。12 家公司中有 8 家周边房价在 6 万元/平方米以上;奇虎 360 的员工年平均工资最高,为 136080 元;新美大的员工年平均工资最低,为 83616 元;12 家公司中有 6 家的房价收入比在 51 倍及以上,5 家在 33—49 倍,京东的房价收入比最低为 17 倍。即使京东员工也要 17 年不吃不喝才能买下一套房,如果考虑必要的生活支出则会需要更长时间。至于房价收入比在 50 以上的那些公司员工,在工资保持不变的情况下,买房基本上是天方夜谭的事情了。笔者查阅了上述 IT 公司周边的房价,基本与云房资讯的数据相吻合。因此云房资讯统计的互联网公司的周边房价与员工收入比,更能真实地反映局部地区的房价收入比。上述公司的员工在国内属于高收入,因此该数据从某一侧面说明大城市的房价收入比已经非常之高了。

表 5-6 互联网公司周边房价和房价收入比

项目 公司	周边房屋单价 （元/平方米）	年平均工资 （元）	房价收入比 （倍）
腾讯(银科)	82458	130260	51
搜狐	82329	119892	55
优酷土豆	82318	120288	55
爱奇艺	81392	117132	56
腾讯(西格玛)	80043	130260	49
新美大	65978	83616	63
新浪	65034	108444	48
滴滴出行	60755	128988	39
百度	57862	129648	36
奇虎 360	55624	136080	33
58 赶集	55343	84996	52
京东	22053	104184	17

资料来源:云房资讯。

五、租赁回报率

除了房价收入比外,衡量房价高低的另一指标是租金房价比,是指一套房屋的年租金与该套房屋售价的比例,即房屋租赁回报率。房屋作为一种资产,其租赁回报率应与其他资产回报率保持合理的关系。由于房屋租赁涉及寻找租房者、租金谈判、房屋维护等诸多事项和面临房屋毁损等风险,因此正常情况下房屋租赁收益率应高于无风险利率。无风险利率可用国债收益率来表示。如果房屋租赁回报率低于无风险利率,表明人们之所以愿意承受较低的租金回报率,是因为预期未来房价会大幅上涨,能够通过出售房产获取更高的资本利得。

云房资讯系统地梳理了 2017 年 100 个大中城市不同类型物业的静态租赁回报率,样本包含 100 个城市,包括 4 个一线城市、41 个二线城市、42 个三线城市,以及 13 个四线城市(见图 5-17)。静态租赁回报率的计算方法是一年租金/房屋价格。从图 5-17 可以看出,一线城市由于二手住宅房价过高,租金与房价差距较大,导致普通住宅静态租赁回报率只有 1.8%,分别明显低于二线城市和三线城市的 2.8% 和 2.9%。一线城市的写字楼静态租赁回报率也是在三线城市中最低的,三线城市的商铺静态租赁回报率相差无几,二线城市和三线城市在普通住宅、写字楼和商铺上的静态租赁回报率大致相同。目前一年期存款基准利率为 1.5%,一年期贷款基准利率为 4.35%,五年以上贷款基准利率为 4.9%。三线城市普通住宅的静态租赁回报率均低于一年期贷款基准利率,据此可以判断三线城市普通住宅均存在泡沫,其中一线城市的房价泡沫程度更大。写字楼和商铺的静态租赁回报率大体与一年期贷款基准利率相近,但考虑到写字楼和商铺经营中的各种成本,其静态租赁回报率仍然处于偏低水平,即写字楼和商铺也存在着一定程度的泡沫。

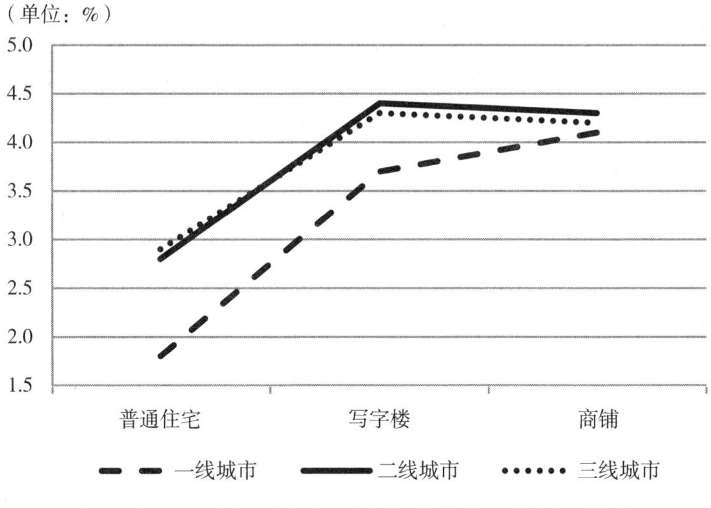

图 5-17　三种物业形式在不同地区的静态租赁回报率

资料来源:云房资讯。

第六节　逐渐从增量房时代向存量房时代转换

一、北京二手房成交面积已经超过新房成交面积

北京市房地产管理局给出了二手住宅成交面积和新建商品住宅成交

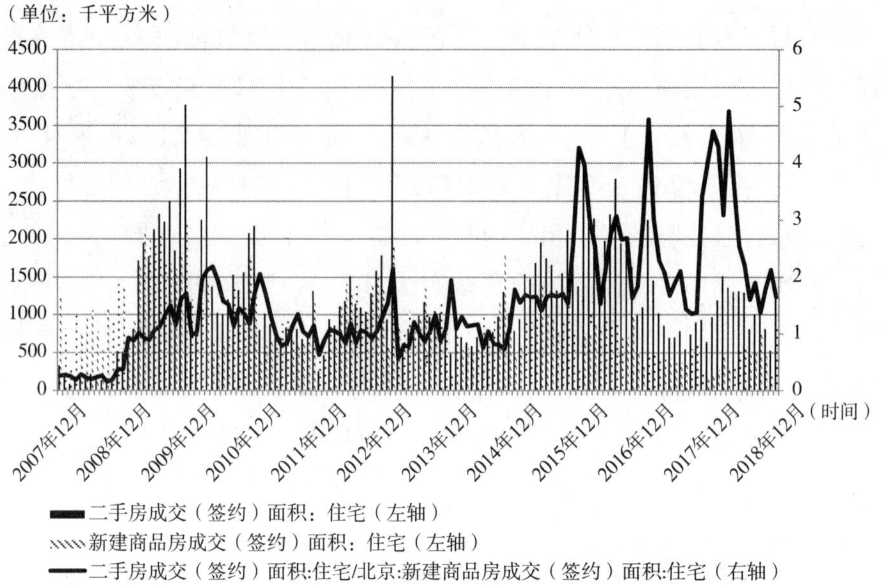

（单位：千平方米）

图 5-18　北京新建商品住宅成交面积和二手住宅成交面积

资料来源：北京市房地产管理局。

面积，在此基础上可以计算出二者的比例（见图 5-18）。（1）从二手住宅成交面积绝对值来看，2016 年 1 月、2016 年 3 月至 5 月、2016 年 8 月至 9 月 6 个月均超过 200 万平方米。其中 2016 年 9 月为 2792443.21 平方米，创下历史新高。（2）从比值来看，2007 年 12 月，北京二手住宅月成交面积与同期新建商品住宅月成交面积之比仅为 0.26，2009 年 3 月这一比值上升到 1.02，即二手住宅和新建住宅的成交面积平分秋色。从 2009 年 3 月至 2015 年 12 月，这一比值在 0.56—2.14 之间宽幅震荡。2015 年 12 月以后，这一比值迅速上升，2016 年 2 月、2016 年 3 月、2016 年 9 月、2017 年 3 月该比值分别为 4.27、3.96、3.07、4.77。尽管比值过高可能与投机需求旺盛、二手房市场成交火爆、在售新房较少有关，但从图 5-18 能够明显看出，二手房交易占比呈不断上升趋势。

二、主要城市二手房成交面积与新房成交面积之比

从表 5-7 可以看出，北京、深圳、厦门和大连 4 个城市的二手房成交

面积已经超过新房成交面积,苏州、南京和广州的二手房成交面积接近但略小于新房成交面积,杭州、无锡、扬州、南昌和青岛仍然以新房交易为主。据链家地产的统计,2016年我国二手房交易额突破6万亿元,占整个住房交易总额的41%,表明我国房地产市场正处于从增量房时代向存量房时代转换的过渡期。

表5-7 我国主要城市二手房成交面积与新房成交面积之比

城市	二手房成交面积/新房成交面积	城市	二手房成交面积/新房成交面积
北京	2.71	广州	0.83
深圳	2.03	杭州	0.57
厦门	1.84	无锡	0.49
大连	1.02	扬州	0.36
苏州	0.96	南昌	0.34
南京	0.88	青岛	0.29

注:以上统计为2016年1—8月的累计数据。
资料来源:民生证券研究院。

综上所述,通过对中国房地产市场的历史和现状进行描述和分析,我们可以更为清晰地理解房地产调控的原因及其效果。

第七节 房地产调控政策出台、影响及效果评价

一、房地产调控政策出台的原因

(一)房价过快上涨导致紧缩调控政策出台

1996—2018年,中国城镇化率不断提升,人均可支配收入不断增长,刚性和改善性需求等自住性需求不断推升房价。2005年、2009年、2010年、2013—2016年,M_2同比增速既高于GDP同比增速,又高于城镇居民人均可支配收入同比增速。货币超发促使部分过剩资金流入房地产市场,增大了投资投机性购房需求。刚性、改善性、投资和投机性货币需求

共同推高房价,导致房价收入比偏高和租金收入比偏低。因此,为了抑制过快上涨的房价,2005 年 3 月至 2008 年 8 月以及 2010 年年初至 2014 年 9 月期间,中央政府持续实施紧缩的房地产调控政策,先后出台"2005 年旧国八条""2005 年新国八条""2006 年国六条""2007 年 927 房贷新政""2010 年国十条""2011 年国八条""2013 年国五条"等紧缩政策来平抑房价。

(二)房地产投资和经济增速下行导致宽松楼市刺激政策出台

2014 年 9 月、2014 年 12 月、2015 年 3 月、2015 年 6 月、2015 年 9 月、2015 年 12 月,房地产用地同比增长率在低位徘徊,分别为 - 19.40%、- 25.50%、- 38.70%、- 38.20%、- 30.00%、- 20.90%。房地产用地供给大幅萎缩,导致房地产投资下降和新开工面积下降,而房地产及其相关产业一直是经济增长的重要引擎。因此,中央政府先后出台"2014 年 930 新政""2015 年 330 新政""2015 年 930 新政""2016 年 2 月新政"来促进房地产发展,也就在情理之中了。此外,受 2008 年全球金融危机拖累,2008 年下半年我国出口迅速下降,货物和服务净出口对 GDP 累计同比贡献率迅速转为负值,为此自 2008 年 9 月至同年年底,国家通过多次降低存款准备金率和基准利率、多次调低购房首付比例等宽松政策来刺激房地产业复苏,以带动中国经济走出金融危机的阴影。

二、调控政策对房地产各主体的资金来源及相关比率的影响

(一)调控政策对开发商财务数据和财务比率的影响

2010 年年初至 2014 年 9 月,我国实施紧缩的房地产调控政策,导致房企带息负债比率持续上升、已获利息倍数下降、部分年份经营性现金流量为负值:(1)2010—2014 年,房企带息负债比率持续上升,表明开发商越来越难以通过定金和预收款来获取资金,只能通过从其他渠道筹集资金来维持运转,即紧缩调控政策使新房销售放缓,降低了定金和预收款等无息负债在总负债中的比重。(2)2010—2015 年,房企的已获利息倍数

下降,与紧缩房地产调控政策减少了房企的销售收入和息税前利润,增大了房企的融资成本有关。(3)2007年、2010年和2011年房地产开发业的经营性现金流量为负值,表明紧缩调控政策抑制了房企销售收入,导致房企经营性现金流入增长乏力。(4)通过对已获利息倍数、房企带息负债比率、经营性现金流量的分析,表明2010年年初至2014年9月的紧缩调控政策使开发商销售收入、经营性现金流和息税前利润受到抑制,并提高了开发商的融资成本。在宽松楼市刺激政策期间,开发商杠杆的表现刚好与紧缩政策期间相反:2016年已获利息倍数小幅回升、2015年和2016年带息负债比率下降,都表明始于2014年9月底的宽松楼市调控政策增加了开发商的销售收入和息税前利润,降低了利息费用。

(二)调控政策对居民房地产杠杆率的影响

宽松楼市调控政策加大了居民房地产杠杆,紧缩楼市调控政策则减少了居民房地产杠杆:(1)从居民存量房地产杠杆来看:2015年和2016年的宽松楼市政策期间,个人购房贷款余额/GDP明显上升,2016年6月至2017年6月,个人购房贷款余额同比增长率远超开发贷款余额同比增长率。(2)从居民增量房地产杠杆来看:新增个人购房贷款/新增房地产销售额的几个局部低点分别出现在2011年9月(17%)、2011年12月(14%)、2012年3月(18%)、2012年6月(15%)、2012年9月(17%)、2012年12月(15%),上述时点全部处在紧缩调控政策阶段;几个局部高点分别出现在2010年3月(66%)、2010年6月(47%)、2015年3月(47%)、2016年3月(54%)、2016年6月(48%)、2016年9月(47%),除2010年的两个时点外,其他时点都处在宽松调控政策阶段。

三、调控政策对房地产供求的影响

(1)从销售金额来看,2009年4月至2010年5月、2013年全年、2016年2月到12月三个阶段,商品住宅销售额累计同比增速增长迅速。(2)从待售面积来看,在2011—2012年的紧缩调控阶段,商品住宅待售面积同比增速持续维持在高位,且高于商业营业用房待售面积同比增速。而在2015—2017年的宽松调控阶段,商品住宅待售面积同比增速率先下降再转为负值,且负值的绝对值不断增大。商品住宅待售面积同比增速持续小于商业营业用房待售面积同比增速,且二者缺口在不断扩大。(3)从广义库存来看,2010—2015 年,商品房广义库存明显增加。2010—2014 年商品住宅广义库存明显增加。2010—2014 年,商品房和商品住宅的库存销售比明显上升,都表明 2010—2014 年的紧缩调控政策显著地抑制了购房需求。而 2015—2017 年的商品住宅广义库存明显下降,2016 年和 2017 年的商品房广义库存下降,2015—2017 年商品房和商品住宅的库存销售比明显下降,表明 2014 年 9 月底以来的宽松调控政策确实起到了刺激购房需求、消化房地产库存的作用。因此,在紧缩调控政策,待售面积和广义库存都会迅速增加。而在宽松阶段,待售面积和广义库存都会迅速下降。

四、调控政策对房地产价格的影响

从 2010 年 6 月至 2018 年年底,住宅价格经过两轮快速上涨,分别发生在 2013 年全年和 2015 年 5 月至 2016 年 9 月,其间房价同比增长率不断升高。国家统计局和中国指数研究院数据均显示在这两轮上涨中,一线城市住宅价格涨幅高于二线城市,二线城市高于三线城市。在第一轮上涨中,二三线城市住宅价格跟随一线城市同涨同跌。在第二轮房价上涨中,2015 年 5 月至 2016 年 5 月,二三线城市住宅价格同样跟随一线城市住宅价格上涨,随后二三线城市住宅走出独立行情并轮流领涨楼市。2016 年 5 月至 2017 年 1 月二线城市接力一线城市成为房价上涨领头羊。2017 年 2 月至 7 月三线城市楼市异军突起。显然,第二轮上涨主要是因为宽松楼市刺激政策引发大量刚性、改善性和投机性购房需求所致。同理,2009 年和 2010 年年初房价暴涨也得益于宽松政策刺激;而 2011 年和 2012 年的房价下跌则是紧缩调控政策作用的结果。

五、房地产调控政策总体效果评价

通过前面的分析,可以看到无论是紧缩还是宽松的房地产调控政策,其出台背后都是有原因的,即通过紧缩政策抑制房地产市场过热,通过宽松政策促进房地产产业增长并带动国民经济增长。在紧缩政策期间,房地产产业的有息负债率上升,已获利息倍数下降,部分年份经营性现金流为负值,居民在房地产上的增量杠杆处在低位,房地产销售收入同比增速下降甚至为负值,待售面积和广义库存增加,多数年份房价同比增速下降甚至绝对下降;而在宽松阶段则与紧缩阶段相反。因此,可以认为无论是紧缩还是宽松房地产调控政策,都取得了一定的调控效果。

但如果根据个别年份和月份的数据来看,房地产调控政策效果好像又不明显,但要深入挖掘其背后原因:(1)2010年3月和6月,房价同比增速很高。究其原因,一是2009年同期的基数较低,二是紧缩调控政策显效需要一定时间,即在分析政策效果时一定要考虑政策时滞。(2)此外,2013年仍然处于房地产紧缩调控政策阶段,但房价出现快速上涨。究其原因,一是政府对紧缩性房地产调控强调的次数少了,"2013年国五条"只在北京等少数地区得到严格执行,使人们认为政府对房地产调控有所放松或者至少不会再变紧了。二是2012年新增房地产用地供给较少,导致2013年房屋供给不足。三是其间各类影子银行蓬勃发展,为开发商提供充足资金使其在较长时间内不降价。四是始于2010年年初的紧缩调控政策已经持续了三年,累积了三年之久的刚性和改善性购房需求集中爆发。(3)尽管上述两个特例都是在紧缩调控阶段出现的房价快速上涨,但2010年下半年房价同比增速收窄和2011年房价出现下跌,2014年房价重回跌势,可见紧缩调控政策还是有效的。只不过从紧缩政策出台到起效有一定时滞,或者在发挥作用时可能会有所反复,但从大趋势来看还是有效的。

六、七轮房地产调控政策及其效果评价

第一章回顾了我国七轮房地产调控政策,本章介绍了房地产市场的历史和现状,因此可以看出七轮房地产调控政策效果,并对效果产生的原因进行分析:第一轮:初步探索中国住房制度改革(1978年12月—1998年6月)。当时是中国住房制度探索阶段,全国大部分城镇居民通过福利分配获取住房。尽管在此期间出现过海南房地产泡沫,但很快就被平抑

下去了。第二轮：多措并举构建以经济适用房为主的住房供应体系（1998年7月—2003年7月）。充足的经济适用房供给、人们普遍缺乏购买商品房意识和1997年亚洲金融危机等多重因素的共同作用，使当时房价比较平稳。第三轮：在坚持住房市场化中抑制房地产过热（2003年8月—2008年8月）。国发〔2003〕18号文件提出要坚持住房市场化的基本方向，逐步实现多数家庭购买或承租普通商品住房，该阶段过度强调住房市场化并在一定程度上忽略了保障房的建设。经济高速增长、居民收入迅速增高、劳动力人口占比不断上升、人民币升值背景下，热钱持续流入、M_2/GDP不断攀升、投机需求旺盛，加之保障房供给不足等多重因素，共同推升房价快速上涨。第四轮：宽松政策刺激房地产复苏并走向过热（2008年9月—2009年12月）。在降息、降准、降低首付、降低贷款利率、二套甚至多套房享受首套房信贷政策优惠、降税等系列利好刺激下，房地产成交量自2009年3月开始上升，房价从2009年6月开始飙升。第五轮：紧缩政策层层加码抑制房地产投机需求（2010年1月—2014年9月）。由于2010年年初至2014年9月全国房地产调控政策持续紧缩，二套房贷款条件日益严苛，限购政策从北京扩展到全国46个城市，因此这个阶段成交量较低，同时房价也出现过下跌。第六轮：宽松政策助推楼市去库存（2014年10月—2016年9月）。"2014年930新政"将拥有一套住房且贷款已经还清的认定为首套房，扩大了首套房认定标准。"2015年330新政"将二套房首付比例从之前的60%—70%骤然下调至40%，极大地提高了购房者动用杠杆的能力。"2015年930新政"再次降低首付比例，2016年2月进一步降低首付比例并减免契税和营业税。多重利好叠加，不但刺激了刚性和改善性需求，也滋生出大量投资投机性购房需求，导致2016年全国城市房价飙升。第七轮：抑制楼市泡沫和因城施策（2016年10月至今）。一线和部分二线城市纷纷通过限价、限购、限贷、限售、提高二套房贷款标准等抑制过高房价，而三四线城市仍然在宽松政策环境下去库存，因此紧缩调控政策使对应城市房价涨幅趋缓甚至小幅下跌，而宽松政策却导致对应城市房价依然在不断上涨。

七、对房价越调越高的解释

　　既然每轮房地产调控政策都是有效的,为何部分地区房价居高不下?为何房价会越调越高呢? 对此,笔者提出以下几点看法:(1)房价应该随着经济增长和城镇居民可支配收入的增长而增长,2015 年及之前的二三线城市的房价收入比还是比较合理的,表明紧缩调控政策是有效的。(2)货币超发加速房地产金融化,2009 年全国楼市快速上涨、2015 年一线和部分二线城市房价上涨、2016 年全国房价快速上涨、2017 年三四线城市房价快速上涨,都与前期和当期货币超发、信贷政策宽松有密切关系。上述这几个阶段的房价快速上涨,已经不能完全用城镇化、经济增长、居民收入等基本面进行解释。(3)土地是高房价的重要推手。在土地财政下地方政府追求土地出让收入最大化,土地成本占房地产开发总成本的比例较高,土地成本推升房价。此外,一些大城市土地供给严重不足,不仅造成土地出让金创新高,还加剧了供求不平衡,进一步促进房价上涨。(4)多种宽松政策互相配合,促进房价上涨。2009 年 4 月至 2010 年 5 月、2013 年全年、2016 年 2 月至 12 月三个阶段,商品住宅销售额快速增加,都离不开宽松货币政策、信贷政策和税收政策的支持。(5)紧缩调控政策期间,刚性和改善性购房需求被压抑,一旦因经济下行等原因使房地产调控政策转为宽松并且不断加码,刚性、改善性、投资投机性需求集中暴发,在巨大需求推动下房价报复性上涨,在赚钱效应下进一步派生出更多购房需求,导致房价快速上涨。(6)一线城市房价非常高,在比价效应、溢出效应和区域协同发展的共同推动下,周边城市房价快速上涨。

第六章　房地产调控中存在的问题

从 1998 年到 2017 年,中国房地产市场经历了多轮调控,尽管每轮房地产调控政策都对供求双方资金、房价和库存等产生影响,但目前我国房地产市场还存在部分地区房价偏高、空置率高、投机属性强和容易暴涨等诸多问题,调控政策并没有完全达到预期效果。本章将从土地政策、金融政策、税收政策、保障房政策、新房销售、购房者、政府监管和政策协同等方面,深入探讨房地产调控中存在的问题。

第一节　房地产土地政策存在的问题

一、土地供应不足是导致房价上涨的重要原因

土地作为建筑物的载体,影响和决定着房屋的供给数量。当土地供给减少时,在同样容积率下,土地所能承载的房屋数量就会减少。房屋供给减少,在房屋需求基本不变的情况下,房价将会上涨。[①] 2015 年和 2016 年深圳楼市领涨全国,2016 年北京、上海、广州等楼市快速上涨,2017 年前 3 个月在多重紧缩调控政策下北京楼市依然强劲上涨,这些现象的背后都与土地供给不足密切相关。

图 6-1 为北京住宅用地供应面积及其价格。用住宅用地成交土地占地面积来表示住宅用地供应,用住宅用地挂牌均价、成交住宅用地楼面

---

① 孙继国、董志勇:《城镇化、土地供给与房地产价格:大城市与中小城市的差异比较》,《山东大学学报(哲学社会科学版)》2017 年第 5 期。

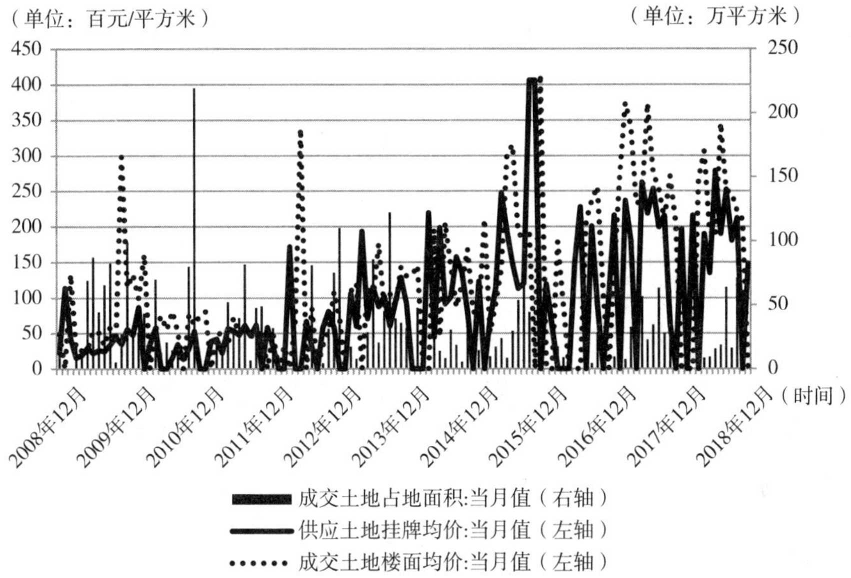

（单位：百元/平方米）　　　　　　　　　　（单位：万平方米）

图 6-1　北京住宅用地供应面积及其价格

资料来源：北京市土地整理储备中心。

均价来表示住宅用地价格，由于个别月份没有数据，图 6-1 中曲线出现间断。北京住宅用地成交土地占地面积方面，2009—2013 年较高，随后出现下降，2014 年和 2015 年分别为 236.97 万平方米和 364.92 万平方米，2016 年全年只有 69.31 万平方米，远低于 2009 年的 508.85 万平方米和 2013 年的 551.53 万平方米，2017 年和 2018 年分别为 355.91 万平方米和 245.70 万平方米。

从北京住宅用地价格来看，尽管整体呈上涨趋势，但可分为若干阶段：第一阶段是 2008—2012 年的平稳上涨期，除个别月份超过 10000 元/平方米外，绝大部分时间内住宅用地挂牌价格都在几千元/平方米。第二阶段是 2013 年至 2015 年上半年，住宅用地挂牌价格和楼面地价主要围绕 10000—20000 元/平方米的区间波动。第三阶段是 2015 年下半年至 2018 年年底，除 2015 年 12 月、2016 年 1 月超过 40000 元/平方米外，其他多数时间住宅用地挂牌价格主要围绕 12000—25000 元/平方米波动。在此期间，楼面均价不断创出新高，2016 年 2 月、2017 年 5 月、

2017年9月分别为41416.97元/平方米、37432.57元/平方米、37338.82元/平方米。从北京的住宅用地供给和价格数据可以看到,由于2014—2016年住宅用地供给减少,加之同期宽松楼市政策,促使北京房价在2015年小幅上涨和2016年大幅上涨。尽管2016年9月底北京出台了较为严厉的调控政策,但由于2016年住宅用地供给只有69.31万平方米且楼面地价很高,致使2017年前3个月北京房价快速上涨,并导致"北京2017年317系列新政"的出台。

上海和广州的住宅用地供给趋势与北京大体相似,即同样是2009—2013年供给较多,2014年和2015年出现下降,2017年有所增加。但上海和广州2016年土地供给并没有明显减少。深圳则与其他城市明显不同,2009—2012年深圳住宅用地供给较为充足,但自2013年以来土地供给严重不足,多数月份住宅用地零成交,2013—2018年住宅成交面积分别为8.02万平方米、4.66万平方米、13.30万平方米、5.16万平方米、2万平方米和14.89万平方米,年均8.01万平方米。假设一套房屋100平方米,一套房屋居住3口人,小区容积率为2,则8.01万平方米土地上建造的房屋可以容纳的人口数量=(80100×2×3)/100=4806人。加之深圳上市公司多、富有人群多、人口密度高、二套房政策较为宽松,以及2014年年底以来的宽松楼市政策,2015年深圳楼市暴涨并领涨全国也就不足为奇了。在深圳楼市带动下,土地供给偏少的北京、上海、广州等一线城市也在2015年出现恢复性上涨,并于2016年出现快速上涨。而同期重庆住宅用地供给最多且房价较为合理。综上所述,通过比较几座城市的住宅用地供给,发现土地供给不足是造成深圳、北京、上海和广州等地房价快速上涨的原因。土地供给越不足,房价涨幅越大。

二、地方政府对土地财政的过度依赖

房价不断上涨的一个重要原因是地方政府对土地财政的过度依赖。中央政府出于防范系统性风险考量实施紧缩的房地产调控政策,但地方政府却觉得房价上涨不是什么大不了的事情,相反房价上涨却带来地方土地出让金大幅增加,缓解地方财政困局。

（单位：十亿元）

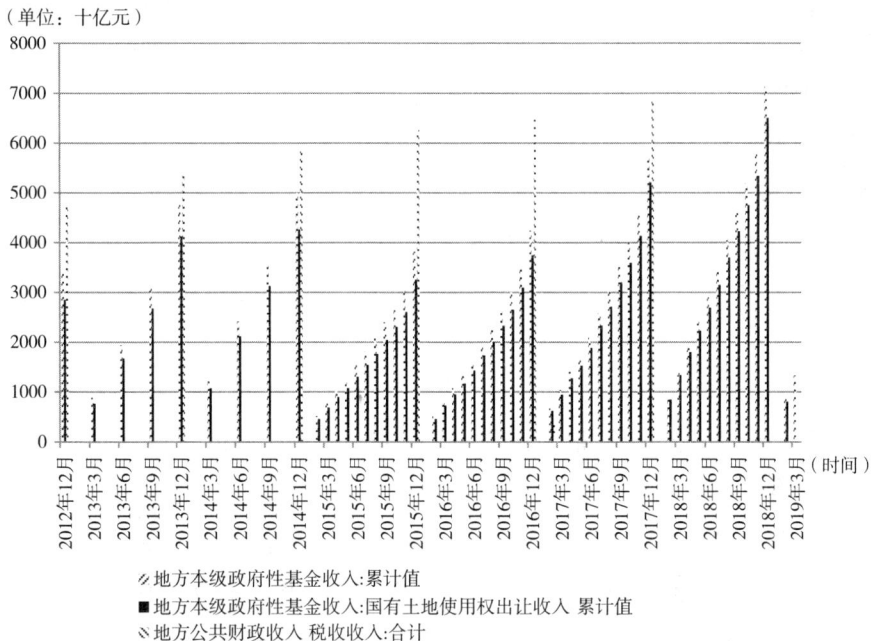

❖地方本级政府性基金收入:累计值
■地方本级政府性基金收入:国有土地使用权出让收入 累计值
❖地方公共财政收入 税收收入:合计

图 6-2　地方税收收入、地方本级政府性基金收入和国有土地使用权出让收入

资料来源:财政部。

从图 6-2 可以看出,2012—2018 年,地方本级政府性基金收入分别为 34204 亿元、48007 亿元、49996 亿元、38218 亿元、42441 亿元、57637 亿元和 71372 亿元。同期国有土地使用权出让收入分别为 28517 亿元、41250 亿元、42606 亿元、32547 亿元、37457 亿元、52059 亿元和 65096 亿元。2012—2017 年地方政府税收收入分别为 47319.08 亿元、53890.88 亿元、59139.91 亿元、62661.93 亿元、64691.69 亿元和 68672.72 亿元。2012—2018 年,土地出让金占地方本级政府性基金收入的比例分别为 83.38%、85.93%、85.22%、85.16%、88.26%、90.32% 和 91.21%。2012—2017 年,土地出让金占地方政府税收收入的比例分别为 56.32%、72.50%、68.29%、49.13%、57.90% 和 75.81%,土地出让金占地方本级政府基金收入和税收收入之和的比例分别为 32.69%、38.34%、37.01%、30.52%、34.96% 和 41.22%。可见,土地出让金对地方财政有巨大贡献。

除土地出让金外,直接来自房地产业的各税种也对地方财政有较大贡献。例如 2015 年地方政府的耕地占用税、土地增值税、契税、城镇土地使用税、房产税分别为 2097. 21 亿元、3832. 18 亿元、3898. 55 亿元、2142. 04 亿元、2050. 90 亿元,五项税收合计为 14020. 88 亿元,占同期地方政府税收收入的 17%。此外,房地产业还贡献了增值税、营业税、个人所得税、企业所得税、城市维护建设税、印花税等相关税收收入,2015 年归属于地方财政的上述税种的税收分别为 10112. 52 亿元、19162. 11 亿元、9493. 79 亿元、3446. 75 亿元、3707. 04 亿元、965. 29 亿元,六项税收合计为 46887. 5 亿元。根据房地产投资占全社会固定资产投资的比重、房地产现房和期房销售金额占 GDP 的比重,我们保守估计房地产业对上述几个税种的贡献率应不低于 1/7,即来自房地产行业的上述六项税收约为 6698. 2 亿元。将 2015 年土地出让金、房地产直接税收、房地产相关税收加总起来,则由房地产贡献给地方政府的财政收入为 53266. 1 亿元,占同期地方政府税收收入和基金收入总和的 48. 8%。由于 2015 年是房地产市场低迷和土地出让金较少的一年,该结论应该比较保守。可见,土地出让金约占地方全部税收收入和基金收入总和的 1/3,而土地出让金和各项房地产税收约占地方政府税收收入和基金收入总和的 50%。

鉴于地方政府在房地产上的巨大利益,在缺乏有效约束下地方政府的理性选择就是利用土地唯一供给者的垄断地位,通过抬高地价和房价以获得更多的土地出让金和相关税收收入,以实现自身效用最大化。[①]地方政府对土地的过度依赖,使其更偏爱宽松房地产政策。而地方政府是房地产调控政策的执行者,在缺乏强有力的约束和监督下,中央政府制定的紧缩房地产调控政策可能会由于地方政府的变相抵制而走样、变形,使政策效果大打折扣。例如,中央政府出台"2013 年国五条",要求按房屋买卖差价的 20% 征收个人所得税,但由于推出时点恰逢政府换届,中央政府对地方政府的监督力度不够,致使该政策仅在北京等少数地区得

---

① 李成刚、潘康:《土地财政、城镇化与房地产发展——基于面板数据联立方程模型的实证》,《经济问题探索》2018 年第 6 期。

到了执行①。此外,中央政府要求必须取得预售许可证才能销售房屋,但一些三四线城市随处可见五证不全甚至连土地使用权证都没有的楼盘在销售,这些楼盘几乎都承诺给购房者一次或几次免费更名机会。因此,在土地财政的利益驱动下,紧缩房地产政策没有能够在地方层面得到严格执行,促使投机炒房盛行,房价虚高。

三、农村集体经营性建设用地的改革力度不够

2015 年 2 月,全国人大常委会授权国务院在 33 个试点地区,暂时调整现行的《土地管理法》《城市房地产管理法》中的相关规定,允许农村集体经营性建设用地入市。北京市大兴区刚好属于入市改革试点地区,例如笔者曾经实地调研过位于北京大兴的世界之花假日广场项目,该项目位于大兴区南四环榴乡桥南 800 米,德贤路与庞殿路交会处,在北京新增土地主要以五环、六环和六环外为主的现状下,该块土地显得尤为珍贵。世界之花假日广场总占地面积 62 万平方米,包含主题商业休闲中心、花园式娱乐中心、一站式婚庆文化中心、国际地域标志博览中心,拥有商业、写字楼、公寓、酒店等多种业态,试图打造北京全新文化商业综合体模式。但笔者调研发现,截至 2017 年年初该地块土地性质仍然为农村集体经营性建设用地,购房者与开发商之间签订的是《房屋经营使用权转让协议》,并不是《购房合同》。也就是说,交易完成后,购房者只是得到了为期 40 年的房屋经营使用权,并没有获得房屋的所有权。笔者又在北京住房和城乡建设委员会网站上分别以世界之花和北京金色凯盛投资管理有限公司查询该项目的商品房预售许可证,均没有找到任何结果。笔者询问能不能贷款购房,销售人员表示只能全款买房。笔者询问该项目买入后能否出售,销售人员表示可以通过开发商过户,费用低于普通商品房过户费用。尽管该地块已经变更为商业、写字楼、公寓和酒店等业态,但由于该项目没有在北京住建委网站公示、没有履行招拍挂程序、没有预售许

---

① 张玉梅、王子柱:《"国五条"20% 个税的税负转嫁问题探析——基于房价预期的视角》,《现代经济探讨》2014 年第 2 期。

可证和没有房屋所有权证,使业主只能全款购买且后续转让受到限制,不能享有和商品房所有权人同等的权利。业主担心无产权保护、承租者担心房屋被收回而不能安心经营,使该项目运营质量受到影响。通过对世界之花案例的分析,可见农村集体经营性建设用地改革已在路上,但改革力度还不够,造成城中村的大量土地不能得到充分利用。

第二节　房地产金融政策存在的问题

一、宽松房贷政策助推居民加大房地产杠杆

从 2016 年 2 月至 2018 年年初,对于绝大多数三四线城市的购房者而言,只要首付房款的 20%—30%,剩余房款则全部通过商业银行提供贷款来解决。在房价快速上涨期间,对于位置、户型和面积相似的房屋,商业银行提供的贷款金额则会明显增长。短时间内房贷金额的迅速提高,无疑会加大商业银行的经营风险。例如,2016 年前三季度个人住房贷款新增 3.6 万亿元,而 2015 年前三季度个人住房贷款新增 1.8 万亿元,即 2016 年前三季度个人住房贷款同比增长 100%。而 2016 年 9 月商品房销售面积累计值为 105184.53 万平方米,2015 年 9 月该数据为 82908.00 万平方米,即商品房销售面积同比增长仅为 26.87%。个人住房贷款同比增速高出商品房销售面积同比增速 73.13%。其背后的原因是什么?猜想一,是否是高房价地区的房屋销售面积增长过快?我们通过数据分析发现,一线城市 2016 年前三季度累计商品房销售面积为 5684.08 万平方米,而 2015 年 9 月该值为 4742.59 万平方米,多增了近 941.49 万平方米,同比增长 19.85%,低于全国 26.87% 的平均水平。因此可排除一线城市房屋销售面积过快这个原因。猜想二,是否是房价上涨过快?中国城市住房 288 价格指数显示,2016 年 1 月至 10 月,全国一手房价格指数同比增长率逐月上升,1 月份仅为 3.39%,6 月份达到 10.13%,9 月份则升至 13.61%。而一线城市和部分二三线城市房价涨幅远超平均水平,因此房价上涨是导致个人住房贷款上升的重要原因。猜想三,是否是居民加大

购房杠杆率？如果 2016 年按揭贷款的首付比例与 2015 年相同,则单纯由房屋单价和销售面积导致的个人购房贷款增加额的比率为（1+13.61%）×（1+26.87%）−1＝44.14%。即使考虑高房价地区个人购房贷款占比较高,也不能完全解释 2016 年前三季度个人购房贷款同比增长100% 的事实。因此,可以推断居民加大了房地产杠杆率,更多地依赖银行贷款来购买房屋。

上述推断刚好能够得到政策层面的支持,"2015 年 330 新政"将已拥有一套住房但未还清贷款的家庭,再次申请购房贷款时,最低首付比例的下限调降至 40%。"2015 年 930 新政"将非限购城市首套房首付比例调降至 25%,2016 年 2 月初央行允许不限购城市的首套房首付比例可以在25% 基础上向下浮动 5 个百分点,同时对拥有一套住房且相应购房贷款未结清、再次购买普通住房并申请房贷的居民家庭,最高首付比例从之前的 40% 调降至 30%。由于 2016 年 1 月执行首套 25% 和二套 40% 的标准,低于 2015 年同期首套 30% 和二套 60% 的标准。2016 年 2 月执行首套20% 和二套 30% 的标准,低于 2015 年同期首套 30% 和二套 60% 的标准。2016 年 3 月至 9 月执行首套 20% 和二套 30% 的标准,低于 2015 年同期首套 30% 和二套 40% 的标准。房贷政策放松刺激居民加大房地产杠杆,导致个人购房贷款迅速增加。在宽松的信贷政策环境中,自住性购房者的集中入市和投机炒房者的推波助澜,共同造成短期内房价大幅飙升。①

二、各类影子银行为房地产主体提供大量资金支持

影子银行既为房屋供给者提供资金,也为房屋需求者提供资金。影子银行为房屋供给者提供支持主要是在 2010 年至 2014 年 9 月,这一阶段中央政府实施了非常严厉的房地产调控政策,大幅提高二套房首付比例和利率,同时严审批开发贷款,即从需求和供给两方面严格控制银行信贷资金流入房地产市场。按理说,在销售低迷和银行信贷支持力度下降

---

① 王先柱、吴义东:《住房贷款模式差异化选择研究——以上海市为例》,《统计与信息论坛》2017 年第 8 期。

的情况下,开发商会通过降价以加速资金回笼。但房价仅在 2011 年下半年至 2012 年年底出现小幅下降,且 2013 年全国特别是一线城市房价大幅飙升。造成这种现象的一个重要原因是各类影子银行为房地产开发商提供了大量资金支持,使开发商不必急于通过降价销售来实现资金回笼。影子银行为房屋需求者提供资金支持主要是在 2015—2017 年,特别是 2015 年至 2016 年 9 月底影子银行对购房者的支持力度更大,首付贷、接力贷、合力贷等金融创新产品层出不穷。在 2016 年 8 月住建部和中国人民银行等七部委联合发布《关于加强房地产中介管理促进行业健康发展的意见》后,一二线城市房地产市场影子银行泛滥现象才有所收敛,但随着三四线城市房价走高,影子银行又在三四线城市不断兴风作浪。

以廊坊燕郊一套 115 平方米的新房为例来说明影子银行对购房者的支持。2016 年 8 月该房屋备案单价和总价分别为 1.8 万元/平方米和 207 万元,但实际成交单价和总价分别为 2.8 万元/平方米和 322 万元。假定 30% 的首付比例,则首付金额将从 62.1 万元上升至 177.1 万元(28000×115-18000×115×0.7),首付之差高达 115 万元。对于燕郊本地人和在北京上班的普通工薪阶层来说,一次性拿出 177.1 万元可能相当于他们家庭十年甚至更长时间的收入,因此纯粹依靠刚性和改善性购房者的经济实力恐怕很难支撑起燕郊不断上涨的房价。但只要预期房价上涨,就会聚集起大量的投机性购房者。新进入的投机者会千方百计地利用影子银行筹措首付款,以期在获得银行贷款后快速转手卖出获利。

特别值得一提的是,在宽松信贷环境中,旧房抵押贷款通常能贷出房屋市场价值的 50%。由于对房屋抵押贷款的资金用途审核不严,很多抵押贷款资金被用于炒房,即旧房抵押贷款相当于变相的影子银行。对于提早布局的投机者而言,通过旧房抵押贷款很容易支付新房首付款,这样就形成了以自有资金和拆借资金支付第一套房屋首付→将第一套房屋抵押获取贷款→将获得的抵押贷款用于支付第二套房屋首付→卖出第一套或第二套房屋偿还抵押贷款和按揭贷款→剩余资金用于支付更多房屋的首付……的炒房资金链条。投机者之所以能够并且敢于这么做,需要以下几个条件作为支撑:第一,预期房价上涨;第二,能够很快找到买主并将房屋卖出;第三,能融到资金。而在宽松货币政策环境中,通过银行和民间中介能较容易地融通到资金。而始于 2014 年 9 月 30 日以来的房地产调控政策,导致深圳率先领涨,形成一线城市带动二线城市、二线城市带动三线城市的阶梯式上涨格局。在房价不断上涨的环境中,房屋供不应求,自然容易找到买家。因此当投机者预期到上述三个条件都能得到满足时,就敢于进行高杠杆融资,并迅速转手获取暴利。

上面提到的影子银行支持购房者的例子,发生在房地产宽松政策阶段。在政策紧缩阶段,影子银行同样为购房者提供资金支持。例如,笔者曾经调研过保定某楼盘,2017 年 5 月保定限购后,很多外地人没有保定购房资格,该楼盘开发商一方面利用政策漏洞将购房合同的时间提前;另一方面出具全款购房等资料配合这些外地炒房人办理房产证,然后外地炒房人将房产证抵押给影子银行并获取资金后,再将未付房款偿还给开发商,炒房人则按月偿还影子银行本息。总之,由于影子银行的支持,减缓了开发商降价销售的进程,加大了居民房地产杠杆,增加了很多投机性购房需求,造成房地产市场虚假繁荣,增大房地产市场风险。

影子银行为房地产供求双方提供资金支持,还可以从前面章节的数据和实证中得到进一步验证:(1)影子银行为房地产开发商提供资金支持。在第五章提到自 2010 年 6 月份起,非银行金融机构贷款占国内贷款比重不断提高,从 2006 年的 5% 上升到 2013 年的 12%,2017 年 12 月高达 18.84%。非银行金融机构贷款是影子银行的一部分。第五章还提到 2010—2014 年自筹资金不断增加,自筹资金中有相当一部分资金来自保险、信托、券商、公募基金子公司、融资租赁、保理、P2P 等影子银行。(2)除旧房抵押贷款外,银行消费贷款也通过迂回复杂渠道为购房者和开发商提供资金。第三章证实了消费贷款和购房者的定金预付款、消费贷款与房地产开发资金来源、消费贷款与土地成交价款均存在协整关系。加之 2015—2017 年消费贷款明显增加,不能用消费需求正常增长来解释。因此,我们可以认为银行消费贷款充当了影子银行的角色。影子银行通过信用生成、抵押品、资产替代和风险传染渠道导致房价不断走高，并可能引发房地产泡沫。[①]

第三节 房地产税收政策存在的问题

一、房屋转让个人所得税税率过低

在房地产涉税税种中，除了房地产特有的土地增值税、房产税、耕地占用税等税种外，还有企业所得税和个人所得税。2012—2014 年，企业所得税在房地产税收总额中的占比分别为 18.5%、18.3% 和 17.8%，而同期个人所得税占比仅为 2.4%、2.7% 和 2.6%，个人所得税远远低于企业所得税。由于房价持续上涨，直观感觉个人所得至少不会比企业所得税要低，但个人所得税却仅为企业所得税的 1/7 左右，显然不合理。个人所得税对取得房地产产权转让收入和租赁收入的个人征收。目前对房屋转让收入征收的税收，主要有增值税和个人所得税，增值税率及附加只有 5.6% 且实施 2 年免征优惠政策，除北京等少数城市外，绝大多数城市按销售价格的 1% 征收个人所得税。

我们通过比较相同所得的情况下，工资薪金所得税和房地产转让所得税的差异，来判断房地产转让税收的高低。若扣除五险一金后的税前工资薪金月收入在 85000 元以上，则按 45% 税率征收。假设张先生在扣除五险一金后每月工资收入为 86000 元，则张先生每月需缴纳个人所得税 = (86000 − 5000) × 45% − 15160 = 21290 元，一年 12 个月共缴纳个人所得税 = 21290 × 12 = 255480 元。即对于月工资收入 86000 元的工薪阶层而言，每年要缴纳 255480 元。假设李先生将持有不到一年的房屋卖出，买卖差价恰好 = 86000 × 12 = 1032000 元，则李先生需要缴纳的增值税及附加 = 1032000/1.05 × 0.056 = 55040 元，李先生需要缴纳的个人所得税 =

---

① 张宝林、潘焕学：《影子银行与房地产泡沫：诱发系统性金融风险之源》，《现代财经（天津财经大学学报）》2013 年第 11 期。

（1032000－55040）×1%＝9769.6元，增值税和个人所得税合计＝
55040+9796.6＝64809.6元。同样的收入，房屋转让所得税收仅仅是工
资薪金所得税收的25.37%（25.37%＝64809.6/255480）。对于租赁收
入，由于在许多城市没有建立完善的房屋租赁信息系统和征缴制度，由租
赁收入而缴纳的个人所得税就更少了。

二、房产税覆盖面窄导致房屋闲置

目前我国房地产持有环节的税种主要是房产税，征收房产税的主要
依据是《房产税暂行条例》（国发〔1986〕90号），该条例明确规定，个人所
有非营业用的房产都免征房产税。在1986年，极少有家庭拥有多处房
产，因此该规定不会导致房产税明显减少，在当时是有其合理性的。而自
2003年以来，由于经济增长、人口红利、部分城市土地供给不足、货币超
发、保障房政策不完善等诸多原因，导致部分城市房价不断攀升，这使得
年轻人和错过购房机会的中老年人无力购房。同时，有些人或利用职权
之便或充分利用杠杆或本身就是土豪，拥有着远超其自身居住需求的房
产。由于没有房产税即意味着闲置成本较低，且租金房价比较低，拥有多
处房产的人普遍不差钱，因此他们中的多数人选择将房屋闲置等待高价
出售，造成市场中可供租住的房源减少，导致购房需求增加和房价上升。

房产税覆盖面窄，除了导致房屋闲置和房价上涨外，首先，闲置房屋
还耗费了大量的钢材、水泥、玻璃等原材料，侵占了稀缺的土地资源，投入
了宝贵的劳动力，但却没有发挥房屋的使用价值——居住功能。其次，闲
置房屋会造成不必要的污染。原材料生产和建造房屋过程中，会产生一
定的污染。过高过密的楼房布局，减弱了空气流通速度和可扩散性，加剧
了雾霾的严重性和其他环境污染。再次，居民将过多资金用于购房和租
房，使其剩余可支配收入减少，降低了除房屋以外的其他消费需求。[①] 最
后，高房价会加剧社会分配不公，不利于社会和谐稳定。

---

① 刘英群、邵广哲：《城市住房价格波动对居民消费的影响》，《财经问题研究》2017年第
11期。

三、长期持有房屋的税收反而高于频繁买卖的税收

目前在北京,对于持有不满两年房屋的卖者,首先按 5.6% 的税率缴纳增值税及附加。在扣除增值税后再按买卖差价的 20% 缴纳个人所得税。对于满两年的房屋,不需要缴纳增值税,只需要按买卖差价的 20% 缴纳个人所得税。由于个人所得税要扣除原值,因此缴纳多少与房屋原值密切相关。如果该套房屋被频繁买卖,原值在交易过程中就会被不断抬高,频繁交易过程中的各卖者需要缴纳的个人所得税并不多,但长时间持有房产的业主却因房屋升值巨大而需要缴纳高额个人所得税。例如北京丰台区怡海花园有一套 100 平方米左右、业主持有该房屋满五年但该房屋并不是家庭唯一的住房,2016 年年底报价 630 万元,但该楼盘的原值只有不到 80 万元。在不考虑原契税和贷款利息等情况下,则业主需要缴纳的个人所得税 = (630-80)×20% = 110 万元。而同为怡海花园的另外一套房屋报价也为 630 万元且不满 2 年,由于频繁倒手,该房屋原值已经提高到 380 万元,则该房屋的业主首先需要缴纳的增值税 = 3800000/1.05 × 0.056 = 202666.7 元,然后再缴纳个人所得税 = (6300000-202666.7-3800000)×20% = 459466.7 元,两项税收合计 = 202666.7+459466.7=662133.4 元。第二位业主缴纳的总税收仅为第一位业主的 60.19%。若第二套房屋刚满 2 年则只需按差额缴纳增值税,则总共需要缴纳的税收就会更少。第一套房屋业主自住十多年后才将房屋出售。第二套房屋业主是为了获取买卖差价而投机炒房,既不自住也不出租,而是将房屋闲置。现行税收体系下无论是个人所得税还是综合税负,持有年限长的自住者需缴纳的税收反而高于短期炒房者,这在一定程度上会刺激投机炒房需求,无法体现房地产税收的公平性。当然,如果个人所得税按卖价的 1% 征收,则上述两位卖者应缴纳的个人所得税相同,对于两位卖者而言就不存在税负不公平的问题了,但却出现了房地产交易所得税远低于工资、薪金所得税的不合理现象。

四、通过阴阳合同偷逃税款

在二手房交易中,主要通过阴阳合同和假离婚等手段来避税。阴阳合同是房屋出卖人(卖房者)、买受人(购房者)和中介三方共同签署的,阴合同和阳合同的格式都是相同的,只不过在阴合同中记录了房屋的实际成交价格,阴合同不报送当地建委。报送当地建委的合同则是阳合同,阳合同中的成交价格即网签价,通常明显低于实际成交价格。[①] 例如,假设房屋面积是 100 平方米,实际成交价格是 600 万元,但建委对该房屋的指导价为 3 万元/平方米,则报送建委的成交价格只要不低于 300 万元就是合理的。阳合同中的报价高低,主要与买受人申请的贷款额度有关。如果买受人全款支付,则阳合同中的报价就可以是建委规定的最低指导价。如果买受人需要申请银行贷款,则阳合同中的报价就会高一些。由于阳合同中的价格较低,因此出卖人需要缴纳的增值税和个人所得税的金额就会减少。

在对房地产市场的调研中发现,二手房阴合同中的实际成交价和阳合同中的网签价有很大差别。例如,北京房山良乡一套不满两年的 66 平方米的一居室,2017 年 1 月的实际成交价为 195.5 万元,但网签价只有 135 万元,实际成交价高出网签价 60.5 万元,实际成交价较网签价高出 44.81%。笔者从多位房产中介处了解到,建委对良乡这套房屋的指导价约为 2 万元/平方米,按建委指导价该房屋评估值约为 135 万元。而该套房屋的买者只想使用公积金贷款,但北京公积金贷款的最高额度为 120 万元,首付比例为 20%。因此如果完全依靠公积金贷款,则这套房屋的最高评估价 = 120/(1−20%) = 150 万元,但考虑到建委的指导价和购房者的支付能力,最终将该套房屋的网签价定为 135 万元,这样购房者可以得到 135×0.8 = 108 万元的公积金贷款。由于网签价低于实际成交价 60.5 万元,该房屋卖者可以少缴增值税 = (1955000/1.05×0.056 −

---

① 汪育玲:《房屋买卖"阴阳合同"案件的处理困境与突破——以《民法总则》通谋虚伪表示的新规则为契机》,《山东法官培训学院学报》2018 年第 2 期。

1350000/1.05×0.056）=32266.67 元,可以少缴个人所得税=605000×0.20=121000 元,合计少缴税款 153266.67 元。该套房屋在北京属于低总价房屋,对于那些成交价格上千万甚至几千万的房屋,偷逃税款可以达到上百万元甚至几百万元。此外,对于一些三四线城市的新房销售,由于没有建立起严格的网签制度,在 2015—2017 年房价暴涨阶段,造成同样一套房屋价格出现很大差异。而开发商为了迎合客户避税需求,通常会在纳税资料中故意压低房屋价格,帮助购房者偷逃税款。

网签价低于实际成交价造成很多不良影响:(1)造成国家税收损失。网签价低于实际成交价格,使二手房交易中的所得税税基和增值税税基减少,在税率不变情况下导致应纳税额减少。(2)二手房价格的统计误差,造成一种二手房价格较为合理的假象。(3)统计上的偏误,直接影响房地产宏观调控决策。面对"较为合理"的二手房价格,决策层可能会认为不需要对二手房市场进行调控,从而错失调控良机。

五、通过假离婚逃避个人所得税

假离婚也是逃避个人所得税的一种方式。[①] "2013 年国五条"规定,对于不满足五年唯一的住房,出卖人要按买卖差价的 20% 缴纳个人所得税。对于拥有两套房屋且每套房屋持有年限均满五年的家庭若希望出售其中一套房屋,则根据"2013 年国五条"规定,要按照买卖差价的 20% 缴纳个人所得税。但如果夫妻离婚且离婚财产分配是每人各一套房屋,则离婚后再出售其中一套房屋就不用缴纳个人所得税了。更有甚至,拥有多套房屋的家庭通过多次离婚和复婚的方式能够规避巨额税收。例如,离婚财产分配约定只将一套房屋过户到妻子名下,而将其他房屋全部过户到丈夫名下,然后妻子出售其名下唯一房屋后,原夫妻二人再复婚后再离婚,并将一套房屋划转至妻子名下,而其他房屋仍然还在丈夫名下,妻子出售其名下唯一房屋……。通过多次离婚和复婚来满足五年唯一的

---

① 袁翠清、韩雁冰:《新"国五条"对现代婚姻家庭价值观的挑战——以现行〈婚姻法〉为对象》,《山西大同大学学报(社会科学版)》2013 年第 5 期。

条件,以规避个人所得税等行为,既减少了国家税收,又不利于税负公平,还削弱了房地产调控政策的效果。

第四节　新房销售不规范

一、新房销售周期过长

笔者仔细查看过北京市住建委的网站,发现一些2013年、2014年等前几年开盘的项目仍有少数房源没有销售出去,但笔者给十多个相关楼盘打电话,多数楼盘均表示房屋早已销售完毕。笔者对此表示不解,后来去北京丰台区某楼盘调研,2003年该楼盘开盘且早已卖出绝大部分房屋,但开发商于2016年年初集中出售了以前作为员工宿舍的部分未售房源,而且截至2016年年底仍然有少数房源掌握在该开发商手中。少数房源没有销售,其原因比较复杂,可能是房屋存在质量问题,也可能是开发商将房屋用于员工宿舍,还可能是延缓缴纳土地增值税,更有可能是开发商囤积房源以等待更高价格出售。

二、违规销售给不符合购买资格的对象

例如,"北京2017年317系列新政",明确要求商业地产只能出售给企业,但笔者调研发现,为了规避商业地产不能销售给个人的政策约束,许多中介通过帮助客户注册一家新企业的方式使客户符合购买商业地产的资格。此后业主若有出售要求,中介还会通过变更企业法人等形式帮助业主出售商铺。此外,开发商通过更改购房合同签订时间和缴款时间,将无购房资格人士变成符合限购政策的购房者。例如,"北京2017年317系列新政"后,河北多地相继实施限购政策,但由于河北一些城市以前没有严格执行房屋销售备案登记,开发商可以将购房合同日期和缴款日期提前到限购前某一天,从而帮助没有购房资格的外地人在限购后仍可顺利购房。新房销售时间过长,对于供不应求的城市来说造成房源紧张,并进一步加剧供求不平衡,促进房价上涨。

而面向不合格对象销售,则绕过了国家调控政策限制,削弱了调控政策效果。

三、新房销售中名目繁多的加价方式

自 2016 年春以来,一些城市通过住房价格备案和限定新房预售价格来抑制房价。2016 年 4 月 1 日,廊坊市政府发布了《关于完善住房保障体系促进房地产市场平稳健康发展的若干意见》,要求开发商必须在规定期限内公布全部可售房源,每套住房都要明码标价,一房一价,落实和完善住房价格备案管理。2016 年年底和 2017 年上半年,面对不断上涨的房价,更多城市纷纷对新房限价,例如北京对超过 8 万元/平方米的新房,不发放预售许可证;上海也对新房价格进行限制。由于只是限制新房价格,并没有对二手房价格进行管控,导致新房预售价格普遍低于可比二手房价格。

表面上看,政府通过限制新房价格来抑制房价过快上涨,但由于没能理顺一、二级市场的价格,导致诸多问题产生:(1)在房价上涨过程中,开发商尽量拖延取得房屋预售许可证的时间,造成市场上可供房源减少。(2)自住性购房者希望能买到便宜的房子,投机性购房者被一、二手房屋的巨大差价吸引,无论是自住者还是投机者的购房意愿都很强。(3)在新房供不应求的条件下,部分房企和一些房产中介联手进行违规操作,绕开新房市场严格的备案价格限制,采用各种名目变相涨价,导致一手房实际成交价格高于预售价格。例如,笔者在调研中发现,2016 年 3 月廊坊燕郊某楼盘第一次开盘时均价为 16000 元/平方米,与预售价大致相等。但该楼盘在 2016 年 8 月第二次开盘时均价则高达 28000 元/平方米,远高于当时 18000 元/平方米的备案价格。以一套 115 平方米的小三居室来计算,预售价格为 207 万元,但实际成交价格则为 322 万元,实际成交价格高出预售价格 115 万元。2017 年 5 月,《经济观察报》记者在上海调查发现,若想购买位于浦东的森兰名轩的一套房,则要在预售价基础上加价 50 万元,才有可能买到。

排号费、选房费、电商费、捆绑销售、更名费、变为二手房销售等名目繁多的加价方式,最终使新房成交价格远高出预售价格:(1)排号费。在正式开盘前几个月,意向购买者将身份证号、联系方式和联系地址等个人信息进行登记后,楼盘销售和代理公司通常会暗示可售房源较少,只有交纳排号费,才能排位靠前,选到房子的概率才会增大。2017 年 3 月中旬,笔者调研涿州农业高新技术产业示范区附近一楼盘,排号费要 5 万元。有时排号费会转化为定金,可以用来抵扣房款,但有时排号费则可能落入代理或销售人员的个人腰包。(2)选房费。在开盘前如果交纳选房费,意向购房者就可以获得优先选房资格。在房价不断上涨和一房难求的情况下,一些购房者也愿意将不菲的选房费交给代理公司。例如,燕郊某楼盘开盘时,曾经出现购房者将 20 万元选房费支付给代理公司的情况。(3)电商费。购房者必须先交纳电商费,才有资格买房。电商费既不在合同中体现也不会抵扣房款,但最终是给了开发商的。即开发商打着电商这一通道,来规避对预售价格的监管。(4)捆绑销售。由于新房备案价已经被限定了,因此有些开发商通过房屋捆绑车位或地下室进行销售,以此来规避备案约束。例如一套房屋备案价是 150 万元,但市场价已经达到 200 万元,开发商会将 50 万元差价加到车库或地下室中去,即对原本 10 万元的车库按加价后的 60 万元卖给购房人。(5)更名费。例如,张三已经和开发商签订了购房协议,房价是 400 万元,但该套房没有正式进行网签。张三将房屋转让给李四,李四除了按 400 万元的总价与开发商签订购房合同外,还要另外将 100 万元更名费给张三,或者分别给张三和开发商 80 万元和 20 万元。至于 100 万元如何在出卖人和开发商之间分配,则取决于二者关系及力量对比。在开发商非常强势的情况下,不排除开发商通过各种方式攫取了更名的大部分利益。(6)新房变成二手房销售。一些开发商觉得新房备案价格远低于可比二手房价格时,就会以内部人购房、与代理中介合谋等形式将新房变为二手房,然后再将房屋高价出售。在房屋销售火爆的情景下,变成二手房后加价销售能够很快找到买主,且巨额资本利得只需交很少的税收,因此对于开发商和代理中介来说,是一项投资收益高、变现快、成本低的好生意。特别是在没有限购和所有外地人均能购买一套房的条件下,找一个外地人或农民的身份证来购房,适当给借名者一些小利益,还是很容易操纵的。

第五节　恐慌性和投机性购房需求较多

一、恐慌性购房需求较多

笔者对北京及其周边的楼盘调研发现,恐慌性和投机性购房需求较多。在自住性需求者中,有一部分是恐慌性需求。笔者曾经遇到一位女士,2015年上半年她将位于北京五棵松的家庭唯一住房卖掉后搬到位于东四环的单位宿舍,但后来看到房价不断上涨,于是2015年下半年在东五环买了一套新房。该女士坦言,多亏及时出手买房,否则等到2016年年底根本就买不起了。

二、投机性购房需求较多

在笔者调研过程中,除了恐慌性购房需求外,投机性购房需求更多。2017年4月1日,新闻联播发布了设立雄安新区的消息后,第二天笔者去雄安新区调研,深切地感受到投机炒房人数众多和炒房热情高涨:(1)来自全国各地的人们来雄安炒房。在路上随处可见北京、天津、保定、廊坊、承德、河南等牌照的车辆。由于许多外地人蜂拥而至雄安新区,2017年4月1日和2日晚上,雄安新区的很多旅馆酒店客满,昔日冷清的酒店一房难求。(2)尽管在容城县城的一楼盘处已经贴满了停止销售的封条,但来看房的人却络绎不绝,久久不愿离去。一位小区业主表示,2016年3月他购买了该楼盘,当时2800多元/平方米已是历史最高点。2016年12月,有一北京客户以7000元/平方米买下该小区6套房屋。该业主表示,尽管该小区已经交房3年了,但入住率也就三成左右,不少业主交物业费时连自己家门都搞不清。该业主还说,4月2日这天的车流量是平时的5倍,除清明小长假因素外,各地炒房者蜂拥而至也是车多的主要原因。(3)在调研过程中,笔者遇到一房产中介,他表示由于2017年"两会"期间没有出台更严厉的房地产调控政策,反而鼓励京津人口向河北疏解,因此2017年3月初环北京地区楼盘开始疯狂上涨,造成环京楼盘一房难求,例如2017年3月涿州孔雀城排号人数超过5万,远远超过可售房源数量。该中介宣称,凡是2016年年初通过他买入房屋的人,目前每套房屋获利至少在100万元以上,巨额收益诱使更多人加入炒房大军。通对雄安房地产的调研,笔者深刻感悟到投机炒房者人数众多、资金实力雄厚、产业链条完整、炒房收益颇丰。(4)此外,笔者还从其他渠道进一步验证了投机购房需求非常旺盛,2017年1月中旬北京房山区华熙地产的一位工作人员坦言,2015年年底以来自住和投资投机购房需求,差不多各占一半。一些房产中介曾告诉笔者,由于环京地区楼盘多为期房,且配套严重不足,很多购房人根本不是为了自住,只是单纯凭借交通、规划等利好消息而迅速购入,然后期待迅速转手获取暴利。很多前期在燕郊、廊坊、固安、三河、香河等地购买房屋的业主已经获利不菲。

三、恐慌性购房需求和投机性购房需求共同推动房价上涨

恐慌性购房需求是担心房价继续上涨,而将自住性需求提前释放出来。而投机性购房需求则是基于多年来房价大涨小跌的历史和现实、房地产去库存的政策背景、较轻的房地产交易和持有税负、宽松货币和信贷政策以及影子银行等充足的资金供给、开发商和房产中介铺天盖地的宣传、前期购房者赚钱效应等多重因素的共同作用下,不断发展壮大,最终汇聚成一股强大力量,该力量足以影响一些楼盘的成交量和价格,甚至在一段时间主导房价狂飙猛涨。在房地产投机盛宴中,投机者通过资金高杠杆和房屋高周转不断获利:(1)按最低比例支付首付、充分利用银行和影子银行等资金,放大财务杠杆;(2)依靠房产中介和其他信息渠道,找到买家后迅速转手;(3)将获利资金用于支付更多套房屋的首付,当然一定要按最低首付比例;(4)依靠房产中介和其他信息渠道,找到买家后迅速转手。

恐慌性购房需求产生的条件是房价上涨。投机性购房需求产生的条件是房屋能够迅速转手、房价上涨、税费较低、信贷环境较为宽松。在

2015年4月至2016年9月底,一二线城市的房地产环境符合上述条件,特别是2016年2月再次降低首付比例和税率后,为投机购房者营造了更为宽松、良好的环境,2016年3月至9月,投机性需求迅猛增加。2016年9月底和10月,一线和部分二线城市纷纷通过紧缩调控政策抑制投机需求和房价过快上涨,原先主要集中在一二线城市的投机者迅速转移到三四线城市,在三四线城市宽松信贷政策和去库存优惠政策的良好环境中,投机性购房需求迅速增长,并在短时间内推高三四线城市房价,且获利颇丰。可见,在恐慌性和投机性需求共同作用下,房价上涨与蔓延导致全国房价快速上涨。①

第六节　政府监管不到位

前面曾经指出,"鉴于地方政府在房地产上的巨大利益,在缺乏有效约束下地方政府的理性选择就是利用土地唯一供给者的垄断地位,通过抬高地价和房价以获得更多土地出让金和相关税收收入,以实现自身效用最大化"。因此,许多地方政府对房地产监管经常是睁一只眼闭一只眼。地方政府对房地产监管存在一些问题。

一、对房地产信息监管不到位

尽管北京市住建委自2017年3月17日起出重拳整治房地产市场,但2017年4月初笔者登录房天下网站发现,一些没有预售许可证的房屋信息仍然挂在网上。2015年和2016年笔者经常查看一些大型房产网站,当时几乎所有网站上都在披露五证不全房屋的信息,且对房屋产权性质等没有明确说明。

二、默许五证不全的房屋进行销售

五证指的是土地使用权证、土地规划许可证、建筑规划许可证、建筑

---

① 余泳泽、张少辉:《城市房价、限购政策与技术创新》,《中国工业经济》2017年第6期。

施工许可证、商品房预售许可证。笔者对北京周边的楼盘调研发现，很多五证不全的楼盘都在销售。例如保定东站附近某楼盘只有土地使用权证，但早在 2016 年就已经对外销售。更有甚者，保定东站附近另外一楼盘连土地使用权证都没有，但截至 2017 年 4 月初该小区的一期和二期已经销售完毕，受雄安新区政策刺激，三期价格已经从 5000 元/平方米涨到 6000 元/平方米。笔者在容城、安新等地看到的很多楼盘都是五证不全。

三、默许五证不全的新房在开发商处进行私下转让

对于五证不全房屋的购买者，开发商通常给予一次到两次免费更名机会，即购房者可以在开发商处转让五证不全房屋，政府对此几乎无任何监管。在对保定高铁附近某楼盘调研中，笔者发现 2016 年年底开发商的销售价格是 8000 元/平方米，2017 年 4 月初受雄安新区利好影响该楼盘已经封盘，但通过中介可以买到投资客转手的二手房，不过价格已经跳涨到 14000 元/平方米。该房屋买卖程序很简单，只要在开发商处更名就完成了转让交易。因此，只要能够找到认为房价还会不断上涨的接盘人，投机客就可以通过转手来获利。如果有更多人源源不断地加入投机炒房队伍中，五证不全房屋在开发商处的更名转让就会不断持续下去，演变成一种击鼓传花式的庞氏骗局，造成房价不断上涨的虚假繁荣景象。至于外地人限购一套房、大幅提高二套房首付比例等监管政策①就不能充分发挥作用，只要在办理贷款前和房本登记前的最后一轮购房者符合调控要求就可以了。由于更名只通过开发商，所以在地方政府的监管部门没有任何记录，使地方政府不能及时了解房地产市场的最新信息。

---

① 2017 年 3 月 20 日，保定市政府发布《保定市人民政府关于加强房地产市场调控的意见》，要求本地人在主城区限购两套房，外地人在主城区限购一套房。本地人首套和二套的首付比例分别为 30% 和 50%，外地人则分别为 40% 和 60%。2017 年 5 月 23 日，保定市政府发布《保定市人民政府关于加强房地产市场管理的意见》，要求外地人购房须提供主城区 3 年及以上个人社会保险或所得税纳税证明。

四、默许五证不全的二手房交易

二手房交易要缴纳增值税和个人所得税,但对于五证不全的二手房交易,只要在开发商处交纳更名费和中介处交纳佣金,就顺理成章地完成了过户。开发商通常会收取几万元至十几万元不等的更名费,中介通常收取房屋总价2%—2.7%的中介费。在此类二手房交易中,政府既无交易信息,又不能从交易中获取税收收益。

五、成交价和备案价的价格差异处于监管盲区

新房成交价和备案价、二手房成交价和网签价有较大差异的现象,在北京周边一些地方基本处于监管盲区。价差较大的原因前面已经陈述过。新房成交价远超备案价,购房者既逃避了部分税收,又表明对新房监管不到位。二手房网签价远低于实际成交价,对于持有年限不满五年特别是不满两年的售房人而言,则逃避了不菲的应缴税收。

第七节　对政策和政策之间的
相互影响考虑不周全

一、对宽松和紧缩政策的非对称性认识不足

从1998年住房分配货币化改革至今,经历了多轮房地产调控,但宽松和紧缩政策的执行力度和调控效果却并不对称:宽松政策执行力度往往较大,紧缩政策执行力度相对较小;宽松政策往往导致楼市迅速升温并很快火爆起来,而紧缩政策主要是使交易量下降而价格却相对坚挺。造成这种不对称性的一个重要因素是宽松政策符合地方政府、开发商、银行、炒房者和刚性、改善性购房者的共同利益。因此宽松政策会被迅速执行,且充分利用一切可以利用的政策空间,甚至在执行中滥用政策,最终造成房价暴涨。而紧缩政策不符合地方政府和银行的利益,因此地方政府和银行在执行紧缩政策时,往往能拖就拖,能变通就变通,致使紧缩政

策效果不如人意。

以 2008 年 9 月至 2009 年的宽松政策为例,来分析政策执行力度和调控效果。自 2008 年 9 月开始,中国人民银行不断降低存款准备金率和贷款基准利率,同时下调首套房首付比例至 20%,下调首套房贷款利率为基准利率的 0.7 倍。当时对于已经贷款购买一套住房,但人均住房面积低于当地平均水平,再申请贷款购买第二套住房的居民,可参照首套房的优惠政策。对于贷款购买三套及以上住房的,贷款利率由商业银行根据风险自主确定。由于统计数据不完善以及银行和各政府部门之间的信息沟通不畅,致使上述二套房政策中的"人均住房面积低于当地平均水平"很难验证,因此现实中对于已有一套房贷再申请第二套房贷的居民,基本上都按照首付 20% 和基准利率 0.7 倍的优惠政策执行。当时,相比于中小企业贷款,房贷是低风险的优质信贷资产,商业银行及其信贷经理在利益驱动下,也会给三套甚至多套房贷设定较为优惠的利率。这样,地方政府、开发商、银行和炒房者达成利益同盟,先知先觉的刚性和改善性购房者也迅速出手,在各主体的共同作用下,短时间内房屋需求迅速增加,而供给因存在时滞不能同步增加,导致房屋供不应求,房价在 2009年下半年快速上涨。尽管 2010 年 4 月国务院出台了史上最严厉的"2010 年国十条",但房价仍然像一匹脱缰的野马,直到 2011 年下半年才停止上涨。

举两个例子来说明紧缩政策的执行力度和调控效果。例如,"2013年国五条"要求按买卖差价的 20% 征收个人所得税,但由于当时正处于政府换届,许多地方政府采取拖延执行的办法,最终导致该政策只在北京等少数地区得到严格执行。另外一个例子,2011 年河北省政府规定,对满五年且省内唯一住房的售房人免征个人所得税。满五年很容易判断。但当时省内各城市并没有实现房屋信息共享,即使同一城市中的税务部门和房管部门也没有实现信息共享,因此不能对省内唯一房屋作出明确认定。当时认定省内唯一房屋有两种方式:一是工作单位出具该房屋是售房人省内唯一住房的证明;二是售房人登报说明所售房屋是其省内唯一住房,且经过一段时间无人提出异议就可以认定为省内唯一住房。试想,单位怎么可能完全知晓员工房屋拥有情况？知情人可能不关注登报信息,即使关注登报信息知情人也没有足够动力去检举售房人隐瞒多套房屋的事实,除非知情人和售房人结怨很深。因此,最初政策是持有满五年且是省内唯一住房的售房人才能免征个人所得税,但受限于房屋信息系统不完善和各利益主体的消极执行,最终政策变为持有房屋满五年的售房人就可以免征个人所得税,使多套房拥有者也可以免缴个人所得税,造成政府税收流失,又使紧缩政策效果大打折扣。

通过上面这几个例子可以看出,由于地方政府和银行更偏好宽松政策,能很好甚至夸大地执行宽松政策,因此宽松政策能够较快起效,甚至导致房价飙升。而由于地方政府和银行对紧缩政策的消极态度,严格执行紧缩政策的积极性不高,致使紧缩政策效果不如人意。

二、对楼市利好政策叠加效应估计不足

已有调控政策会对房地产市场产生影响,新调控政策也会对房地产市场产生影响,但两个政策的共同影响并不是简单地一加一等于二,两个政策的共同影响取决于新旧调控政策的间隔时间、两个政策的方向和力度、外部环境以及人们对未来的预期等诸多因素。特别是当多个利好政策先后出台,初始时单一利好政策效果可能并不明显,但随着利好政策的不断累加,可能在某个时点导致房价暴复性上涨。

以 2014 年 9 月底至 2016 年 2 月的宽松调控政策为例,在"2014 年930 新政""2015 年 330 新政""2015 年 930 新政"、2015 年年底中央经济工作会议明确提出"通过加快农民工市民化,扩大有效需求,消化库存,稳定房地产市场"等一系列楼市政策的刺激下,截至 2016 年年初仅一线和少数二线城市的楼市明显上涨,当时大部分城市的房价仍旧低迷。为了更好地降低楼市库存,2016 年 2 月初央行允许将非限购城市首套房首付比例降至 20%,半个月后国家税务总局进一步调降契税和扩大营业税免征范围。2 月 26 日时任中国人民银行行长周小川表示个人住房贷款占比不高且相对安全。2016 年 2 月的一系列刺激政策和讲话,与前期利好相互叠加和促进,促使全国房地产市场迅速火爆起来,主要表现在:一

是从 2016 年 3 月和 5 月开始,二三线城市新建商品住宅价格同比增速超过二手住宅价格同比增速,标志着二三线楼市的完全复苏,此后二三线城市房价同比增速不断上升;二是尽管 2016 年 3 月上海和深圳出台适度紧缩政策,同年 7 月中央政治局会议明确提出抑制资产泡沫,但同年 8 月至 9 月,北京一些新盘和二手房跳涨 50% 以上,许多城市房价也大幅飙升,全国楼市陷入疯狂状态。

我们需要反思,2016 年 2 月初市场是否已经孕育了上涨力量,若继续刺激,是否会因政策力度过大导致楼市过热? 当首付比例再降至 20%,再加上契税减免、营业税两年免征等多种优惠政策叠加是否会引发投机性购房需求大幅增加? 一旦刚性、改善性、投机性、恐慌性、避险性等各种购房需求在同一时间爆发,是否会导致房价在短期内跳涨? 而赚钱效应示范作用下是否会引发更大规模的投机和更快速地房价上涨? 而跳涨后的房价却很难在短期内回到之前水平? 事实表明,上述问题都得到了肯定的回答:(1)从 2015 年 4 月开始,一二三线城市新建房屋价格同比增速持续上升。2016 年 1 月,一二三线城市新房价格同比增速分别为 22.40%、2.50% 和 -1.60%。尽管三线城市房价还在下跌,但跌幅已经明显收窄。即在前期利好政策刺激下,市场已经孕育了上涨力量,且一线城市房价涨幅已经偏高。(2)第五章第五节的研究表明,2015 年当年新增库存很少且 2015 年 12 月新增库存已经为负值,即 2015 年房地产去库存已经取得了不错的成效。(3)2016 年 2 月的政策旨在消化房地产库存,但也无意中起到鼓励投机炒房的作用。例如,营业税从五年免征变为两年免征,为炒房者开了绿灯。从交房、装修、通风、购置家居家电到入住至少需要半年时间,装修和购置家居家电需要耗费大量人力、物力和财力,除非遇到极个别突发事件,否则对于刚需和改善性购房者不会将持有仅两年的房屋转手卖掉。而炒房者不是为了自住也无须装修,买卖差价高、尽快出手、交易税费低是炒房者追求的目标,而营业税两年免征恰好为炒房者开了税收绿灯。何况,从 2016 年 5 月 1 日起,房产交易中的营业税就改为了增值税。何必在距离营改增只有两个多月的时点,就匆匆发布营业税两年免征的宽松政策呢? (4)首套房首付 20% 的政策会被投机者利用,投机者通过收购一些身份证,利用这些身份证以首套房身份贷款,从而以 20% 首付来撬动银行贷款。首付比率越低,杠杆率越高,炒房者预期收益率越高。二套房 30% 首付比例,该政策旨在鼓励改善性购房需求,政策初衷是好的,但通常是在孩子长大、有老人同住或收入明显提高情况下才产生改善性需求,很少有人在同一个时点或相隔较近的两个时点既有刚性需求又有改善性需求。由于没有规定二套房贷与一套房贷的间隔时间,因此二套房首付 30% 的政策恰好给投机者钻了空子,使投机者可以充分利用银行杠杆炒房。(5)在房价上涨趋势下,投机者、开发商可以合谋抬高房价,并与银行达成默契,按抬高后房价的 30% 支付首付就等于变相地降低首付,增大杠杆率。(6)2016 年 2 月以后,二三线城市投机炒房者急剧增加,这可以从成交量的迅猛增长上得到验证。如图 6-3 所示,2016 年 3 月,二线和三线城市商品房成交面积分别迅速跃升至 1514.23 万平方米和 887.19 万平方米,且均为历史最高点。2016 年 4 月至 10 月,二线和三线城市商品房成交面积分别维持在 1200 万平方米和 684 万平方米以上高位。在经济增长、收入水平等没有出现大幅增长的情况下,通常刚性和改善性购房需求是较为平稳的。若成交量远超以前的平均成交量,很可能是投机性购房需求过多造成的。(7)由于先知先觉炒房者的加入,再加之政策本身刺激了先知先觉的刚需和改善性购房者,短期房价出现快速上涨,进一步刺激后知后觉炒房者和自住性需求者,导致 2016 年成交量持续在高位运行。由于前期土地供给和房地产投资较少,新房供给有限,进一步加剧供不应求并导致房价快速上涨。(8)2016 年 9 月底和 10 月,一线和部分二线城市提高首付比例和利率,"北京 2017 年 317 系列新政"大幅提高了二套房首付比例和利率,北京周边地区房地产调控升级,一系列紧缩调控政策使一线城市商品房成交面积出现下降,但一二三线城市房价同比增速仍然全部为正数,且三线城市房价涨幅较大。2017 年充分体现出在紧缩调控政策下一线和部分二线城市房价易涨难跌的特点。

（单位：万平方米）

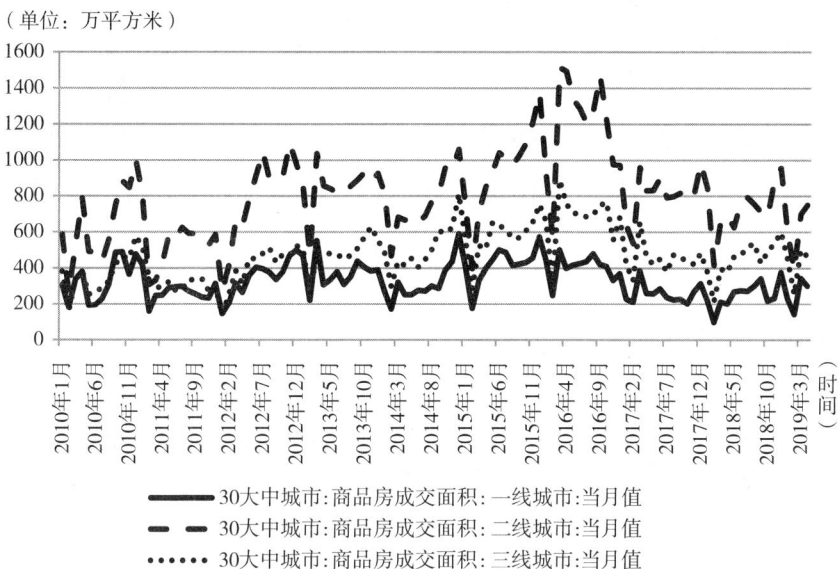

图 6-3　一二三线城市商品房成交面积

三、土地政策、信贷政策和税收政策之间有时不能有效配合

纵观房地产调控政策，多数情况下货币政策、信贷政策、税收政策和土地政策都与调控政策方向保持一致，但在调控政策方向刚刚转向期间，可能会由于各部门信息沟通不畅，导致各种调控政策步调不一致。① 例如 2010 年 3 月 8 日，发布了《国土资源部关于加强房地产用地供应和监管有关问题的通知》（简称"2010 年国土 19 条"），明确规定开发商竞买土地保证金比例不低于 20%，竞买成功后必须在一个月内付清地价款的 50%，对于囤地开发商将不允许参加土地竞买。但由于当时货币政策、信贷政策很宽松，加之财大气粗的央企进入土地市场，造成地王频现。2010 年 3 月 15 日，经过 64 轮竞价，中信地产以 52.4 亿元竞得北京市大兴区亦庄项目，成为北京总价地王。同日，远洋地产旗下子公司远豪置业经过

---

① 何玉洁、赵胜民：《房地产审慎监管的有效性及与货币政策协调性分析——基于中国 2002—2017 年数据的实证研究》，《当代经济科学》2019 年第 1 期。

84 轮激烈竞价,以 2.75 万元/平方米的楼面地价竞得北京大望京地区项目,成为北京市场新地王。除北京外,青岛、南宁等地也相继曝出"天价地王"。可见,尽管国土资源部通过严格约束开发商缴款比例和时间等控制土地出让价格,但在宽松货币政策和信贷政策环境下,开发商很容易筹措到资金,致使"2010 年国土 19 条"没能起到平抑土地出让价格的作用。

四、对政策外溢性估计不足

由于 2014 年 9 月底之前基本上是全国统一的调控政策,2014 年 9 月底至 2016 年 2 月尽管中央多次提及因城施策,但在去库存大背景下全国各地都实施宽松房地产政策,即政策大方向都是一致的,只不过在首付比例上略有差异。但 2016 年 9 月底和 10 月,一线和部分二线城市的楼市政策开始收紧,纷纷采取限购、大幅提高二套房首付比例和利率等政策来抑制投机性需求。但此时一二线城市的投机炒房者已经赚得盆满钵满,这些炒房者开始寻找新的目标,周边三四线城市成为其新的炒房目标。2016 年 10 月及此后的一段时间,核心城市周边地区的房地产具备诸多优势:距核心城市近且交通便利的区位优势、20% 的首套房首付比例和较低房贷利率等信贷政策优势、不限购的房地产政策优势、当时三四线城市楼市已经回暖的市场优势。因核心城市限购限贷而亟须寻找新目标的炒房客,蜂拥进入周边地区的房地产市场,造成核心城市周边三四线城市房价快速上涨。例如,"北京 2016 年 930 新政"调高首付比例和房贷利率后,北京楼市需求外溢,导致周边廊坊的固安、三河、香河、大厂和涿州等地房价大涨。"北京 2017 年 317 系列新政"和随后设立雄安新区的利好政策相互叠加,促使 2017 年 4 月和 5 月河北楼市暴涨。上述案例表明,一二线城市紧缩政策的外溢效应是造成周边三四线城市房价上涨的重要原因。特别是环首都的各个县市,受首都需求外溢影响,2016 年 10 月至 2017 年上半年房价快速飙升。

第七章　完善我国房地产调控政策的建议

　　在习近平总书记"房子是用来住的、不是用来炒的"科学定位指引下,本章提出完善房地产调控政策的建议。第一,对土地政策、金融政策、税收政策、住房保障、限购限售等提出完善建议,以支持刚性和改善性等自住性购房需求,抑制投机性购房需求。其中,在信贷政策中提出了差别化信贷政策,在税收政策中特别提到了要渐进推进房产税改革以防大面积快速推进对房地产可能造成的巨大负面冲击,在保障房政策中通过与其他产权类保障房相比较,分析共有产权房的优势并探讨共有产权房运行中可能出现的问题。第二,从租赁房源多样化、租赁企业创新、保护出租人和承租人合法权益等方面探讨如何培育和发展住房租赁市场,建立多主体供给、多渠道保障、租购并举的住房制度。第三,加强房地产市场监管。第四,房地产调控政策实施前的配套准备工作,如组织体系、数据、预警、单个和政策组合的压力测试等。第五,在系统论思想指导下,跳出房地产市场,协调房地产内部及其与国民经济的关系,以城市群战略替代中小城市发展战略。

第一节　改革土地供给,促进供需平衡

一、根据人地挂钩确定土地供给

　　前面指出,北京、上海、广州、深圳等城市前期土地供给不足,导致2015 年和 2016 年房价暴涨。陆铭、张航、梁文泉(2015)在一系列严谨实证研究后指出,2003 年后中央政府供地政策向中、西部倾斜,使劳动力净

流入的东部地区土地供给不足,推升了东部地区的房价。既然土地供给和人口数量不匹配是导致房价变动的重要原因,那么如何判断土地供给是否充足呢? 一个重要标准是根据人口流动情况来判断,即根据人地挂钩来确定土地供给数量。① 目前重庆实施的人地挂钩,指城镇建设用地增加的规模与其吸纳农村人口进入城市定居的规模挂钩,达到以人定地、地随人走的目标。此种人地挂钩主要适用于城镇化率不高和对户口控制不太严格的城市,当农村人口变为城镇人口后,城镇建设用地就随之增加。但对严格控制户口的特大城市而言,土地供给如果只和户口相联系,则必然导致土地、房屋供不应求和房价上涨,因此对于严控户口的大城市,城市规划关系到产业布局,产业布局影响人口流动,人口数量决定土地供给。大城市要将与其产业发展方向相匹配的人口留住,根据航空火车等交通工具实名信息、就业信息、社区信息、消费信息、婚姻信息、银行信息、社保信息、税收信息等综合判断人口流动情况,根据户籍人口数量和新增人口数量等确定土地供给。

二、破解农村集体经营性建设用地入市的各种障碍

第六章提到,位于大兴区南四环榴乡桥南 800 米的世界之花假日广场项目,由于土地性质是农村集体经营性建设用地,致使该项目没能履行招拍挂程序、没有预售许可证和房屋所有权证,使购房者、受让人、出租人和承租人的权利均受到一定限制。在北京,城市的发展已经拓展到五环和六环,实在没有必要因陈规旧习束缚而仍然保留四环附近的农村集体经营性建设用地。要破解各种体制机制障碍,加快农村集体经营性建设用地的入市进程,缓解热点城市土地短缺问题。应对农村集体经营性建设用地的入市标准、入市土地的性质、入市方式、入市价格、入市土地的开发建设、资金融通、开发项目的产权性质及转让等有明确规定,真正做到农村集体经营性建设用地与国有土地"同等入市、同权同价"。通过将闲置低效、不符合区域发展规划的农村集体经营性建设用地变更为住宅用

---

① 杨玉珍:《城镇化视阈中人地挂钩制度创新及保障机制》,《经济经纬》2015 年第 2 期。

地和商办用地,直接或间接增加城市住宅用地供给,有助于缓解热点城市的高房价压力。

三、利用地票制度增加城市建设用地供给

对于大城市土地供给不足问题,可效仿重庆,将热点城市及周边作为统一整体实施地票制度。例如,在京津冀地区,对一些已经在城市有房并且定居的河北农村户口家庭,在其家庭成员同意的前提下,将该类家庭的宅基地复垦为耕地,在增加了河北耕地供给后就可以在京津地区减少相应的耕地供给,同时将减少的耕地在京津置换为同等面积的城市建设用地。这样,既保证了京津冀地区耕地数量不减少和土地占补平衡,又增加了京津城市建设用地供给,进而有效增加房屋供给,缓解热点城市的高房价难题。类似地,深圳及其周边、上海及其周边、广州及其周边等均可实施统一的地票制度。甚至可以尝试将地票试点进一步扩大,例如深圳与广东北部不发达的农村地区、上海与江苏北部不发达的农村地区、北京与黑龙江农村地区等共同实施地票制度。通过实施跨省域的耕地占补平衡和城乡建设用地增减挂钩政策,可以有效缓解热点城市的土地供给不足问题。

四、集约利用工业用地

长期以来,我国设立了国家级、省级、市级和县级等不同级别的园区,涉及高新技术区、经济开发区、工业园区等不同类型。各级政府试图通过低价供地,吸引外资、国资和民间资本进入,以带动当地经济发展和增加就业。尽管一些园区没有发展起来,但原使用者却占用了大量土地。在国有建设用地总量保持不变的前提下,工业用地越多,住宅和商住用地就越少,为此要采取多种措施,集约利用工业用地:(1)对于出让年限长达50年的工业用地,可将土地上涨的部分收益分配给原使用企业,以激励该企业及时腾出所占土地。(2)政府可将土地出租与出让有机结合,设计灵活多样的工业用地使用方式。例如先出租后出让、分期分阶段出让、年租金制等等。(3)园区厂房建设要标准化和集约化,在适应多数企

业对厂房的要求下,尽量减少占地面积。(4)园区应根据投资总额、投资强度、亩均产值、亩均税收等制定准入指标和存续标准,严格筛选企业入园,一旦入园企业不再满足存续标准,并给予一定宽限期进行整改,宽限期过后仍不满足存续标准的就要坚决清退。这样就可以及时清退一些经营不善的僵尸企业和产能过剩企业,吸引高附加值企业进驻,促进产业结构转型,保持园区活力。同时,减少工业用地供给,就相当于变相地增加住宅用地供给,缓解热点城市高房价压力。

五、合理分配各类型土地的比例

地票、农村集体经营性建设用地与国有土地"同等入市、同权同价"、工业用地集约利用等措施都增加了国有建设用地供给。在国有建设用地供给增加的基础上,根据人地挂钩原则确定国有建设用地总供给数量,然后再合理分配各种类型的土地数量。根据原重庆市市长黄奇帆的测算,每增加一个城市人口,就要增加 100 平方米的土地。假设某城市有 100 万人口,就要有 10000 万平方米即 100 平方公里的城市建设用地。在这 100 平方公里的土地中,约有 55 平方公里用于城市基础设施和公共设施用地,包括铁路、公路、水电管网、邮电通信、城市绿地、学校医院等方面的用地;约 20 平方公里用于工业用地;5 平方公里用于商业开发;20 平方公里用于住宅建设。假定住宅容积率为 2 倍,人均需要的建筑面积为 40 平方米,则 20 平方公里能够建设总房屋面积 = 20000000×2 = 40000000 平方米,能够容纳人口的数量 = 40000000/40 = 1000000 人,即刚好能够满足 100 万人口的居住需求。在前期土地供给基本能满足人们居住需求的情况下,若实际建设用地数量少于按新增人口数乘以 100 计算出的理论建设用地数量,或者住宅用地在国有建设用地中的比例小于 20%,就可能造成房屋供不应求和房价上涨。反之,国有建设用地供给较多和住宅用地占比较高,则可能造成供大于求和房价下跌。因此根据人口数量合理确定国有建设用地供给规模和住宅用地占比,对于保持房地产市场平稳健康发展至关重要。

六、确保土地出让价格合理

尽管前面从加快农村集体经营性建设用地入市、集约利用工业用地、采用地票制度等方面提出了增加城市建设用地供给的各项措施,但土地最终要通过招拍挂等方式向市场供应。由于开发商在拿地过程中的激烈竞争,难免会出现土地溢价率过高和地王频出等现象。因此必须多管齐下,确保土地出让价格合理,才能为日后房价的稳定奠定基础:(1)严格规范拿地资金来源,银行贷款、信托贷款、资管计划配资、保险资金等不能用于缴付土地竞买保证金、定金和后续价款。土地价款完全由开发商自有资金支付,剔除任何杠杆资金,就会减少开发商哄抬地价现象,保持土地成交价格平稳。(2)采用土地集中拍卖的形式出让土地,这样短时间内土地供给迅速增长,有利于平抑地价。(3)改革价高者得土地的出让方式。采取"一次投标和综合打分相结合""摇号抽签""竞拍标准化和高品质建设面积""竞拍保障性住房面积""竞拍养老或其他公共设施面积"等方式确定土地使用权的归属。(4)在前述措施仍然不能有效抑制地价的情况下,还可动用行政手段限制地价,如明确规定地价上限,超过该上限的报价无效,即"限地价竞房价"。当然,还可以"限房价竞地价",该政策关键是确定合理的房价,建议根据历史房价、房价收入比、房价租金比等综合确定房价上限,并将单位楼面地价限定在单位房价的1/3以内。(5)限制旧城改造的地价。若按照拍卖价格覆盖成本的原则,则旧城改造的土地价格就会很高。因此地方政府要有全局意识,短期可通过从城乡接合部、供应比较充分的土地资源处获得的土地出让金,补充平衡市中心旧城改造的土地出让金。长期来看,合理的土地和房产价格会改善投资环境,吸引更多工商资本,促进实体经济发展,日后可以通过更多税收来弥补前期旧城改造土地出让的亏损。(6)适当提高工业用地价格,以保障在普通商品住宅用地价格降低的情况下,整体土地出让金能够维持稳定。

七、激活土地二级市场

目前工业、教育、科学、文化、卫生等类型的土地使用年限是50年,商业、娱乐、旅游等类型的土地使用年限是40年。由于土地使用年限较长，其间宏观经济波动、消费者偏好不断变化，企业股权变动，因此很难保证一家工厂、一所学校、一家医院、一家商场、一家娱乐企业、一家旅游企业等能够持续高效经营。随着城市产业结构升级，工业退出后造成部分土地闲置或利用低效，尤其是工业用地很难转变为住宅用地。因此，要加快土地二级市场改革，建立闲置和低效土地的转让流通制度，盘活存量土地。2017年年初，国土资源部下发了《关于完善建设用地使用权转让、出租、抵押二级市场的试点方案》，在全国34个市县（区）开始试点工作，并就完善交易机制、创新运营模式、健全服务体系、加强监测监管、强化部门合作等五项试点任务提出了具体要求。笔者认为在土地二级市场改革中要处理好几个问题：（1）实现土地交易和不动产登记的有序衔接。在现有土地交易平台基础上搭建二级市场交易平台，建立信息发布、促成交易、签订合同的交易流程，加强同一行政管辖范围内的土地二级市场交易信息和不动产登记信息的互通共享，并最终形成全国统一的土地二级市场和不动产登记的有序衔接。（2）允许土地改变性质及后续转让，这样可以根据市场情况调整各类土地的占比，例如当工业用地出现大量闲置而住宅用地却供给不足时，可以考虑将工业用地变更为住宅用地，使土地得到充分利用。（3）要处理好土地二级市场交易中的利益分配问题。由于基础设施完善和公共设施配套齐全等因素促使土地不断升值，因此政府要适度参与二级市场的利益分配。

八、土地供给要因城施策

全国各地楼市发展不平衡，既有库存严重的地区，也有楼市非常火爆的地区，因此在土地供给上要因城施策。对于库存严重的地区，要减少甚至停止土地供给，以消化过剩房屋，避免新增土地和房屋加剧当地楼市的失衡。对于楼市火爆地区，首先要分清是投机性需求导致的楼市火爆还是自住性需求导致的楼市火爆。可根据房屋空置率和业主是否在当地缴纳社保或税收等综合判断。若空置率过高、房屋业主在本地缴纳社保或税收的比例不高，可初步判断是投机性需求引发的房地产市场过热，应以打击投机性需求为主,不宜大量增加土地供给。若是后者,则应加大土地供给,以缓解住宅用地供给不足与百姓居住需求旺盛的矛盾。例如,一线城市和部分二线城市房价上涨,与土地供给不足密切相关,为此就应该加大土地供给。以北京、上海等一线城市为例,一方面是地铁挤爆和许多人还在蜗居;另一方面,还有很多基本农田,即使在建设用地中,工业用地、商住用地占据了大量比例,留给住宅用地的数量已经非常少了。因此,要从供给侧入手,加大对住宅用地供给力度。增加土地供给的方式,如通过减少农业用地以新增国有建设用地、合理确定各类土地的比例、改造棚户区、改造低容积率的老旧小区、鼓励社会资本以参股、联营、转让等方式盘活废旧厂房,集约利用工业用地并将节省出来的工业用地变更为住宅用地、提高容积率,等等。

九、破解土地财政问题

由于土地出让金是地方政府的重要收入来源,地方政府默许甚至怂恿开发商将地价炒高,进而形成高地价→高房价→高土地出让金→高地价→高房价的传导链条,从而使房价快速上涨成为一种常态。要标本兼治解决土地财政问题。治标方面,须从增收和节支两个方面入手。采取各种措施增加地方财政收入,要扩大房产税开征范围、加快遗产税的立法和开征工作,扩展消费税、个人所得税等地方稳定持续的税源,逐渐增加对电商、文化娱乐等薄弱环节的征税力度。在增加财政收入的同时,采取精简机构、提高效率、缩减三公经费、通过 PPP 等形式引入民间资本参与公共服务等手段减少支出,从大政府逐步向小政府转型,降低对土地财政的过度依赖[1]。此外,还要严格限制土地出让净收入的使用方向,土地出让净收入的 10%、15%、10% 和 10% 分别安排用于廉租住房保障、农业土地开发、农田水利建设和教育资金,并及时将土地出让收入的使用情况向社会披露。治本方面,构建事权与财权相匹配的地方财政体制,降低

---

[1] 李一花、化兵:《财政赤字、土地财政与房价的关系研究》,《中央财经大学学报》2018年第 11 期。

GDP 增长在地方政府考核中的比重,完善征地程序和补偿机制等制度建设,建立规范的地方政府债务制度,防范地方政府土地融资风险。

第二节 完善差别化信贷政策,
支持自住性购房需求

在利益驱动下商业银行的过度放贷成为房价过快上涨的推手。为此商业银行要审慎评估房屋基准价格,严格限制居民在房地产上的杠杆,控制开发商动用金融杠杆拿地,保持房贷增速与经济增速相匹配。货币政策方面,由于各地区房地产市场明显分化,且房地产与宏观经济的走势不完全一致,因此应逐渐淡化货币政策对房地产的调控。此外,在北京等个别地区,对首套房认定标准过于严格,可根据改善性需求特点适当调整信贷政策。

一、审慎评估房屋基准价格

在许多城市的房价收入比、房价租金比、月供收入比远远超出正常范围的情况下,商业银行不应按房屋市场价格的一定比例发放个人购房贷款,而应审慎评估房屋基准价格,以房屋基准价格的一定比例来发放个人购房贷款。首先假定人口不变条件下的房价增长率等于 GDP 增长率加上通货膨胀率,再用人口净流入等指标确定修正系数后,根据基期房价、人口不变条件下的房价增长率和修正系数共同确定报告期的房屋基准价格。

例如,2016 年前三季度我国 GDP 增长率为 6.7%,而 2016 年 9 月 CPI 同比为 1.90%,因此人口不变条件下房价涨幅在 8.6% 左右是合理的。银行可按 2015 年 9 月的房价,乘以 1.086,计算出 2016 年 9 月的新房价格初值,并在综合考虑人口净流入、房价收入比、房价租金比、月供收入比基础上确定修正系数,修正后的房屋基准价格等于初值乘以修正系数。由于许多城市的人口是净流出的且后三个指标已远远超过正常范围,因此这些城市的修正系数是小于或者等于 1 的。只有一些热点城市人口是净流入的,即使对于人口净流入较多城市该修正数也应尽量控制在 1.1 倍以内。例如,2015 年 9 月,上海高档商品住宅均价是 30264 元,据此可推算出 2016 年 9 月上海高档商品住宅的初值 = 30264 × (1 + 8.6%) = 32866.70 元/平方米。即使按最高修正系数 1.1 倍计算,修正后的房价为 36153.37 元/平方米。而实际上 2016 年 9 月上海高档商品住宅价格已经高达 57334 元/平方米。以 100 平方米的房屋和 30% 的首付比例为例,如果按市场价格则个人购房贷款将高达 4013380 元,但若以房屋基准价格来发放贷款的话,则银行仅需提供 2530736 元的个人购房贷款。二者之差为 1482644 元! 若银行按基准价格而不是市场价的 70% 发放个人购房贷款,则购房者的首付比例 = (5733400 − 2530736)/5733400 = 55.86%! 这将极大地限制投机炒房者的资金杠杆,从而有效平抑房价。而由于银行审慎评估房屋基准价格,房价能够反映经济基本面,房价大幅下跌的可能性较小,反过来又保证了银行个人购房贷款的安全性。

银行在审慎确定房屋基准价格时,基期的选择很重要。不要选择交易量很大、房价涨幅很快的时点作为基期,尽量选择成交平稳和房价平稳的时点作为基期。根据房价历史趋势,推荐以下几个时点作为基期:2003 年上半年的某个月份、2009 年 1 月至 5 月的某个月份、2015 年 1 月至 9 月的某个月份,也可以选择某一合理时间段的房价平均值。上述时点均处于房价大幅上涨的前期,房屋供求较为平衡。可分别在每个基期的房价基础上,根据通货膨胀率和人口净流入等计算出房屋基准价格,主要参考较近基期的计算结果,辅助参考较远基期的计算结果,审慎评估房屋基准价格。

二、严格限制居民在房地产上的杠杆

在房价不断上涨时,由于个人购房贷款兼具安全性和盈利性等优势,商业银行有强烈动机发放个人购房贷款。但由过量信贷托起的高房价犹如建立在沙滩上的房屋,缺少坚实的经济基础。一旦房价下跌,则会波及银行甚至整个国民经济。为此,央行和银保监会应联手规范商业银行的个人购房贷款业务:(1)限制每户家庭在同一时点的购房贷款笔数,限制每户家庭在一段时间内的购房贷款笔数和贷款总金额。建议每户家庭的前后两笔购房贷款必须间隔一年以上,同一时点的未还清购房贷款笔数不超过 2 笔,5 年内累计获得购房贷款不超过 3 笔且贷款总金额不超过全国平均房价的 5 倍或当地平均房价的 3 倍,上述几个条件需要同时满足。(2)严格限制无社保缴纳记录的外地居民的购房杠杆。对于一般城市,无社保缴纳记录的外地人购买首套房的首付比例不低于 50%,第二套及以上必须全款。对于房价较高城市,无社保缴纳记录的外地人禁止购房。(3)建立差别化信贷标准。对无房无贷居民的首套房贷款给予首付和利率优惠,例如首付 20%—30%,利率为基准利率的 0.9 倍。对于五年内的第二套房贷,首付至少要提高到 40%,第三套房贷款首付至少要提高到 60%甚至更高,且第三套房贷发放日与第一套房贷发放日至少要间隔 4 年以上。当然,以上涉及的笔数、倍数和首付比例等仅供参考,监管机构应基于完整和真实的数据,制定出符合实际的差别化信贷政策最低标准,要求所有银行必须严格执行,所有银行、非银行金融机构和民间资本不得以任何形式突破政策底线。(4)严格审核借款人资质,建议根据个人完税证明倒推其收入,利用该收入计算月供收入比,并作为是否放贷的重要依据。例如,一名在北京工作的购房者,平均每月缴纳个人所得税 2100 元,我们可以推断其税后收入在 13000—14000 元之间(根据 2018 年 10 月个人所得税改革之前的数据推算)。如果其工资流水显示其月收入为 50000 元,则可能有两种情况:一是该工资流水不真实;二是员工及其企业合谋偷逃税款。第一种情况表明该员工还款能力不足;第二种情况会造成国家税收流失。可见,银行根据借款人的完税证明倒推其税后收入,既符合审慎性贷款原则,同时又有利于培养全社会诚实纳税的良好风尚。除了规范银行发放个人购房贷款外,还要积极打击首付贷、接力贷、合力贷、加按揭和转按揭等违法行为,增强居民购房杠杆的透明度,将居民房地产杠杆限定在合理范围内①。

---

① 刘哲希、李子昂:《结构性去杠杆进程中居民部门可以加杠杆吗》,《中国工业经济》2018 年第 10 期。

三、禁止开发商动用金融杠杆拿地

在限制居民房地产杠杆的同时,还要限制开发商的杠杆。(1)要保障开发商拿地资金必须是自有资金,不能动用任何金融杠杆来购置土地。对于拟参与竞买土地的开发商,要求其作出竞买资金全部为自有资金的承诺,然后再统一审查其和关联单位名下的所有银行账户,对于借钱买地的开发商一律不允许其进入。对于没有履行承诺的开发商要给予罚款、暂时禁入和终身禁入等处罚。(2)明确要求信托、券商资管、公募基金子公司、P2P 等各类影子银行不能为开发商拿地提供资金支持,并要求各类影子银行作出承诺,对于违反者给予严惩直至吊销营业执照。(3)与此同时,从宏观审慎监管入手,对各类投资和资产管理项目进行穿透式管理,各机构分别汇总其在房地产上的资金供给,然后再进行全行业和全国的汇总。监管机构要切实掌握各类资金流入房地产的规模,严禁违规发放或挪用信贷资金进入房地产领域、严禁各类影子银行对开发商拿地提供资金支持,限制影子银行对房地产开发建设资金的支持力度。

四、保持房贷增速与经济增速相匹配

个人购房贷款增速要与经济增速尽量匹配。例如,2016 年前三季度GDP 同比增长 6.7%,中长期贷款同比增长 20.4%,个人购房贷款同比增长竟然高达 100%。这几个数据之间的比例关系显然不合理,反映出实体经济不景气,大量资金竞相流入房地产业,造成房价飙升、资金脱实向虚的尴尬局面。为了引导资金脱虚向实和促进房地产业健康发展,建议增加银行贷款与经济增长是否协调、银行各类贷款之间是否协调等考核指标,限制房地产贷款增速过分偏离经济增速的现象发生,以避免银行信贷对房地产投机行为的过度支持,从而避免房地产投机需求增加→银行个人购房贷款增加→房地产投机加剧→房价快速上涨→房地产风险不断累积的恶性循环。此外,银行发放贷款时不应过度倚重房地产等抵押物,要从提高银行风险管理水平入手,充分利用大数据、云计算等评判借款人的还款意愿和还款能力,及时预警潜在风险。

五、为改善性购房者提供合理信贷支持

党的十九大报告指出要满足"人民日益增长的美好生活需要"。人民的住房需求正在从有房可居向宜居舒适转变,改善性购房需求不断增加。由于前期房价飙升,一些热点城市对首套房执行"认房又认贷"的标准,因此一些改善性购房者只能按"二套房"标准申请贷款,造成许多改善性购房需求无法得到满足。例如"北京2017年317系列新政"后,首套房实施严格的"认房又认贷"标准,只对没有住房且没有房贷记录的购房家庭,才能按首套房贷政策执行。而对有过房贷记录的,不管是有一套房还是无房,均按二套房贷标准执行,即普通住房首付比例60%,非普通住房首付比例80%。由于对非普通住房的界定仍然沿用前几年的老标准,2015年和2016年房价上涨后多数新房都被纳入非普通住房范围,即要执行80%的首付比例。

若长期坚持"北京2017年317系列新政",将会限制大多数改善性购房需求,若未来政策明显松动,这些被抑制的改善性需求在某一时点集中释放,则可能会造成房价剧烈波动,不利于房地产市场平稳健康发展。因此,建议银行对改善性购房家庭给予适度支持:除了无房无贷的购房者外,对于仅有一次房贷记录并已还清,且距首次房贷发放日已经满5—10年的无房或一套房家庭,再次申请购房贷款可享受首套房贷的优惠政策。政策设计的初衷是充分考虑改善性购房家庭的特点:只有一套住房且在该套房屋居住较长时间,随着时间推移,家庭人口结构和收入发生变化,有改善住房的需求和能力。至于距离首次房贷发放日是满5年、7年还是10年,各地金融监管部门可以汇同房管部门筛选出同时满足本地户口、一套住房、只有一次房贷记录、距首次房贷发放日满5—10年的家庭,根据本地房地产情况,确定具体时间间隔。通过对房贷次数和两次房贷时间间隔的限制,在过滤掉投机性购房需求的同时,平稳有序地满足改善性购房需求,既不会因改善性需求提前释放而造成房屋闲置浪费,又不会因改善性需求在某一时点集中暴发而导致房价报复性上涨。通过制度设计,为改善性需求者提高居住质量,银行获得存贷利差,开发商加快资金

回笼,实现资源合理配置,充分践行"房子是用来住的、不是用来炒的"的科学定位。

六、不要过多依靠货币政策来调控房地产市场

第三章实证研究表明,存款准备金率、贷款利率均与定金预付款不存在协整关系,存款准备金率、贷款利率均与房地产开发资金来源不存在协整关系,但个人购房贷款却分别与定金预付款、房地产开发资金来源存在协整关系。这可能是由于存款准备金率和贷款利率等货币政策工具,需要通过个人购房贷款等影响房屋供求双方的资金来源。由于从货币政策工具到房地产信贷的传导过程较为复杂且具有不确定性,纯粹货币政策工具与房地产市场的联系越来越弱,因此应逐渐淡化货币政策对房地产市场的调控,货币政策应主要着眼于对整个国民经济的总体调控,在此基础上主要动用信贷政策对房地产市场进行调控。

从短期来看,各地房地产市场的表现差异,也使货币政策调控房地产难以奏效。2010年以前,全国各地房地产市场走势大致相同,但2010年之后一二三线城市房地产走势却出现明显分化,同一时间段有些地区楼市过热有些却过冷。对于过热地区本应实施紧缩货币政策,而过冷地区应实施宽松货币政策,但存款准备金率、贷款利率、公开市场业务等货币政策工具都是面向全国的,不可能针对不同地区楼市的差异作出反应。从中长期来看,全国房价走势主要由人口和经济增长所决定,全国房价上涨与中华人民共和国成立后出现的婴儿潮密切相关,当婴儿潮一代人口到达25—35岁时,购房需求迅速增加,导致全国房价上涨。地区房价更多受人口净流入和当地公共服务的影响。随着今后流入城市的农村人口数量减少,未来城市之间对人口数量和优质人口的争夺将会更加激烈。人口净流入和优质人口占比较高,同时经济增长较快的城市其房价会上升,而人口净流出和经济增长缓慢的城市其房价可能会停止上涨甚至下跌。因此未来各地区房价分化会越来越明显,一刀切的货币政策难以适应日益分化的城市房地产,因此应逐渐淡化货币政策对房地产的调控。

第三节 发挥税收政策调节作用，
抑制投机性购房需求

为促进房地产业与其他行业间的税收公平，应调整房地产交易中的所得税税率，使其与工资、薪金所得税率相同。我国在抑制投机性需求方面税收政策力度偏弱，可在热点城市尝试开征短期交易税以抑制投机性需求。为了充分发挥房屋的居住功能，可在人口较多的城市试点空置税，以更好地落实"房子是用来住的、不是用来炒的"科学定位。逐步适时开征房产税，有助于地方财政稳定，同时能在一定程度上调节贫富分化。上述房地产税收改革可能会导致税负转嫁问题，因此要尽量减少房屋出卖人将税负转嫁给房屋买受人。此外，还要多措并举，严厉打击二手房交易中各种偷逃税款的行为。

一、房地产交易所得税税率不低于工资、薪金所得税税率

在我国这样的发展中国家，需要鼓励更多人通过劳动为社会提供产品和服务，而不只是坐等资产升值，因此财产性收入所得的税收至少应不低于同等劳动性所得的税收。房屋财产转让所得属于财产性收入，而工资薪金所得是一种劳动性收入，即房地产交易中卖方的个人所得税税率应至少不低于工资、薪金所得税税率。建议将房屋出卖人的转让所得在扣除房屋原值以及购买、持有和出售过程中缴纳的各种税收后，除以持有年限计算出每年所得税税基，然后比照工资、薪金所得来征税。例如，2017 年王先生将其 2015 年购买的房屋以 500 万元出售，该房屋的原购买价格和各种税费合计为 260 万元，则每年的资本利得 = (500-260)/2 = 120 万元，折合成每月工资为 10 万元，对应 45% 税率，速算扣除数为 13505 元，则王先生需缴纳的所得税 = [(100000-3500)×45%-13505]× 12×2 = 718080 元，个人所得税占王先生毛收入的比率 = 718080/ 2400000 = 29.92%。注意，该政策应与现行房屋交易个人所得税免征政

策配合使用:即个人将购买超过 5 年(含 5 年)且是家庭唯一生活用房对外销售,免征全部个人所得税;对不符合上述条件的房屋出卖人,则按房地产交易所得税税率不低于工资、薪金所得税税率的原则,来征收个人所得税。

二、在热点城市尝试开征短期交易税

在房价过高地区,对于持有房屋不足两年的出卖人可考虑征收短期交易税。短期交易税税率可根据各地房地产市场情况灵活制定。短期交易税也可与增值税合并征收,即都在房屋销售价格基础上征收。

通过一个例子,来说明开征短期交易税后对房屋出卖人投资净收益率的影响(见表 7-1)。2015 年 9 月,张先生购买了北京北太平庄一套 60 平方米的房屋,单价为 57047 元/平方米。2016 年 9 月,张先生以 89792 元/平方米卖出该房屋,假定这是张先生的第三套房。按照增值税及附加、个人所得税、短期交易税的顺序依次征税。(1)由于持有期限小于 2 年,按照销售价格的 5.6%征收增值税及附加。按照与工资、薪金相同的所得税税率,对张先生售房所得征收个人所得税。由于月所得额超过了 83500 元,按照 45%的个人所得税率征收。在只考虑个人所得税和增值税的条件下,且不考虑上次交易中的税费和房屋装修等对个人所得额的抵扣,张先生的投资净收益为 1053451.08 元。投资净收益率 30.78%,相比于银行理财产品等传统投资,收益率还是相当高的。(2)征收短期交易税。假设对张先生按房屋成交价格的 15%征收短期交易税,则张先生的投资净收益只剩下 245323.08 元,投资净收益率仅为 7.17%,相比其他投资的吸引力明显降低。若将短期交易税设为房屋售价的 20%,则张先生的投资净收益率将变为负值。可见,通过开征短期交易税,投机炒房者的税后投资净收益率明显降低,有效抑制投机炒房乱象,净化房地产市场环境,促使房价逐渐回归合理水平,从而使更多百姓有能力购房和安居乐业。

表7-1　不开征和开征短期交易税的投资净收益率比较

项目	金额
增值税及附加	$= 89792 \times 60 / 1.05 \times 5.6\% = 287334.40$ 元
房屋买卖差价	$= (87972 - 57047) \times 60 = 1855500.00$ 元
月个人所得额	$= (1855500 - 287334.4) / 12 = 130680.47$ 元
月个人所得税	$= (130680.47 - 3500) \times 45\% - 13505 = 43726.21$ 元
个人所得税总额	$= 43726.21 \times 12 = 514714.52$ 元
投资净收益 （不开征短期交易税）	$= 1855500 - 514714.52 - 287334.40 = 1053451.08$ 元
投资净收益率 （不开征短期交易税）	$= 1053451.08 / (57047 \times 60) \times 100\% = 30.78\%$
短期交易税（15%）	$= 89792 \times 60 \times 15\% = 808128.00$ 元
投资净收益 （开征15%的短期交易税）	$= 1855500 - 514714.52 - 287334.40 - 808128.00 = 245323.08$ 元
投资净收益率 （开征15%的短期交易税）	$= 245323.08 / (57047 \times 60) \times 100\% = 7.17\%$
短期交易税（20%）	$= 89792 \times 60 \times 20\% = 1077504$ 元
投资净收益 （开征20%的短期交易税）	$= 1855500 - 514714.52 - 287334.40 - 1077504 = -24052.92$ 元
投资净收益率 （开征20%的短期交易税）	$= -24052.9 / (57047 \times 60) \times 100\% = -0.703\%$

三、在住房供不应求地区试点空置税

在一些住房供不应求的地区，一方面是旺盛的刚性和改善性等自住性需求；另一方面则是大量空置房屋，此类地区需要使用税收手段让空置房屋流转起来，充分发挥房屋的居住功能和使用价值。出台空置税政策后，对所有空置房屋从政策生效日开始给予两年免征期。对于政策生效日后发生交易的房屋，则从交易日后给予两年免征期。免征期过后开始计算空置时间。为了调节贫富差距，促进税负公平，要综合考虑每户家庭拥有的空置房屋套数和空置时间等多种因素后实施累进空置税率。按照房屋评估价格作为征税基数，用房屋评估值乘以空置税率即得到应纳空置税金额。表7-2给出了空置税率的参考值，房价越高、每户家庭拥有房屋套数越多、空置时间越长,空置税率就越高。通过开征空置税,促使空置房屋流向租赁市场或二手房买卖市场,盘活存量房屋,充分发挥房屋的居住属性,减少土地和建材资源的浪费,减少能源消耗和温室气体排放,促进经济的可持续发展。

表 7-2　根据家庭拥有空置房屋套数和空置时间征收空置税（单位:%）

房屋＼城市	每户家庭拥有的房屋套数											
	2套			3—5套			6—10套			10套以上		
	空置时间(年)			空置时间(年)			空置时间(年)			空置时间(年)		
	<1	1—2	>2	<1	1—2	>2	<1	1—2	>2	<1	1—2	>2
房价过高城市	0	0.5	1	0.5	1	1.5	1	1.5	2	1.5	2	4
房价较高城市	0	0.2	0.5	0.1	0.5	1	0.5	1	1.5	1	1.5	2
房价合理城市	0	0	0	0	0	0.5	0	0.5	1	0.5	1	1.5

注:空置时间从 2 年免征期过后开始计算。

需要特别说明的是,空置税是一剂房地产调控猛药。在开征前需要对当地房屋存量和增量、各类房屋估值等情况进行摸底,厘清本地居民和外地居民拥有自住房、出租房和空置房的情况,对房地产市场在存量和增量上是否基本保持平衡作出判断。若住房明显供不应求,则可考虑开征空置税。对住房明显供过于求的城市,则不要开征空置税,以免因大量抛售造成房价暴跌。在开征空置税前,需要进行敏感性测试。影响敏感性测试结果的因素很多,包括空置税政策条款涉及的纳税主体和征税对象、纳税主体对税收的敏感度、纳税主体抛售和出租房屋的概率、纳税主体和其他市场主体行为的共同影响等等。若敏感性测试表明开征空置税会导致房价大幅下跌,则宜慎重推出空置税,或者仅对新房征收,或者延长免征时间或者降低税率。总之,开征空置税,既要促进闲置房屋流向租赁或二手房买卖市场,又要避免对房价的剧烈冲击。

四、逐步适时开征房产税

目前,土地出让金在地方政府基金性收入中具有举足轻重的地位,也是地方政府财政收入的主要来源。而多数二手房交易不需要缴纳土地出让金,非经营性二手房保有过程中几乎不需要缴税,经营性二手房业主普遍缺少主动纳税意识,导致二手房税收远低于新房税收。未来,随着一线和热点二线城市的房地产市场进入存量时代,可出让土地越来越少,土地出让金下滑难以避免,地方政府亟须寻找新财源,保有环节的税收将会逐渐被重视,成为弥补土地出让金下降的重要途径。房屋保有环节的房产税具有独特优势:(1)属于直接税,不容易转嫁给他人。(2)取之于民用之于民。房产税主要用于地方公共设施建设和提高公共服务水平,因此会提升地方房产价值。(3)容易征收。房产是不动产,是固定在特定土地上的附着物,因此纳税人很难逃废纳税义务。(4)房产税税收收入较为稳定。房屋是耐用品,每年的折旧较少,且房产通常会随着经济发展和区位价值提升而增值,因此建立在房价基础之上的房产税收入会较为稳定。

开征房产税的前提是建立全国统一的房地产信息系统,对于每个人、每户家庭、每家企业拥有的房产数量、房产位置、房产价格等信息全部掌握后,基于全国房屋信息数据基础设计房产税的开征时机、开征对象、开征税率、缴纳方法等等。在开征房产税前需要解决以下几个问题:(1)对什么性质的房屋开征房产税?农村产权房屋、租赁房屋、军产房、央产房、校产房、小产权房、限价房、经济适用房等是否要开征房产税?建议所有房屋均纳入房产税征收范围。(2)是否要设置一定的减免额?对于本地户籍家庭、在本地缴纳社保或纳税达到规定年限的外地户籍家庭,建议给予每人60平方米且每户家庭不超过两套的房产税免征额。例如,某家庭有3口人,该家庭拥有的三套房的面积分别为60平方米、40平方米和50平方米,尽管三套房合计面积仍不足180平方米,但只能有两套房屋免征房产税,该家庭可在三套房中自由选择。(3)房产税税率是多少?需要综合考虑房产税占居民收入的比重、房产税占全部税收的比重、房产税逐步替代土地出让金等多重因素,才能制定较为合理的税率。此外,为抑制房地产投机行为,建议对多套房家庭实行累进税率。(4)房产税的计税依据。2011年1月重庆和上海实施房产税时,按照房屋购买价格来征税。但近几年房价出现飙升,导致房屋市场价格与当初购买价格出现较大偏差,因此建议定期对房屋价格进行评估,并根据最新评估价格作为房产税的计征依据。

当前很多城市房价高企,开征房产税是否会导致多套房业主大量抛售和房价暴跌?若开征房产税引发房价暴跌和系统性金融风险,那就得不偿失了,因此要采用差别化的渐进改革方式。例如,有期限的住宅和公寓在到期后转为永久产权的同时开征房产税、缩短老城区附近新出让项目的期限并在到期后开征房产税、对在本地购买第二套房屋的非本地纳税且非本地户籍人口立即开征房产税。在不同地区区分不同主体逐步开征房产税,有助于减少对普通家庭和房地产市场的冲击,有助于平衡房地产开发、交易和持有等各个环节的税收负担比例,有助于调节贫富差距和增加投机者囤积房屋的成本,有助于鼓励闲置房屋进入二手房和租赁市场,有助于促进新房和二手房价格平稳。

五、关注税负转嫁问题

需要注意的是,个人所得税和短期交易税都是在房屋流转中产生的,有可能转嫁到买受人身上。笔者在北京对同样区位、户型和品质的房屋调研中发现:五年唯一房屋的价格明显高于非五年唯一的房屋价格,二者之差与非五年唯一房屋出卖人需缴纳的个人所得税基本一致;持有满两年的房屋价格明显高于持有不足两年的房屋价格,二者之差与持有不足两年的房屋出卖人需要缴纳的增值税及附加基本一致。在北京,房屋报价通常是业主净所得,因此上述现象表明二手房市场遵循一价定律,即无税房屋价格=有税房屋价格+出卖人应缴纳的所有税收。即转让环节的税收确实减少了需要纳税的房屋出卖人的净收入。但还有一个重要问题,在增加转让环节税负后,房地产市场价格由谁来决定?若由需要纳税的房屋出卖人来决定,则税负就可能会转嫁到买受人身上。特别是当房屋出卖人中投机者占比较高时,税负转嫁的比例就可能会越高。房地产市场越火爆,税负转嫁的比例就越高。除流转环节的税收外,保有环节的税收也有可能在业主出售房屋时,转嫁给买受人。

那么如何减少税负转嫁问题呢?(1)出台短期交易税和改革房屋交易的个人所得税前,一定要摸清自住性出卖人和投机性出卖人的比例,当投机性出卖人占比较高时,不宜盲目冒进,最好在房地产市场平稳时推出改革措施。(2)当市场火爆不适宜推出短期交易税和改革个人所得税时,需要采取限售等行政手段来抑制市场过热。(3)做好宣传工作,让百姓认识到房地产交易所得税税率不低于工资、薪金所得税税率,有助于经济结构转型,有助于经济从高速增长向高质量发展转变。开征短期交易税,有利于精准打击投机炒房行为,有利于百姓安居乐业。

六、打击二手房交易中的偷逃税款行为

第六章中提到通过阴阳合同偷逃税款的问题,即在阴合同上是实际成交价格,而阳合同上则是网签价格。网签价格将作为纳税依据上报税务机关,但网签价格通常低于实际成交价格以达到避税目的。网签价格远低于市场价格,既减少了政府税收收入,又降低了投机成本,助长房地产投机炒作之风,为此要坚决打击相关偷税行为,可从以下几方面入手:(1)建立房产交易监管账户,要求所有房产交易资金必须通过该账户流转。同时,央行、银保监会和各地房产交易部门联手监管房产买卖双方的其他账户。(2)明令禁止房产中介帮助客户签订阴阳合同,对拒不遵守者,一经发现严厉惩处,建议处以不低于偷税额3倍及以上罚款,直至对相关责任人采取终身市场禁入等处罚措施。(3)要求各房产中介向社会公布房屋实际成交信息,以接受社会监督。例如,北京链家房地产经纪有限公司已经在其官网上给出了每套房屋的位置、房屋总价和本次交易时间等成交信息,在此基础上可考虑增加其他信息:包括但不限于该房屋上次交易时间、是否卖方唯一住房,买方是否贷款及贷款金额等信息。(4)房产中介定期报送房屋成交价、经纪人实际提成额、公司财务等数据,监管部门可通过数据之间的关联发现明显偏低的网签价格。例如,同

一小区的可比房屋出现较大价格差异、房屋成交价格与经纪人提成不成比例等情况,都被列为重点监控项目。(5)可借助第三方公司的数据,比较网签价格和实际成交价格的差异。例如,云房资讯是一家典型的第三方房地产数据平台,云房资讯与阿里和银联智惠等企业进行数据合作、与多家房产经纪公司在二手房数据上互通有无、从住建委和国家统计局获取新房数据、加之地图数据补充和其自身多年评估数据的沉淀积累,构建了覆盖面广、更新频率快、准确率较高的二手房价格数据信息平台。云房资讯利用爬虫等手段实时监测 1000 多家网站信息以抓取最新房价信息,定期发布市场分析、核心盘前 20 名、小区预警等二手房数据。(6)税务部门可通过对各第三方数据平台、各房产中介报价进行对比,及时发现低报网签价的逃税行为,严厉惩处相关责任人及其公司并向社会公布。

第四节　运用共享思维,培育和发展住房租赁市场

2016 年 5 月,印发《国务院办公厅关于加快培育和发展住房租赁市场的若干意见》。2016 年年底中央经济工作会议,提出要加快住房市场立法,加快机构化、规模化租赁企业发展。2017 年 7 月,住建部等九部委联合发布《关于在人口净流入的大中城市加快发展住房租赁市场的通知》。2017 年,党的十九大报告提出要加快建立多主体供给、多渠道保障、租购并举的住房制度。2017 年年底中央经济工作会议特别强调要发展长期住房租赁市场。2018 年两会再次强调建立租购并举的住房制度,出台的一系列政策彰显了中央政府推动住房租赁市场的决心。发展住房租赁市场,需要大力拓展租赁房源,鼓励住房租赁企业创新,并用法律手段保护出租人和承租人的合法权益。

一、运用共享经济思维发展住房租赁

共享经济的思维模式是指将私人拥有的闲置物品和资源拿出来,以合理价格将物品的使用权或服务让渡给他人。当前,热点城市房屋供不应求与大量房屋闲置并存,如果能将共享经济思维模式应用到这些城市

中的房地产市场,采取各种措施让闲置房屋进入二手房交易和租赁市场,将会有效地破解高房价和高房租难题。例如,传统房产中介巨头链家旗下的自如有家,除传统租赁信息服务外还提供房屋维修、保洁、保安等全方位服务,细分了客户群体,满足了追求高租赁生活品质的年轻客户需求,对构建多层次租赁市场进行了有益尝试。2016 年 7 月世联行(002285)通过定向增发募集资金,进军长租蓝海。世联行通过"房屋托管+标准装修+管理服务"模式,实现对个人房源的整合,力争在一线和二线城市建设 13 万间长租公寓。此外,还出现了小猪短租、木鸟短租、Wework 等短租平台。这些长租和短租平台的出现,为房屋闲置者和需求者搭建桥梁,充分发挥了房屋使用价值。但也不排除一些不差钱的业主宁可空置也不主动出租房屋,这在一些大城市更为常见,为此可通过征收空置税促使更多闲置房屋流向租赁市场。在空置房认定上,要充分发挥社区、物业、供水供电供热等各部门的协同作用,运用大数据、云计算等新技术手段,精准快速识别空置房屋。利用累进房产税率和累进空置税率等税收手段,促使空置房屋尽快转变为租赁市场的房源。

二、多渠道筹措租赁房源

　　租赁房屋来源主要有以下六种渠道:(1)普通居民手中的闲置房屋。在房价过高城市,对第三套及以上且空置时间超过 2 年的业主,按当地可比租金的一半征收空置罚金(从长期来看,应用空置税取代空置罚金),促使空置房屋向出租房源转化。(2)特殊居民的房屋,例如通过为空巢老人和孤寡老人提供宜居养老场所,既帮助其颐养天年,还可将其房屋作为租赁房源以增加其收入,从而在源头上增加租赁房源。(3)开发商手中销售不出去的新房,以及"限房价、竞地价"模式下开发商手中的自持房屋。(4)闲置的工业、商业、办公用房。(5)农村集体建设用地尤其是城中村中的各类房源。(6)政府直接提供只租不售的土地,由开发商开发后,委托专业机构进行出租的房源。

三、鼓励租赁企业创新

由于单个出租家庭在装修、维护、监控等方面存在专业性不足和缺乏时间打理等原因,造成租房市场处于小散乱的尴尬局面,因此需要改变以自然人为主要出租方的格局,构建以租赁企业为主体的规模化、专业化住房租赁服务体系。为此应出台扶持租赁企业的优惠政策,例如贷款贴息、发债绿色通道、税前费用扣除、所得税和增值税减、租赁收入证券化[①]等等。在培育租赁企业过程中,更要鼓励租赁企业创新。例如整体租入——适当改造——分散出租的模式,即租赁企业通过批发租入后再零售出租,赚取了部分差价,同时通过房屋改造提升租户居住品质获取部分收入。租赁企业还可打造特色租赁社区,如 IT 白领租赁社区、旅游爱好者租赁社区、影迷租赁社区、篮球迷租赁社区、年轻妈妈租赁社区等等。这样,租赁社区既为承租人提供了居住功能,又基于相似的职业、兴趣爱好、生活需求等将社区内的承租人联系在一起,使承租人对社区有很强的依赖感、归属感,进而提升承租人的满意度和幸福感。

四、保障出租人和承租人的合法权益

2017 年 5 月,住建部发布了《住房租赁和销售管理条例(征求意见稿)》。该征求意见稿明确要求出租人不能暴力驱逐承租人、不能单方面提高租金,备案后承租人可享受基本公共服务。该征求意见稿是加快住房租赁立法工作的一部分,表明政府坚定不移地发展住房租赁的决心。在仔细阅读该条例基础上,笔者提出以下补充意见:(1)明确地方政府在调节租金中的责任,地方政府应根据租金收入比和当地经济增长情况等制定租金指导价格。对租金明显高于指导价的,出租方要向相关部门进行书面说明。若承租方仍然认为租金不合理,可要求召开听证会,听证会可由多家承租方联合发起。(2)细化租赁合同登记内容,强化房地产经

---

① 杨建国、彭远汉:《推进住房租赁资产证券化的实践与思考》,《金融与经济》2019 年第 1 期。

纪公司和经纪人的责任。若该租赁合同由第三方经纪公司撮合而成,则第三方经纪公司的经纪人有责任帮助租赁双方完成登记工作。若经纪人未能在租赁合同签订后 15 日内完成登记,则经纪公司追究相关经纪人责任。(3)房地产经纪公司定期向相关监管部门报送租赁登记情况和不履职经纪人名单。监管部门对房地产经纪公司的报送信息进行不定期抽查,对拒不履行租赁登记和在履行中出现重大过错的经纪人,给予严厉处罚直至终身市场禁入。(4)明确职业转租客界线,例如对在一年内转租住房达到三套及以上的自然人,应要求其依法办理工商登记,以避免自然人不断转租导致的违法群租现象。(5)由于《住房租赁和销售管理条例(征求意见稿)》是由住建部制定的条例,层次还不够高,未来可仿效德国,由全国人大统一颁布《住房租赁法》和《住房补助金法》,以促进住房租赁市场健康发展。

第五节　国家担责,保障中低收入家庭安居宜居

一、政府积极承担住房保障的责任

2018 年两会上,李克强总理对广大人民群众作出早日实现安居宜居的郑重承诺。在许多地区房价高企、居民收入差距较大的现实下,要实现安居宜居,政府必须要积极承担起住房保障的责任:(1)各地要将棚改安置房、经济适用房、两限房、自住性商品房、共有产权房、廉租房、公租房、集体建设用地租赁住房等保障性房源全部纳入保障房管理平台,明确不同类型保障房的准入条件、申请方式、审批流程、项目建设、租金补贴、后期管理等事项。(2)建立居民家庭收入信息平台,掌握中低收入家庭数量及其动态变化,制定保障房建设和租赁计划,最大限度地满足中低收入家庭的住房需求。(3)保障房供给要因城而异,对于房价比较合理且库存较大的城市,可考虑将房地产库存转化为保障房房源,并支持居民依靠公积金和商业贷款来购买保障房。而对房价较高的城市,要增大保障房供给并在供给方式上有所创新,例如北京已经尝试在集体建设用地上建设公租房,

既有效利用了闲置的农村建设用地,又缓解了保障房不足的问题。

二、促进共有产权房健康发展

2018 年政府工作报告明确提出发展共有产权住房。共有产权房类似于一家合资公司,政府以土地出资,购房人以货币出资,政府和购房人按约定比例共同拥有对房屋的产权。共有产权房有以下优势:(1)由于购房者能以低于市价 30%—50% 的价格获得该套房屋 100% 的使用权,同时能够享有产权人所享有的全部公共服务,因此共有产权房受到购房者的青睐。(2)相比于公租房,共有产权房的土地也需要通过招拍挂等形式出让,政府可以获得土地出让金。(3)相比于经济适用房和自住性商品房,由于明确约定了政府在房屋产权中所占比例,当购房人出售房屋时政府能获取一定收益。(4)共有产权住房按照封闭管理、循环使用的原则运作,改变了出售经济适用房→原房主取得增值收益的大部分→政府再次投入→新房主受益的利益传导链条,使政府一次投入能够让更多被保障人受益。

为了促进共有产权房健康发展,笔者提出以下建议:(1)明确共有产权房的定价机制。现在共有产权房定价是在可比商品房价格基础上下浮30%—50%,商品房价格上涨会导致共有产权房房价上涨,从而削弱共有产权房的保障功能。因此政府要明确共有产权房定价机制,让公众形成合理预期,以避免共有产权房屋价格大幅波动造成的不良影响。以下两种共有产权房屋定价方式可供参考:一是先确定合理的房价收入比和租金房价比,再根据收入、租金等数据反推房价。二是以房价比较合理的某一时点作为基期,其他年份根据当地经济增长率和居民收入增长率来调整共有产权房屋价格。在第二种定价方式中,选择合适的基期很重要。例如以 2014 年 1 月至 2015 年 3 月期间某一时点的房价或这期间房价的平均值作为基期价格,该期间处于多年持续紧缩调控政策的末期和新一轮宽松调控政策的开始,楼市成交低迷,投机性购房需求较少,房价主要由自住性需求者的购买能力来决定,因此作为基期价格比较合适。(2)共有产权房用地占比要合理。要根据地方财政、土地出让金、新流入人口等综合测算共有产权房用地规模。(3)将共有产权房适用人群进行合理分类。对于本地户籍家庭,重点扶持有稳定职业的中等收入家庭。对于外地户籍家庭,要求至少在本地工作满一定年限、完税金额达到一定标准,从事的工作符合本市产业政策发展方向。(4)设置更多代持机构回购触发条件。以北京为例,当购房人通过购买、继承、赠与等方式取得其他住房的,就会触发代持机构回购条件。可在此基础上设置更多回购触发条件,例如减持上市公司非流通股取得的收益、股票二级市场投资收益、彩票收益、继承遗产的价值、购买豪车金额等超过规定限额后,可强制购房家庭腾退共有产权房,由代持机构回购后分配给真正需要的家庭。当然,要落实上述触发条件,需要各部门之间实现信息共享。(5)明确共有产权房不能继承。共有产权人及其申请共有产权房时的配偶可以一直在该房屋内居住,待产权人及其配偶双双去世后该房屋由代持机构回购,双方子女、双方再婚配偶或其他合法继承人均无权继承该房屋。该规定保证了共有产权房不会变成一种家庭世代传承的私有财产,而是通过适度周转提供给真正需要保障的家庭。

三、适当合并简化保障房类型

各地可根据实际情况,适当合并简化保障房类型,可将保障房分为三大类:(1)租赁类保障房。租赁类保障房主要有廉租房和公租房。廉租房主要面向本地户口的低收入家庭。公租房面向本市和非本市有稳定职业的中低收入家庭。(2)产权类保障房。产权类保障房类型较多,有经济适用房、两限房、自住性商品房、共有产权房等。与其他产权类保障房相比,共有产权房具有政府出资少、政府能分享房屋增值收益、封闭管理、循环使用、更多人受益等特点,因此各地可根据实际情况,大力发展共有产权房,让共有产权房逐渐成为产权类保障房的主流形式。(3)棚改安置房。主要面向棚户区改造家庭,具有特定性、集中性、规模性等特点。在房地产供过于求的地区,政府可提供货币补贴,由被保障家庭在市场上自主选择商品房和租赁房源,这样既可以有效利用空置房源和合理配置二手房资源,还通过赋予被保障家庭自由选择权而提高其满意度和幸福感。

第六节　短期仍须限购限售,发挥
居住功能前提下去库存

一、短期内仍须坚持房屋限购和限售政策

人口压力下部分城市仍须坚持限购政策。中华人民共和国成立以来我国经历了三次婴儿潮,其中第二次婴儿潮指 1962 年至 1973 年出生的人口,第三次婴儿潮指 1981—1990 年出生的人口。国家统计局数据显示,1962 年、1965 年、1970 年、1982 年、1987 年我国人口出生率分别为 37.02‰、37.91‰、33.43‰、22.28‰、23.33‰。据链家研究院统计,25—35 岁人群是购房的主力军,当前第三次婴儿潮中后期出生的人口正处于购房年龄阶段,刚性需求比较旺盛。随着我国居民消费升级意识增强,第二次婴儿潮中后期出生人口的改善性购房需求依然强劲。因此,尽管当前(2018 年春)一二线城市房价趋于平稳,但鉴于人口压力,一二线城市和热点三四线城市仍然要继续坚持限购政策,并同时配合限贷和限价政策。

在短期交易税和个人所得税改革等抑制投机举措未实施前,限售政策仍然不能放松。当前我国许多地区房价明显偏高,在现行较低交易税费下,取消限售后不排除大量投机者变现房屋的可能性,若信贷宽松则变现就会更加容易。大量房屋变现后则沉淀在房屋中的价值将转化为流动性极强的货币,推升通货膨胀水平,并可能导致资本外逃。特别是在美联储缩减资产负债表和启动加息周期的进程中,大量房屋变现后容易引发人民币贬值。因此,短期内要继续坚持现有限售政策不放松,在此基础上弥补现有限售政策的一些漏洞:(1)在实施限售政策的地区,应对所有商品住宅全面实施限售,不要留下政策套利空间。例如 2018 年博鳌论坛之前,海南只对第二套及以上住宅实施限售,这就给炒房者以可乘之机,炒房者可以先买入一套,获利卖出后再买入另外一套,从而规避限售约束。(2)限售期限应适用于所有商品房。有些地区只对限售政策出台后新购商品房实施限售,而即使在限售前一天买入的商品房也不受限售约束,这

种政策不利于税负公平,因此建议将限售政策扩展至限售地区的所有商品房。(3)根据业主累计拥有房屋数量、是否本地户口、在本地缴纳社保的期限和纳税金额等实施差别化的限售政策:本地居民首套房的限售期较短;对于本地居民二套房、社保缴纳记录达到规定期限和纳税额度达到规定金额的外地居民的首套房,限售期可以适当延长;大幅提高多套房的限售期;大幅提高不符合社保和纳税条件的外地居民的限售期。

二、在发挥居住功能和房价合理的前提下去库存

2018年"两会"上,李克强总理宣布"三四线城市商品住宅去库存取得明显成效"。若在合理房价水平下,通过加杠杆帮助居民实现购房梦想,提高百姓居住质量,改善人民生活水平,加快开发商资金回笼,当然是一件值得庆贺的事情。但对通过加杠杆来降低库存,仍然要保持谨慎。可以用两个指标评判加杠杆去库存是否合理,一是新购房者是否用于自住或者出租?即是否充分发挥了房屋的居住功能,是否充分体现了房屋的使用价值,是否有利于节约资源?二是看房价是否合理?房价收入比、租金房价比等是否在合理范围?如果不能满足上述两个标准,出现大量外地人购房、大量房屋空置、房价明显偏离合理水平等情况,则背离了加杠杆去库存的初衷,就要适当提高房贷标准,以避免宽松信贷政策引发居民加杠杆所造成的负面影响。在连续宽松政策刺激下,如果库存仍然很高,只能说明当地购房需求不足,这可能与当地人口基数少、人口净流出、当地经济不发达有关。这种情况下,也没有必要加大杠杆去库存,更不应该动用纳税人的钱去补贴购房者,而应通过减少土地供给和增加配套公共设施以吸引更多的潜在购房需求,随着时间推移逐渐实现房地产市场供求平衡。

第七节　加强行业自律,严格行业监管

一、加强房地产行业自律

第六章提到了房地产市场中的很多乱象:协助无购房资格客户通过

不正当手段获取购房资格、利用首付贷等资金进行高杠杆炒房、骗取银行信贷资金、通过阴阳合同偷逃税款等等。上述问题有些是房地产从业人员直接所为，有些是在房地产从业人员的帮助和纵容下实现的。因此，加强房地产从业人员自律管理，将有助于减少房地产市场乱象。2017年3月底，河北省50家房地产中介机构联合发布行业自律倡议，涉及发布真实房源、严格规范交易资金管理、禁止为不符合交易条件的房屋提供中介服务、不协助购房人伪造证明材料、不哄抬房价、维护客户权益等等。①2017年2月，上海房产中介成立诚信服务自律联盟，要求参与企业遵守十条自律公约，自律公约与河北省行业自律倡议类似，并根据上海情况增加了不从事首付贷和设立资金池等场外配资金融业务等条款。值得一提的是，上海通过建立三项制约制度来保障自律公约的执行，分别是房地产消费纠纷纳入上海房地产经纪行业协会主办的调解中心调解、建立诚信服务保证金制度先行赔付佣金、聘请诚信服务监督员。河北、上海两地的做法起到了良好的示范作用，行业自律成为业内企业和从业人员的行为准则，其约束力强于道德但低于法律。如果行业协会能够先行赔付受损客户、能公正客观地解决房地产消费纠纷，则遵守自律公约的企业会得到消费者青睐而不断发展，而违反自律公约的企业就会受到惩处甚至被消费者所抛弃。因此，通过引领行业内企业和从业人员积极践行业自律公约，有利于建立良好的房地产市场秩序，有利于促进房地产市场平稳健康发展。

二、规范房地产经纪服务

在新房和二手房的交易中，房产经纪公司承担着信息搜集和交易撮合的职能。因房产交易涉及金额巨大，可能是一个家庭甚至两个家族几代人的积蓄，为了保护客户的合法权益，必须规范房产经纪公司及其从业人员的服务。为此提出以下建议：(1)完善房地产经纪人资格考试制度，

① 曹明、郑光昊：《河北50家房地产中介机构公开发布加强行业自律倡议》，长城网，http://report.hebei.com.cn/system/2017/03/30/017986599.shtml。

考试内容除专业知识外还要涉及职业道德,只有通过考试者才能成为房地产经纪人,才能正式开展房地产经纪服务,不具备资格者只能协助房地产经纪人从事一些辅助工作。(2)增强房产经纪人的尊严感。为此,房产经纪公司应努力提高经纪人的专业素质,培养经纪人的长远眼光使其将房产中介作为终身职业,为经纪人提供较高的底薪和较好的保障,在房产经纪公司内部形成唯下不唯上的文化氛围,让经纪人以向客户提供勤勉尽职和专业周到的服务为荣,让经纪人真正感受到自身的尊严。(3)建立房地产经纪人信用评价系统。该评价系统可以分为三个层次:第一层次是服务对象的评价,让每一位看房和售房客户、房产交易双方能直接在该系统上对经纪人进行评价;第二层次是房地产经纪公司定期对该经纪人进行评价;第三层次是行业协会和监管机构对该经纪人的评价。(4)要建立房产经纪公司信用评价系统。在二手房交易中,对炒作天价房和学区房、囤积居奇、哄抬房价、变相收费、发布虚假房源和价格、违规设立资金池的房地产经纪公司加大查处力度。在新房销售中,将承诺售后返租和变相分拆的房产中介记入行业非诚信名单,视情节严重给予警告、罚款和吊销营业资格等处罚。

第八节　组合不同政策,进行压力测试

一、单一新政策实施前进行压力测试

压力测试是指在最不利的市场情景时,对相关主体的资产组合产生的影响。由于当前许多城市房价较高,因此出台新政策之前必须要进行压力测试,以判断政策对房价的影响和金融体系的承受能力:(1)开征空置税前的压力测试。在房价过高城市开征空置税前,需要分析业主在出售、出租和继续空置之间的行为选择,业主行为相互叠加对二手房和租赁市场供求以及房价造成的影响。(2)开征短期交易税前的压力测试。短期交易税会使炒房者在卖房时点上重新作出决策,从长期来看由于房屋变现时间被迫延长或迅速变现收益缩水,投机炒房者会迅速减少。但开

征短期交易税之前有可能促使投机炒房者集中抛售,从而对房地产市场造成冲击。(3)开征房产税前的压力测试。房产税是一个涉及面很广的税种,在开征前一定要了解拥有一套、二套、三套、多套房屋的家庭占比,预测不同房产税税率下多套房屋家庭是否会抛售房产及对房价的影响。(4)运用压力测试分析房价下跌对我国商业银行的冲击,判断银行体系所能承受的最大房价跌幅。银行的预期损失=违约概率 PD×违约损失率 LGD×违约风险暴露 EAD。当房价跌幅越大时,违约概率越高,银行预期损失越高。当银行预期损失小于房地产贷款损失准备金时,银行就相对安全。当然,上述压力测试主要分析的是某一政策冲击或房价冲击等单一因素可能造成的影响,属于敏感性分析。现实中,当政策冲击、房价冲击和其他不利冲击诸如经济下行、资本外流、贸易摩擦等同时发生时,就要进行多因素的压力测试,即情景分析。

二、组合各种不同政策

土地、金融、税收、行政等调控政策,尽管都直接作用于相关主体,但有时单一政策难以奏效。例如,政府增加土地供给来平抑房价,但由于强烈的房价上涨预期,居民投资投机性资产配置需求大增,新增房屋供给很快被抢购一空,房价却继续快速上涨。在这种情况下,城市要打好房地产调控政策短期组合拳和长期组合拳,短期可通过差别化房地产信贷政策大幅提高投机者的融资成本,并辅助限购和限售等行政化调控手段,降低投机者的资产周转率和净资产收益率。长期可考虑促进住宅市场供求平衡,开征短期交易税、空置税和房产税,制定支持自住、抑制投机的房地产信贷政策,等等。

一般而言,土地、金融、税收、保障房、限购限贷、住房租赁等政策有不同的方式和力度,可以构建出成百上千个政策组合:(1)土地政策中涉及招拍挂等不同出让方式、城中村改造中的土地出让价格、限房价限地价、限地价竞房价、供地节奏、工业用地利用效率、农村集体建设用地的盘活和利用程度、不同类型土地占比等等。(2)金融政策涉及个人购房贷款、房地产开发贷款和影子银行等。个人购房贷款中涉及首套、二套、三套及以上房屋的界定,普通住房和非普通住房的界定,各类房屋贷款的首付和利率、等额本息和等额本金等不同还款方式等诸多内容。(3)税收政策中,涉及对高房价城市的界定、对闲置时间的测度、空置费和空置税的替代关系、房屋的评估方法、房产税的减免范围和缴纳方式、交易环节税收和持有环节税收的关系等等。(4)保障房政策中,新建保障房还是货币补贴、被保障家庭的准入标准、租赁型和产权型保障房的比例、产权型保障房的定价、产权型保障房的禁售期限、保障房增值收益的分配、租金定价策略和缴纳方式等等。(5)限购限售政策中,本地人的限购套数、对外地人的限购标准、限售的房屋类型和限售年限等等。

三、对政策组合进行压力测试

在对政策组合进行压力测试时,必须考虑以下问题:(1)各种政策之间的共同影响。例如限售、房产税和加息等政策并用,限售使业主无法将房屋变现,房产税增加了业主的现金支出,加息使业主月还款额上升。在多管齐下的紧缩政策组合下,业主资金链可能会断裂。若此类业主占比较高,可能会出现大量借款人断供,银行不良贷款率上升,甚至可能引发银行危机。(2)一个地区的房地产出现问题,是否会引发周边地区和类似地区的连锁反应?房地产市场曾经出现过一线城市带动二三线、二线带动三线、三四线共同上涨的局面。反之,若某个城市房价下跌,可能会通过比价效应、资金流动效应、人口流动效应等引发其他城市房价下跌。(3)必须考虑房地产市场的低流动性。当人们预期房价下跌时,刚性和改善性需求者通常也会选择观望,投机性购房者早就消失得无影无踪,因此市场上接盘者很少。此时若全面开征房产税引发大量被动性卖盘,则可能导致房价暴跌。(4)考虑市场风险和信用风险的相互作用。面对房价下跌,低首付比例的借款人的理性选择是断供,即市场风险引发信用风险。若大量借款人违约,银行大量拍卖房屋,也可能导致房价下跌,即信用风险引发市场风险。在极端情况下,市场风险和信用风险不但互相影响,还可能螺旋式不断向纵深演进,导致房价迭创新低,引发更大规模风险的集中爆发。

四、掌控好政策及其组合的力度

各种政策及其组合的力度也很重要。力度过小,可能起不到效果。但若力度过大,则可能戳破房地产泡沫,后果不堪设想。例如,1989 年日本政府意识到经济泡沫,转而实施紧缩货币政策,多次加息后使利率从最初的 1.76% 上调至 5.07%,引发 1990 年日本股市大幅下跌,致使银行和证券公司等机构投资者出现巨额亏损,在财务压力下这些机构纷纷抛售不动产,房价出现下跌,同时国际热钱开始加速撤出。但日本政府并没有认识到房地产市场的危险信号,反而于 1992 年加大土地税收,短时间内大量土地被抛售,而土地需求却很少,土地市场严重供过于求,土地价格暴跌,进而带动房价暴跌,最终导致日本房地产泡沫破灭。日本政府过于猛烈的货币政策和税收政策组合是导致房地产泡沫破灭的直接原因。当前我国许多城市房价较高,因此要掌控好调控政策的力度,打好房地产调控政策组合拳,促进我国房地产市场平稳健康发展。

第九节　做好基础性工作,为房地产
健康发展保驾护航

一、构建强有力的房地产长效机制领导体系

房地产调控涉及很多部门,需要各部门的相互协调与配合,因此是一项系统工程,必须通过严密的组织管理才能有效运行。建议以国土和住建部门共同组成房地产长效机制领导小组,联合税务、央行、银保监会、工商、公安等多部门,共同制定房地产调控长效机制的具体实施细则,落实责任到位,严格依法依规执行。形成县、市、省、中央的垂直监管体制,实时监测和汇总分析各类数据,并对可能存在的风险迅速作出反应,严厉查处各类违法违规行为,确保各类主体规范化、透明化和稳健化运营。

二、在不动产统一登记基础上完善房地产信息

《不动产登记暂行条例》已于 2015 年 3 月 1 日起正式实施,该条例明确要求对建筑用地使用权、房屋建筑物所有权等十种不动产权利进行登记,登记类型涵盖广泛,包括首次、变更、转移、注销、更正、异议、预告和查封等各类登记。不动产登记已在发新停旧、健全制度体系、夯实工作基础、深化平台建设等方面取得了显著进展。不动产统一登记制度是健全和完善房地产调控的基础,为此,笔者提出以下四条建议:(1)建立各类型房地产登记子系统,房地产类型涉及商品住宅、各类保障房、央产房、军产房、单位集资房、农村土地上的小产权房、公寓、商办房、农村住宅及宅基地等,要将不同房地产类型纳入登记口径。(2)完整地记录每户家庭曾经拥有和现在拥有的房屋。(3)完整地记录每套房屋的产权、租赁和流转等信息,以及房屋的人口及其各类特征、公共服务费用缴纳信息。(4)完整地记录与每套房屋相关的信贷信息、抵押融资信息和税收信息,即将央行征信系统信息和税务信息纳入到不动产登记中。建议 1 是要摸清全国房地产总体数量及结构,建议 2 是将房地产与其所有权人挂钩,建议 1 和建议 2 是为全面开征房产税奠定数据基础。建议 3 有助于判断房屋是否自住或出租,以充分发挥房屋的居住属性和使用价值,并辅助判断业主购房目的,为开征空置税和短期交易税提供数据支持。建议 4 为完善房地产信贷政策和房地产税收政策提供数据支撑。总之,房地产信息系统涵盖了所有有居住功能的房屋,而不再以是否拥有房屋所有权为登记依据。该系统还包括信贷、抵押融资、税收、物业和公共服务缴纳、人口等各种信息。即将与各类房屋有关的人、贷、税、费等各种信息集成到一起,以了解住宅市场的供求、房屋空置率、房屋自有率、人均住房面积、出租房屋占比、投机性购房占比、还贷压力等情况,为房地产调控决策提供信息支持。例如,数据表明某城市住宅市场明显供过于求和空置率很高,但该城市房价却在疯狂上涨,此时不宜盲目开征空置税,以避免大量抛售而引致的房价暴跌。可以考虑实施限购和限售政策,让购房人数量和售房人数量同时减少,让房地产市场在低供给、低需求下逐渐实现新的平

衡。再举一个例子,如果一户家庭已经有过两次房屋出售记录且都获得了税收优惠,那么从该家庭出售第三套房起,就要按工资、薪金所得税税率对其征收个人所得税。

三、构建房地产风险预警体系

随时监测房地产市场中的各种指标,当出现异常时及时发出预警信号。主要的监测指标有:(1)房地产市场方面,涉及不同类型的地价和房价、区域内地价房价、区域间地价房价、租赁市场价格、各类土地和房屋的成交量、地价房价比等等。(2)房地产金融方面,涉及不同类型客户的首付比例和月供收入比、新增房地产信贷占全部新增信贷之比、银行资本充足率、拨备覆盖率、客户集中度、银行间风险敞口等等,其中适度的首付比例和月供收入比是防范房地产金融风险的前提。(3)房地产泡沫方面,涉及房地产投资占固定资产投资之比、房价收入比、租金房价比、住房空置率等。

房地产预警涉及国土、住建、房管、统计、银行、证券等多部门,既有地区层面的预警,又有国家层面的预警。只有做好相关信息的收集、汇总、整合和分析等基础性工作,才能构建完善的房地产预警体系。构建了预警指标后,还要给定指标的阈值,即超过或低于该阈值就进入了风险区。以地价房价比这一指标为例,根据原重庆市长黄奇帆的测算该比例在1/3以下较为合理,因此1/3是该指标的阈值。先根据历史房价、地区经济增长率、人口等预测未来合理房价,当前地价不超过未来合理房价的1/3时,才能达到既能稳定房价又能使开发商获得合理利润的双重目标。因此若预期地价房价比大于1/3,则表明土地市场过热,有推高未来房价的可能性,需要引起警惕。若同时出现外地购房人占比较高、个人按揭贷款增长过快、房地产成交量过大等预警信号,则表明房地产市场风险较高。

上面提到的预警指标偏重于短期,在房地产预警中,还要关注影响房地产市场长期发展的各种因素,例如人口、城镇化、技术进步等。以人口对房地产市场的影响为例,从长期来看人口老龄化、长寿化和家庭小型化是影响房地产需求的重要因素。家庭小型化将一个大家庭分裂成若干小家庭,增加了房屋需求;人口老龄化将使城镇住房需求减少;人口长寿化则意味着老年人有长期居住需求,短期内不会因大规模的老年人去世而导致大量房屋被出售和出租。假定一户家庭中最长寿者的平均寿命是80岁,今年(2018年)满80岁的老人出生在1938年,由于战争、人口基数少、饥荒等因素1938年至1961年出生人口总数并不太多,因此主要考察出现在中华人民共和国成立后的第二次婴儿潮即1962—1973年出生的人口对房地产的影响。即在2042—2053年期间第二代婴儿潮人口陆续达到和超过80岁,届时我国人口可能会急剧减少。若考虑到基因技术使人类寿命变得更长,未来家庭最长寿者平均寿命可能会达到90岁,则预计2052—2063年我国人口数量将急剧减少,对房屋需求也明显下降。若届时房屋供给仍然保持不变,房地产市场可能会严重供过于求。因此,在对房地产市场进行预警时,要在综合考虑各种长期因素基础上,根据预警指标作出判断。

第十节　推动城市群战略,促进公共资源合理配置

一线城市房价很高,根本原因在于一线城市有最优质的政治资源、金融资源、科技资源、产业资源、文化资源、公共服务资源和人脉资源,即一线城市本身的强大吸引力导致各类住房需求增加和房价高企。尽管前面提到的土地政策、信贷政策、税收政策、保障房政策、限购限售政策等都能影响房地产供求双方的心理、决策和行为,进而在一定程度上改变供求关系,起到调节房价的作用,但却不能改变城市之间的相对吸引力,不能改变一线城市房价数倍甚至数十倍于普通城市房价的现实。一线城市高高在上的房价,在比价效应作用下会拉动其他城市房价上涨,致使其他城市房价脱离其经济发展水平,造成全国很多地区房价虚高。因此,需要跳出房地产本身,从城市发展不平衡、不协同的现实出发,以超越行政边界的城市群战略替代中小城市发展战略,促进更多优质公共资源配置到城市群中的其他城市,在区域协同发展中促进房地

产市场回归理性。

一、以超越行政边界的城市群战略替代中小城市战略

仅仅依靠大城市自身增加土地供给来平抑房价,往往会受到土地资源的瓶颈制约。若将视角从单一大城市扩展到城市群,以城市群发展战略替代中小城市发展战略,加快疏解特大和超大城市部分功能,将人口分流到周边的中小城市中去,并通过合理规划城市群内的交通和产业布局,让分流出去的人口能够安居乐业,则会明显缓解大城市的房价压力,并带动其他城市协同发展。[①] 我国比较大的城市群有长三角、珠三角、京津冀、长江中游、成渝等城市群。下面以京津冀为例来说明城市群的发展。2014 年 2 月,习近平总书记提出京津冀协同发展战略,自此京津冀城市群发展进入快车道:(1)交通一体化先行。京津冀的许多断头路正在逐渐打通,机场、公路、轨道交通、港口等互联互通的一体化交通体系初步形成,高铁月票制正在酝酿中,交通一体化为首都产业转移和功能疏解奠定了基础。(2)环保一体化。目前京津冀三地已经建立环保联盟和协调小组,未来有望出台生态协调发展的总体方案,京津冀将制定统一的生态环境标准。(3)产业转移。随着北京现代已在沧州建厂投产、北汽福田重型机械迁移至张家口等一批优质项目落户河北,产业转移规模不断扩大。京津冀城市群内各城市的产业结构正在按市场化原则进行调整:核心城市提供金融、专业化咨询和科研服务,周边城市发展为零售与批发业中心,外围城市升级为高端制造业中心和环境保护中心。(4)北京的商贸、教育、医院、行政等非首都功能逐渐疏解到河北。

未来,以轨道交通为主的城际多层次交通网的建设使城市之间的联系更加便捷。在技术革新和体制创新的引领下,人口、资金、资源等要素合理流动,在核心城市、次中心城市和外围城市形成高效协同的产业布局。核心城市、次中心城市、外围城市的人口密度、收入水平和房价等依

---

① 张继胜:《财政资源集成优化与城市群战略路径选择》,《中央财经大学学报》2018 年第 4 期。

次递减,人们既可以选择高房价和低通勤成本的核心城市,也可以选择低房价和高通勤成本的外围城市,还可以生活居住都在外围城市,不同选择下每个人的最终效用大致相同。通过市场化方式而不是单纯的行政命令解决大城市的高房价问题。

二、促进优质公共服务资源向周边城市和外围城市倾斜

前面提到一线城市房价很高,主要在于其拥有各种优质资源。在各种资源中,对人们工作和生活影响最大的是产业资源和公共服务资源。在政府主导的城市群发展战略中,产业转移更多是政府行政命令和经济手段相结合的产物,虽然作为承接地的周边城市和外围城市的产业资源明显提升,但由于周边城市和外围城市缺乏优质的公共设施和服务,从大城市转移过去的人口并非自愿。如何让这些人口及其子孙后代心甘情愿地留下,就必须努力补齐周边城市和外围城市在公共服务上的短板,让转移过来的劳动力人口能体验和参与到丰富多彩的文化娱乐体育活动,让他们的孩子能接受良好的教育,让他们的父母能得到优质的医疗服务。

发挥政府引导作用,引入市场机制,采用共建、托管、合作、专项扶植、新建等多种合作形式提升公共服务水平,促进优质公共服务资源更多地向城市群中的周边城市和外围城市倾斜。核心城市、周边城市和外围城市的政府要相互协调,在养老保险跨区域转移接续、医疗诊断互通互认、医师异地行医、医保异地结算、异地转学手续同城化、城市群内交通一卡通等方面给予支持和便利。城市群内城市共同举办旅游推介会、环保成果展示会等,对外统一推介宣传城市群内所有城市。城市群内部城市间通过参观、会议、研讨、竞赛、交叉培养、短期培训等丰富多彩的形式,在教育、医疗、社会保障、环保、文化、体育等公共服务上互相交流,快速提升周边城市和外围城市公共服务水平。公共服务水平提升,不仅使转移人口获得满足感和幸福感,还增强城市群内非核心城市对外来人口的吸引力,缓解核心城市压力,促进核心城市房地产市场平稳健康发展。

参 考 文 献

[1]蔡明超、黄徐星、赵戴怡:《房地产市场反周期宏观调控政策绩效的微观分析》,《经济研究》2011年第S1期。

[2]曹军新、胡峰松:《房地产调控的地方政府功用及其纠错机制》,《改革》2012年第4期。

[3]曹廷贵、张华泉:《房地产调控政策与房价涨幅关系研究》,《理论探讨》2014年第4期。

[4]常清、程安:《房地产调控应注重控制地价》,《价格理论与实践》2013年第7期。

[5]陈斌开、张川川:《人力资本和中国城市住房价格》,《中国社会科学》2016年第5期。

[6]陈龙:《影响房地产调控效果的主要因素及对策》,《地方财政研究》2013年第1期。

[7]陈鹄飞、陈鸿飞、郑琦:《货币冲击、房地产收益波动与最优货币政策选择》,《财经研究》2010年第8期。

[8]陈欢、马永强:《货币政策调整与房地产企业融资决策:由2008—2011年房地产上市公司观察》,《改革》2013年第5期。

[9]陈日清:《中国货币政策对房地产市场的非对称效应》,《统计研究》2014年第6期。

[10]陈彦斌、陈小亮:《人口老龄化对中国城镇住房需求的影响》,《经济理论与经济管理》2013年第5期。

[11]程瑶:《地方政府房地产税收依赖的国际比较与借鉴》,《财政研究》2012年第11期。

[12]崔光灿、谌汉初、吕雪:《差别化房地产税收政策对住房消费的影响》,《财经科学》2011年第5期。

[13]崔光灿、谌汉初:《差别化税收对房地产市场的调控作用》,《中国土地科学》2011年第11期。

[14]戴国海：《房地产调控对货币政策的挑战》，《中国金融》2012年第5期。

[15]邓菊秋、赵婷：《香港房地产税收对房价影响的实证分析》，《财经科学》2014年第1期。

[16]丁杰、李仲飞、郑军：《房地产调控政策的连续性与有效性——基于信贷资源再配置的视角》，《经济评论》2015年第4期。

[17]冯科：《中国房地产市场在货币政策传导机制中的作用研究》，《经济学动态》2011年第4期。

[18]冯涛、杨达、张蕾：《房地产价格与货币政策调控研究——基于贝叶斯估计的动态随机一般均衡模型》，《西安交通大学学报(社会科学版)》2014年第1期。

[19]郭庆旺、张杰：《中国房地产市场稳健发展与财政金融政策》，中国人民大学出版社2013年版。

[20]韩蓓、蒋东生：《房地产调控政策的有效性分析——基于动态一致性》，《经济与管理研究》2011年第4期。

[21]韩冬梅、屠梅曾、曹坤：《房地产价格泡沫与货币政策调控》，《中国软科学》2007年第6期。

[22]韩国高：《货币政策与城镇化政策对房地产市场的影响研究——来自我国31个省市的证据》，《投资研究》2015年第3期。

[23]华伟、贺小林：《十八大后新阶段房地产调控的均衡点》，《探索与争鸣》2013年第8期。

[24]黄海晶：《货币政策、融资约束和房地产企业投资行为》，厦门大学2014年硕士学位论文。

[25]黄少安、陈斌开、刘姿彤：《"租税替代"、财政收入与政府的房地产政策》，《经济研究》2012年第8期。

[26]黄瑜：《土地价格、居民收入对商品住宅价格影响的动态分析——基于状态空间模型的实证》，《经济与管理研究》2010年第10期。

[27]黄瑜：《货币政策对房地产市场供求影响的动态测度——基于状态空间模型的实证》，《经济管理》2010年第11期。

[28]贾丽平、郭薇：《我国货币政策调控房地产价格的实证分析》，《统计与决策》2014年第8期。

[29]贾琼：《住房公积金政策对我国房地产市场的影响——基于SVAR模型的实证研究》，《金融发展研究》2014年第9期。

[30]贾生华、李航：《房地产调控政策真的有效吗？——调控政策对预期与房价关系的调节效应研究》，《华东经济管理》2013年第11期。

[31]贾祖国：《货币政策对房地产价格影响的研究》，《开发研究》2013年第2期。

[32]金亮：《我国地方政府执行中央政策的阻滞机制分析》，湖北大学2013年硕

士学位论文。

[33]况伟大:《住房特性、物业税与房价》,《经济研究》2009 年第 4 期。

[34]李村璞、何静:《我国货币政策与房地产价格:缺乏弹性的非对称性影响》,《产业经济研究》2011 年第 3 期。

[35]李果:《住房公积金贷款对我国房地产市场的影响研究——基于区域差异的视角》,《金融与经济》2016 年第 4 期。

[36]李健、邓瑛:《推动房价上涨的货币因素研究——基于美国、日本、中国泡沫积聚时期的实证比较分析》,《金融研究》2011 年第 6 期。

[37]李强:《资产价格波动的政策涵义:经验检验与指数构建》,《世界经济》2009 年第 10 期。

[38]李绍荣、陈人可、周建波:《房地产市场的市场特征及货币调控政策的理论分析》,《金融研究》2011 年第 6 期。

[39]李世美:《房地产价格的货币政策传导效应》,中国经济出版社 2012 年版。

[40]李祥、高波、李勇刚:《房地产税收、公共服务供给与房价——基于省际面板数据的实证分析》,《财贸研究》2012 年第 3 期。

[41]李祥飞、张再生、黄超:《基于 Hilbert-Huang 变换的房地产调控政策对地产指数的影响》,《系统工程理论与实践》2014 年第 6 期。

[42]李心怡:《我国"土地财政"转型研究——基于房地产税收改革视角》,华中师范大学 2014 年硕士学位论文。

[43]李迅雷:《五大理由致房价上涨》,《经济研究参考》2015 年第 48 期。

[44]李永乐、舒帮荣、吴群:《房地产价格与土地城镇化:传导机制与实证研究》,《中国土地科学》2013 年第 11 期。

[45]李友忠:《我国房地产市场税收调控政策的比较分析——基于个人房产保有环节与流转环节的税收政策比较》,《中国农业大学学报(社会科学版)》2013 年第 4 期。

[46]李智、李伟军、高波:《紧缩性货币政策与房地产市场的价格之谜——基于 VAR 模型和符号约束 VAR 模型的比较》,《当代经济科学》2013 年第 6 期。

[47]梁云芳、高铁梅:《我国商品住宅销售价格波动成因的实证分析》,《管理世界》2006 年第 8 期。

[48]梁云芳、高铁梅:《中国房地产价格波动区域差异的实证分析》,《经济研究》2007 年第 8 期。

[49]刘民权、孙波:《商业地价形成机制、房地产泡沫及其治理》,《金融研究》2009 年第 10 期。

[50]吕炜、刘晨晖:《财政支出、土地财政与房地产投机泡沫——基于省际面板数据的测算与实证》,《财贸经济》2012 年第 12 期。

[51]刘伟江、丁一、隋建利:《货币政策外溢性对我国房地产价格影响研究——以美国为例》,《经济问题探索》2015年第8期。

[52]林朝颖、余向群、杨广青:《货币政策、过度投资与房地产企业风险承担》,《技术经济》2015年第8期。

[53]龙海明、陶冶:《货币政策对中国房地产价格的调控机理及实证研究——基于利率工具的分析视角》,《内蒙古社会科学(汉文版)》2014年第4期。

[54]陆铭、张航、梁文泉:《偏向中西部的土地供应如何推升了东部的工资》,《中国社会科学》2015年第5期。

[55]路扬:《我国货币政策的房地产价格传导有效性分析》,天津财经大学2009年硕士学位论文。

[56]罗昌财:《土地财政、房地产调控与土地增值税制度》,《现代经济探讨》2014年第8期。

[57]马亚明、刘翠:《我国货币政策对房地产市场的非对称影响——基于CARCH模型的实证分析》,《河北经贸大学学报》2015年第2期。

[58]马亚明、刘翠:《房地产价格波动与我国货币政策目标制的选择——基于IS-Philips模型的分析》,《南开经济研究》2014年第6期。

[59]马亚明、刘翠:《房地产价格波动与我国货币政策工具规则的选择——基于DSGE模型的模拟分析》,《国际金融研究》2014年第8期。

[60]邵挺:《土地供应制度对房地产市场影响研究》,中国发展出版社2013年版。

[61]沈悦、刘洪玉:《住宅价格与经济基本面:1995—2002年中国14城市的实证研究》,《经济研究》2004年第6期。

[62]沈悦、周奎省、李善桑:《利率影响房价的有效性分析——基于FAVAR模型》,《经济科学》2011年第1期。

[63]施建刚、谢波:《城市住房用地供应政策对房价干预效果研究——基于上海住房市场的实证分析》,《华东经济管理》2013年第1期。

[64]苏英、赵晓冬、周高仪:《房地产调控政策执行中地方政府行为的博弈分析》,《中央财经大学学报》2013年第6期。

[65]田磊:《房地产价格波动、货币政策与中国经济波动》,华中科技大学2013年博士学位论文。

[66]王来福、郭峰:《货币政策对房地产价格的动态影响研究——基于VAR模型的实证》,《财经问题研究》2007年第11期。

[67]王琪:《我国房地产调控政策对成都二手房市场的影响——模型与实证分析》,《成都行政学院学报》2014年第3期。

[68]王擎、韩鑫韬:《货币政策能盯住资产价格吗?——来自中国房地产市场的

证据》,《金融研究》2009 年第 8 期。

[69]王先柱、刘洪玉:《货币政策、实际控制人类型和房地产上市公司现金持有水平变化》,《当代经济科学》2011 年第 5 期。

[70]王先柱、毛中根、刘洪玉:《货币政策的区域效应——来自房地产市场的证据》,《金融研究》2011 年第 9 期。

[71]王先柱、金叶龙:《货币政策能有效调控房地产企业"银根"吗?——基于财务柔性的视角》,《财经研究》2013 年第 11 期。

[72]王先柱、赵奉军:《房地产市场货币政策效应:基于我国 35 个大中型城市的实证分析》,《经济体制改革》2010 年第 3 期。

[73]王学龙、杨文:《中国的土地财政与房地产价格波动——基于国际比较的实证分析》,《经济评论》2012 年第 4 期。

[74]魏玮、王洪卫:《房地产价格对货币政策动态响应的区域异质性——基于省际面板数据的实证分析》,《财经研究》2010 年第 6 期。

[75]吴超:《房地产价格波动、货币政策调控与宏观经济稳定——基于均值和波动层面溢出效应的实证研究》,《上海金融》2012 年第 5 期。

[76]吴晓灵:《对十年房地产调控政策的思考》,《中国金融》2008 年第 22 期。

[77]肖强、司颖华:《货币政策对房地产价格影响的非对称性分析——基于 LSTVAR 模型》,《数学的实践与认识》2014 年第 10 期。

[78]解琳:《预期与不可预期货币政策对房地产上市公司投资效率的影响》,哈尔滨工业大学 2015 年硕士学位论文。

[79]徐峰、胡昊、丛诚:《住房消费中住房公积金的贡献度——以典型城市为例的实证研究》,《建筑经济》2007 年第 4 期。

[80]徐淑一、殷明明、陈平:《央行货币政策工具调控房地产价格的可行性》,《国际金融研究》2015 年第 2 期。

[81]徐妍、沈悦:《货币政策立场、房地产异质性与房地产信贷政策调控效果》,《广东财经大学学报》2015 年第 3 期。

[82]杨刚、吴燕华、黄静:《货币政策对区域住房市场价格的动态影响力研究——基于 R 形聚类与状态空间模型的实证检验》,《河北科技大学学报(社会科学版)》2012 年第 2 期。

[83]杨黎明、余劲:《我国住房公积金贷款对房价影响的动态研究——基于2002—2011 年七个二线城市的面板数据》,《南京农业大学学报(社会科学版)》2013 年第 5 期。

[84]游春、胡才龙:《房地产税收制度的国际经验及启示》,《地方财政研究》2011 年第 2 期。

[85]杨群:《我国房地产市场货币政策中介指标的选择——基于 VEC 模型的脉

冲响应和方差分解》,《江西社会科学》2011年第12期。

[86]杨恒:《我国房地产调控有效性分析》,《宏观经济研究》2014年第3期。

[87]杨建中、汪树强、刘杰:《消费者预期、投资需求与房地产税收调控》,《税务研究》2012年第12期。

[88]姚斌:《英国房地产市场的财政金融政策及对我国的启示》,《清华金融评论》2014年第10期。

[89]袁奥博、李俊成:《房地产税收结构与房价关系的研究》,《金融发展研究》2014年第8期。

[90]臧荣和:《税收资本化抑或锁定效应——透析房地产市场个人所得税新政》,《会计之友》2014年第36期。

[91]张智威、曾立:《德银:从土地拍卖看中国房地产泡沫风险》,《当代金融家》2016年第12期。

[92]张川川、贾坤、杨汝岱:《"鬼城"下的蜗居:收入不平等与房地产泡沫》,《世界经济》2016年第2期。

[93]张红、李洋:《房地产市场对货币政策传导效应的区域差异研究——基于GVAR模型的实证分析》,《金融研究》2013年第2期。

[94]张娟锋、虞晓芬:《土地资源配置体制与供给模式对房地产市场影响的路径分析》,《中国软科学》2011年第5期。

[95]张沁悦:《马克思虚拟资本自膨性的数理分析——兼论中国房地产调控政策》,《马克思主义研究》2014年第3期。

[96]张文君:《货币政策冲击、融资约束与公司现金持有——兼论货币政策对房地产市场的有效性》,《财贸研究》2013年第4期。

[97]张小宇、刘金全:《货币政策、产出冲击对房地产市场影响机制——基于经济发展新常态时期的分析》,《中国工业经济》2015年第12期。

[98]张莹:《货币流动性政策影响房地产价格波动的实证研究》,《统计与决策》2015年第12期。

[99]赵昕东:《中国房地产价格波动与宏观经济——基于SVAR模型的研究》,《经济评论》2010年第1期。

[100]赵晓:《房地产调控不能总是扔"靴子"》,《人民论坛》2013年第10期。

[101]周彬、杜两省:《"土地财政"与房地产价格上涨:理论分析和实证研究》,《财贸经济》2010年第8期。

[102]周建军、刘颜、鞠方:《基于区际差异化视角的房地产税收对住房价格的影响分析》,《求索》2014年第5期。

[103]周京奎:《货币政策、银行贷款与住宅价格——对中国4个直辖市的实证研究》,《财贸经济》2005年第5期。

[104]周梦娇:《房地产调控中的央地关系失衡分析》,《商业经济研究》2014 年第 14 期。

[105]周睿洋:《房地产相关税收对房价影响的理论和实证研究》,华东师范大学 2015 年硕士学位论文。

[106]周伟军、余霞:《基于合理房价水平的房地产调控框架研究》,《浙江金融》2012 年第 4 期。

[107]朱亚鹏:《我国房地产调控中的问责困境》,《学术研究》2012 年第 12 期。

[108]朱迎春:《我国房地产税收对房价的调控效应研究》,《价格理论与实践》2013 年第 1 期。

[109] Bernanke B. S., Gertler M., "Monetary Policy and Asset Price Volatility", *Economic Policy Symposium—Jackson Hole*, Federal Reserve Bank of Kansas City, 1999.

[110] Breusch T. S., Pagan A. R., "The LM Test and Its Application to Model Specification in Econometrics", *Review of Economic Studies*, 1980, 47(1).

[111] Case K. E., Shiller R. J., "Is There a Bubble in the Housing Market?", *Conference of the Brookings-Panel-On-Economic-Activity*, 2003.

[112] Case K. E., Shiller R. J., Thompson A. K., et al., "What Have They Been Thinking? Homebuyer Behavior in Hot and Cold Markets", *Social Science Electronic Publishing*, 2012, 45(3).

[113] Cho S. H., Wu J. J., Boggess W. G., "Measuring Interactions among Urbanization, Land Use Regulations, and Public Finance", *American Journal of Agricultural Economics*, 2011, 85(4).

[114] Christian Dreger, Yanqun Zhang, "Is there a Bubble in the Chinese Housing Market?", *Urban Policy & Research*, 2013, 31(1).

[115] Dipasquale D., Wheaton W. C., *Urban Economics and Real Estate Markets*, Prentice Hall, 1996.

[116] Fratantoni M., Schuh S., "Monetary Policy, Housing, and Heterogeneous Regional Markets", *Journal of Money Credit & Banking*, 2003, 35(4).

[117] Genesove D., Mayer C., "Loss Aversion and Seller Behavior: Evidence from the Housing Market", *Quarterly Journal of Economics*, 2001, 116(4).

[118] Gerlach S., Peng W., "Bank Lending and Property Prices in Hong Kong", *Journal of Banking & Finance*, 2005, 29(2).

[119] Glaeser E. L., "A Nation of Gamblers: Real Estate Speculation and American History", *American Economic Review*, 2013, 103(3).

[120] Goodman A. C., Thibodeau T. G., "Where are the Speculative Bubbles in US Housing Markets?", *Journal of Housing Economics*, 2008, 17(2).

[121]Hansen L.P., Heaton J., "Econometric Evaluation of Asset Pricing Models", *Review of Financial Studies*,1995,8(2).

[122]Hoyt W.H.,Coomes P.A.,Biehl A.M., "Tax Limits and Housing Markets:Some Evidence at the State Level", *Real Estate Economics*,2011,39(1).

[123]Hyman D.N., Pasour E.C., "Real Property Taxes, Local Public Services, and Residential Property Values", *Southern Economic Journal*,1973,39(4).

[124] Mora N., "The Effect of Bank Credit on Asset Prices: Evidence from the Japanese Real Estate Boom during the 1980s", *Journal of Money Credit & Banking*,2008, 40(1).

[125] Muellbauer J., Murphy A., "The Assessment: Housing Markets and the Economy", *Oxford Review of Economic Policy*,2008,24(1).

[126]Peng R., Wheaton W.C., "Effects of Restrictive Land Supply on Housing in Hong Kong:An Econometric Analysis", *Journal of Housing Research*,1994,5(2).

[127] Pollakowski H.O., Wachter S.M., "The Effects of Land-Use Constraints on Housing Prices", *Land Economics*,1990,66(3).

[128]Quigley J.M., "Real Estate Prices and Economic Cycles", *Berkeley Program of Housing & Urban Policy Working Paper*,2002,2(1).

[129]Sims C.A.,Stock J.H.,Watson M.W., "Inference in Linear Time Series Models with some Unit Roots", *Econometrica*,1990,58(1).

[130]Steger T., Knoll K., Schularick M., "No Price Like Home:Global House Prices, 1870-2012", *German Economic Association*,2015.

策划编辑:郑海燕

责任编辑:郑海燕　李甜甜

封面设计:汪　阳

责任校对:苏小昭

图书在版编目(CIP)数据

房地产调控政策的影响及其效应研究/张玉梅,王子柱 著. —北京:
人民出版社,2019.9

ISBN 978－7－01－021079－7

Ⅰ.①房…　Ⅱ.①张…②王…　Ⅲ.①房地产市场-经济调控-经济政策-
研究-中国　Ⅳ.①F299.233.5

中国版本图书馆 CIP 数据核字(2019)第 155625 号

房地产调控政策的影响及其效应研究

FANGDICHAN TIAOKONG ZHENGCE DE YINGXIANG JIQI XIAOYING YANJIU

张玉梅　王子柱　著

人民出版社 出版发行

(100706　北京市东城区隆福寺街 99 号)

环球东方(北京)印务有限公司印刷　新华书店经销

2019 年 9 月第 1 版　2019 年 9 月北京第 1 次印刷
开本:710 毫米×1000 毫米 1/16　印张:18.25
字数:263 千字

ISBN 978－7－01－021079－7　定价:75.00 元

邮购地址 100706　北京市东城区隆福寺街 99 号
人民东方图书销售中心　电话 (010)65250042　65289539